Ernst Meckelburg

Transwelt

Erfahrungen jenseits von Raum und Zeit

WILHELM HEYNE VERLAG

MÜNCHEN

HEYNE SACHBUCH
Nr. 19/321

Bildnachweis

Archiv Dr. Naegeli-Osjord: Bild Nr. 18, 19, 20; Blance, R. S. C.: 1; Cerminara, Dr. G.: 28a), b); W. R. Curtsinger Photo Researchers/Bildarchiv Okapia KG: 24; Deutsche Presse-Agentur GmbH: 9, 10, 11; Eberhart, G.: 4; *esotera*: 16, 21; Fortean Picture Library, Janet & Colin Bord: 2, 6a), b); Jahn, Prof. R./B. Dunne, Princeton University (PEAR): 14a), b); Mary Evans Picture Library: 7, 8; de la Maison, Alain: Vor- und Nachsatz; *National Enquirer*: 27; Piancastelli, C. (CIP): 22a), b), 23; Savage-Rumbaugh, Sue: 26; Schubert, Klaus: 15a), b); Schrenck-Notzing, A.: 5a), b); Shannon, Fred: 17; Syndication International Ltd: 3; The Human/Dolphin Foundation: 25; Uccusic, P.: 12, 13.

Ungekürzte Taschenbuchausgabe
im Wilhelm Heyne Verlag GmbH & Co. KG, München
Copyright © 1992 by Langen Müller Verlag in der
F. A. Herbig Verlagsbuchhandlung GmbH, München
Printed in Germany 1994
Umschlagillustration: Bavaria Bildagentur/TCL
Umschlaggestaltung: Atelier Adolf Bachmann, Reischach
Satz: Uhl + Massopust, Aalen
Druck und Verarbeitung: Ebner Ulm

ISBN 3-453-07828-4

Dank

Dank schulde ich all jenen, die sich – jeder auf seine Weise – unermüdlich mit der Aufhellung rätselhaften Geschehens jenseits von Raum und Zeit befassen und das so gewonnene Wissen in eine neue, erweiterte Realität einzubinden versuchen: Dr. W. F. Bonin (†), Psychologe; Dr. med. Vladimir Delavre, Redakteur, Gesellschaft für Psychobiophysik e. V.; Dr. med. Larry Dossey, American Medical Association; Dr. Brenda Dunne, Princeton University, PEAR; Dr. Edith Fiore, Psychotherapeutin und Autorin (USA); Mark Gardner, Zeittheoretiker (S.U.P.R.A., USA); Gert Geisler, Chefredakteur *esotera*; Dr. Paola Giovetti, Journalistin und Autorin (I); Professor D. R. Griffin, Verhaltensforscher (USA); Professor John Hasted, University of London; Dr. A. A. Hedri (†), Psychiater, Exopsychologe und Autor (CH); Rainer Holbe, Moderator, Redakteur und Autor; Professor Robert Jahn, Dekan i. R., Princeton University, PEAR; Professor N. A. Kozyrew, Astrophysiker, Pulkowo-Observatorium, St. Petersburg; Peter Krassa, Wissenschaftsjournalist und Buchautor (A); Dr. Leslie LeShan, Psychologe (USA); Dr. J. Lilly, Neurophysiologe am Communications Research Institute der US-Marine (Jungfern-Inseln); Dipl.-Physiker Illobrand v. Ludwiger, Systemanalytiker; G. Lüdemann (†), Wissenschaftsjournalist; Ing. G. W. Meek, Parapsychologe und Autor (USA); Professor Franz Moser, Technische Universität Graz (A); Dr. Charles A. Musès, Physiktheoretiker (USA); Dr. med. Hans Naegeli-Osjord, Spezialarzt FMH für Psychiatrie und Psychotherapie (CH); Guy L. Playfair, Wissenschaftsjournalist und Autor (GB); Professor H. E. Puthoff (USA); Professor Dr. P. Andreas Resch, Verleger, Innsbruck

(A) und Dozent an der Lateran-Universität, Rom; D. Scott Rogo (†), Parapsychologe, Journalist und Autor (USA); W. G. Roll, Parapsychologe und Journalist (USA); Dr. rer. nat. Milan Rýzl, Parapsychologe und Autor (USA); Professor J. Sarfatti (USA); Dr. R. Schaffranke, NASA Consultant (USA); Professor Dr. E. O. Senkowski, Gesellschaft für Psychobiophysik e. V.; Professor Dr. A. Stelter; Professor Russel Targ (USA); Professor John Taylor, King's College, London; Bob Toben, Wissenschaftsjournalist und Autor (USA); Professor G. Wald, Biologe und Biochemiker, Nobelpreis für Medizin 1967 (USA); Dr. Harald Wiesendanger, Journalist und Autor, Inhaber der Presseagentur für Grenzgebiete der Wissenschaft; Larissa Wilenskaja, Parapsychologin und Verlegerin; Professor F. A. Wolf, University of California, Los Angeles (USA).

Ihnen allen und nicht zuletzt den zahllosen Lesern, die mich nach dem Erscheinen meines jüngsten Buches *Zeittunnel* mit Anregungen und weiteren aktuellen Informationen überhäuften, möchte ich herzlich danken.

Dank gebührt auch meinem Verleger Dr. Herbert Fleissner, der Verlagsleiterin Dr. Brigitte Sinhuber und meinem Lektor Hermann Hemminger, die mit *Transwelt* die Realisierung einer grenzwissenschaftlichen Buchreihe beharrlich weiterverfolgen. Ganz besonders danken möchte ich meiner Familie für deren wertvolle Unterstützung beim Zustandekommen dieses Werkes.

Ernst Meckelburg

Inhalt

Gedanken zum Inhalt

> *»Das Psychische ist eines der Gebiete, auf das der Naturwissenschaftler gern mit einer geradezu naiven Überheblichkeit seine Theorien anwendet; er geht ohne irgendwelche Skrupel davon aus, daß das Psychische – welches nicht im Raum existiert – den mechanischen Gesetzen des Raums unterliegt, und baut zu diesem Zweck hypothetische Kartenhäuser auf.«*
> Rudolf Tischner, Augenarzt und Parapsychologe
> (1879–1961)

»Transwelt« beinhaltet ein Prinzip höherer Ordnung jenseits unserer gewohnten Raumzeit, jenseits unseres Vorstellungsvermögens. Wir sind Teil dieser höherdimensionalen, gewissermaßen holographisch mit- und ineinander verschachtelten Universen, nur eine winzig kleine Facette einer umfassenderen, ultimaten Realität. Unter für uns bislang unerklärlichen Umständen kommt es über einen schmalen, zeitlosen Transitkorridor – den geheimnisvollen Hyperraum – gelegentlich zu »Kurzschlüssen« zwischen unserer Welt und dimensional anders beschaffenen Realitäten, in denen nichts unmöglich zu sein scheint. Dann geschehen mitunter die merkwürdigsten Dinge. Gedanken anderer sowie räumlich oder gar zeitlich ferne Ereignisse werden für uns transparent – die Kausalität scheint aufgehoben zu sein.

Kontakte zu diesen zeitfreien, übergeordneten Welten verleihen dem Menschen ungeahnte Kräfte und Fähigkeiten, lassen ihn ohne Inanspruchnahme irgendwelcher technischer Hilfsmittel weite Strecken in Nullzeit überbrücken, d. h. teleportieren, irgendwelche Dinge aus dem Nichts herbeischaffen oder apportieren und Gegenstände frei in der Luft schweben.

Mehr noch: Sie bieten einigen von uns die Möglichkeit, psychische bzw. körperliche Gebrechen zu heilen, ja sogar »geistchirurgische« Operationen durchzuführen – Vorgänge, bei denen in rascher Folge paraphysikalische Prozesse ablaufen, die selbst erfahrenen Medizinern Kopfzerbrechen bereiten, Respekt abnötigen.

Zu welchen Höchstleistungen unser Bewußtsein im Kontakt mit jenen immateriellen Superwelten imstande ist, erfahren wir durch Berichte namhafter Mediziner und Naturwissenschaftler, die sich schon vor Jahrzehnten mit den unglaublichen Fähigkeiten europäischer Materialisationsmedien befaßten – mit Psychokineten, die zum Teil lebensecht wirkende Phantomentsprechungen Verstorbener hervorzubringen vermochten.

Erscheinungen Dahingeschiedener, aber auch Lebender – sogenannte Doppelgänger – lassen sich ebenfalls mit sporadisch auftretenden Kontakten zu anderen Seinsbereichen erklären. Sie verdeutlichen einmal mehr, daß es in jenen für uns unsichtbaren, bisher nur mathematisch erfaßbaren Welten zeitliche Unterscheidungen wie Vergangenheit, Gegenwart und Zukunft nicht gibt, daß wir mit unserer eingeengten Realitätsvorstellung weltweit einer grandiosen Selbsttäuschung unterliegen. Dennoch: Der Prozeß des Umdenkens hat bereits begonnen. Er wird durch die Erklärungslosigkeit, mit der orthodoxe Wissenschaftler jenem nicht faßbaren Psi-Komplex, vermeintlichen Wundern, ja sogar quantenphysikalischem Geschehen begegnen, nur noch weiter beschleunigt.

I

Die Wissenschaft des dritten Jahrtausends

*»Wenn durch die Macht des Willens auch nur ein
Strohhalm bewegt werden könnte, müßte die Auffassung des Weltalls geändert werden.«*
Michael Faraday (1791–1867), Professor
für Chemie und Physik

Die Seltenheit, mit der paranormale Phänomene in Erscheinung treten, die Tatsache, daß man Psi-Effekte nicht jederzeit
und allerorts künstlich stimulieren, d. h. nachvollziehen
kann, läßt ihre wissenschaftliche Absicherung innerhalb des
derzeit gültigen Bezugsrahmens und damit auch ihre »offi-
zielle« Anerkennung nahezu aussichtslos erscheinen.

Die Nichtanerkennung der Parapsychologie als selbständige
oder zumindest einem anderen Fachbereich angegliederte Fa-
kultät beruht nicht zuletzt auf dem irrigen Schluß, daß das,
was äußerst selten geschieht, was vielleicht in Billionen oder
gar in Trilliarden von Fällen nur ein einziges Mal von aner-
kannten physikalischen Gesetzmäßigkeiten erheblich ab-
weicht, in unserem scheinbar festgefügten Weltbild absolut
nichts zu suchen hat. Es besitzt offenbar keinen realen Bestand und muß demzufolge – nach Auffassung »normal«
denkender Zeitgenossen – irgendwie auf Irrtum, Selbsttäuschung oder gar auf Manipulation beruhen.

Nach diesem etwas dubiosen, unwissenschaftlichen Ablei-
tungsschema versucht man nun schon seit mehr als einem
Jahrhundert die Parapsychologie und die mit ihr eng verbundene Paraphysik (früher auch Meta- oder Transzendental-

physik) a priori als wissenschaftlich nicht akzeptabel, als Pseudowissenschaften in Verruf zu bringen. Wie unsinnig es ist, jenen Phänomenen ausschließlich aufgrund ihrer Seltenheit oder gar Einmaligkeit die wissenschaftliche Anerkennung zu versagen, läßt sich anhand eines einfachen Beispiels anschaulich darstellen.

Nehmen wir einmal an, daß es auf der Erde lediglich zehn weiße Elefanten gäbe, eine Spezies, die es – nur in unserem Beispiel – nach Meinung »streng wissenschaftlich« argumentierender Zoologen aus diesen oder jenen Gründen nicht geben dürfte, deren Existenz jedoch von einigen wenigen progressiv denkenden Wissenschaftlern oder gar von phantasiebegabten Laienforschern für durchaus denkbar gehalten wird.

Sollte nun ein Expeditionsteam, das im Kongo ausschließlich mit der Suche nach neuen Erzvorkommen betraut ist, vom Flugzeug aus rein zufällig irgendwo im Busch ein Exemplar dieser seltenen Tiere entdecken, so darf man sicher sein, daß dessen Existenz vom wissenschaftlichen Establishment zunächst heftig bestritten wird. Aller Wahrscheinlichkeit nach würde man geltend machen, daß den zoologisch ungeschulten Expeditionsteilnehmern jegliche Qualifikation zur Beurteilung eines solchen »Phänomens« fehle, daß sie sicher Opfer einer witterungs- oder geländebedingten optischen Täuschung geworden seien, oder auch, daß sie allesamt halluziniert hätten. Und dies alles nur, um bis dato zusammengetragene, zum Dogma erhobene (unvollständige), liebgewordene Erkenntnisse vor Widersprüchen zu schützen, die durch die Aussagen vermeintlich unqualifizierter Personen oder Fachdissidenten entstehen könnten. Fazit: Weiße Elefanten gäbe es – zwar in kleiner Zahl – nach wie vor ... die Fachwelt aber wäre aufgrund der »Beharrlichkeit« maßgebender »Kapazitäten« um eine Sensation ärmer.

Überträgt man dieses willkürlich gewählte Beispiel auf grenzwissenschaftliche Forschungsgebiete, auf paranormale und paraphysikalische Phänomene, so würde dies, vereinfacht ausgedrückt, folgendes bedeuten: Man kann die Realität »unwahrscheinlicher«, den Gesetzen der Physik (scheinbar) zuwiderlaufender Vorgänge nicht deshalb leugnen – ihre Erforschung mit dem billigen Hinweis auf Nichterfaßbarkeit kategorisch ablehnen und ganz einfach »zur Tagesordnung« übergehen –, nur weil diese so außerordentlich selten sind. Würden wir einem echten, nur paranormal erklärbaren Phänomen in tausend Jahren auch nur ein einziges Mal begegnen, es wäre vielleicht zwar weiterhin »unfaßbar«, phänomenologisch aber dennoch *ganz real*.

Ein bekannter amerikanischer Biologe und Biochemiker, der Nobelpreisträger George Wald (Nobelpreis für Medizin 1967), greift die einseitige, auf die Zementierung bestimmter, scheinbar unumstößlicher Fakten ausgerichtete Haltung seiner Fachkollegen an und meint: »Der Mensch neigt dazu, höchst unwahrscheinliche Vorkommnisse abzulehnen. Personen mit gutem Urteilsvermögen halten es wohl für sicherer, einem Beobachter eines solchen angeblichen Ereignisses zu mißtrauen, als ihm zu glauben. Das führt dazu, daß Ereignisse, die lediglich sehr ungewöhnlich sind, den Anschein erwecken, als hätten sie niemals stattgefunden. So wird aus dem *sehr Unwahrscheinlichen* schließlich das offenbar *Unmögliche*.

Hier ein Beispiel: Jeder Physiker weiß, daß die Chance – und die Wahrscheinlichkeit hierfür läßt sich unschwer berechnen –, daß sich der Tisch, auf dem ich schreibe, von selbst spontan in die Luft erhebt [levitiert], äußerst gering ist. Dieses Ereignis wäre aber denkbar, wenn die Moleküle, aus denen der Tisch besteht und die gewöhnlich ziellos umherschwirren, durch Zufall plötzlich alle in eine Richtung bewegt würden. Kein Physiker würde dies bestreiten. Versuchen Sie aber einmal, einen jener Theoretiker davon zu überzeugen, daß Sie so etwas selbst erlebt haben. Kürzlich fragte ich einen Freund, einen mit dem Nobelpreis ausgezeichneten Physiker, was er wohl dazu sagen würde, wenn ich ein solches Erlebnis [Tischlevitation] gehabt hätte. Er lachte und meinte, er würde es für wahrscheinlicher halten, daß ich mich getäuscht habe...

Wir ersehen daraus, wie voreilig Behauptungen aufgestellt werden, sehr unwahrscheinliche Ereignisse seien niemals beobachtet worden. Es gibt eine Verschwörung zur Unterdrückkung solcher Beobachtungen, nicht nur unter Wissenschaftlern, sondern auch unter intelligenten Laien, die es gelernt haben, gegenüber dem, was sie selbst sehen, skeptisch zu sein und noch mehr gegenüber dem, was man ihnen erzählt.«

Der grenzwissenschaftlichen Phänomenen aufgeschlossen gegenüberstehende amerikanische Astronom V. A. Firsoff bedient sich zur Rechtfertigung paraphysikalischer Erkenntnistheorien einer Analogie aus dem ihm geläufigen Forschungsbereich. Er behauptet, daß seit Johannes Keplers sensationeller Entdeckung einer Supernova im Jahre 1604 keine weiteren derartigen Ereignisse mehr in *unserer* Galaxis registriert worden seien. Mit Hilfe hochempfindlicher Spiegelteleskope würden sich heute jedoch solche Sternexplosionen hin und wieder in anderen Galaxien beobachten lassen.

Firsoff argumentiert diesbezüglich voller Ironie, offenbar mit einem kleinen Seitenhieb auf eine allzu konservativ denkende Kollegenschaft: »Sie [die Supernovae] wären wohl auch heute noch dort [nicht bestätigt], wenn es diese Teleskope nicht gäbe.«

Mit paranormalen und paraphysikalischen Phänomenen verhält es sich ebenso. Ein einziges, als echt anerkanntes Psi-Phänomen aber – und es gibt zahllose Indizien- und Erfahrungsbeweise für die Echtheit telepathischer, hellseherischer, präkognitiver und psychokinetischer Aktivitäten – steht für Tausende anderer Bewirkungen dieser Art. Die Seltenheit unerklärlicher Ereignisse hat ganz entschieden nichts mit der

Realität solcher Phänomene zu tun, allenfalls mit unserem Unvermögen oder auch Widerwillen, uns unangenehme, störende Bewußtseinsphänomene in ein erweitertes physikalisches Bezugssystem einzuordnen.

Vor 2500 Jahren bedachte der griechische Philosoph Heraklit seine Zeitgenossen mit dem bekannten Zitat: »Panta rei, kai ouden menei.« Zu Deutsch: »Alles fließt und nichts bleibt stehen.« Welch tiefer Sinn sich hinter dieser Feststellung verbirgt, erfahren wir täglich aufs neue. Alles im Universum ist im Fluß, und wir selbst werden vom evolutionären Geschehen unaufhaltsam fortgetragen. Es wäre geradezu töricht, wollte man sich neuen Erkenntnissen, wären sie auch noch so phantastisch, auf Dauer verschließen.

Wir sollten uns bei der Suche nach einer neuen, umfassenden Realität keinesfalls beirren lassen.

II

Erscheinungen –
Projektionen aus einer anderen Welt

> »Das Naturgesetz ist nicht auf die unsichtbare
> Welt hinter der Symbolwelt anwendbar, da es an
> nichts angepaßt ist außer an Symbole und da seine
> Vollkommenheit die Vollkommenheit symboli-
> scher Verknüpfung ist.«
>
> Sir Arthur Eddington (1882–1944),
> Professor der Astronomie
> an der Universität Cambridge (England)

1 Der Griff nach dem Unfaßbaren

Unter »Erscheinungen« versteht der Parapsychologe quasi-
sichtbare paranormale Manifestationen, d. h. »Gesichte«
oder quasi-materielle Phantome (Materialisationen), die in
der Umgangssprache häufig als »Geister«, »Gespenster«
oder »Spuk« bezeichnet werden.

Daß wir Berichten über Erscheinungen sogar bei Vorlage gut
dokumentierter Zeugenaussagen meist skeptisch gegenüberstehen, diese zunächst anzweifeln und nur allzu bereitwillig
als baren Unsinn, krankhafte Ausgeburten der menschlichen
Phantasie oder auch als Halluzinationen abtun, hat psychologische Gründe:

● unser anerzogenes Unvermögen, die Dinge so zu sehen, wie
sie sich in der Natur unverfälscht darstellen, also ohne wissenschaftliche Vorzensur, ohne Scheuklappen;

● Intoleranz und Mißtrauen gegenüber den Erlebnisberich-
ten anderer;

● ungenügende Objektivität bei der Beurteilung fremder oder

21

eigener paranormaler Erlebnisse (Einfließen von Wunschvorstellungen; Fehlinterpretationen, Übertreibungen usw.);

● eine auf billige Sensationshascherei getrimmte Speziesliteratur, die durch ins Groteske verzerrte Geschichten und »Tatsachenberichte« einschlägige Forschungsarbeiten seriöser Parapsychologen unverdientermaßen in Mißkredit bringt;

● der Widerstand des wissenschaftlichen Establishments gegen eine Erweiterung bzw. Neubewertung bestehender physikalischer Gesetze und Formulierungen und, hiermit verbunden, eine De-facto-Anerkennung von auf empirischem Wege gewonnenen Erkenntnissen.

Die systematische Untersuchung von Erscheinungen Toter und vor allem Lebender setzte in der zweiten Hälfte des vorigen Jahrhunderts ein. Die Engländer F. W. H. Myers, Edmund Gurney und Frank Podmore stellen in dem 1886 erschienenen und auch heute noch als Standardwerk der Parapsychologie geltenden Handbuch *Phantasms of the Living* (Erscheinungen Lebender) Hunderte gut dokumentierter Erscheinungsfälle vor, deren sorgfältige Auswertung möglicherweise Rückschlüsse auf das Zustandekommen jener »Phantasmen« zuläßt.

Über Jahrzehnte hinweg mit viel Fleiß und Enthusiasmus betriebene Fallstudien führten schließlich zu folgenden interessanten Feststellungen:

● Erscheinungen werden gleichermaßen von Toten wie auch von Lebenden »ausgelöst«;

● die meisten der auf natürliche Weise nicht erklärbaren Erscheinungen ereignen sich in kritischen Lebenssituationen der erscheinenden Personen (Unfall, Tod);

● paranormale Manifestationen dieser Art werden vor allem (aber nicht notwendigerweise) von Personen wahrgenommen, die sich mit dem Auslöser der Phantasmen gefühlsmäßig eng verbunden fühlen;

● hiervon unterscheiden sich die als »Spuk« bezeichneten,

22

ausschließlich ortsgebundenen Erscheinungen, die meist auf tragische Begebenheiten lokaler Art zurückzuführen sind;
● Spukphänomene entbehren nicht einer gewissen Häufigkeit, Regelmäßigkeit und Monotonie – Faktoren, die auf eine »Fehlprogrammierung« des psychischen Engramms beim Ableben der als Erscheinung agierenden Person hindeuten könnten. Die Geschichte vom tragischen Geschick eines »Fliegenden Holländers« drängt sich uns auf;
● Erscheinungen sind körperliche Gebilde, die jenseits von Raum- und Zeitzwängen operieren und daher mühelos Hindernisse durchdringen. Da sie – wie Observanten immer wieder bezeugen – außerordentlich plastisch und somit »real« wirken, geben sie sich häufig erst durch ihr plötzliches Verschwinden (Zerrinnen) als Phantomgebilde zu erkennen;
● versucht der Beobachter sich der Erscheinung zu nähern, so beschleicht ihn nicht selten ein ausgeprägtes Kältegefühl;
● Erscheinungen entziehen sich der Berührung durch Verschwinden oder Ausweichmanöver. Nur in wenigen Fällen soll es zu unmittelbaren Kontakten gekommen sein.
Erscheinungen werden von Philosophen, Theologen, Psychologen und Naturwissenschaftlern recht unterschiedlich beurteilt. Die Meinungspalette reicht von strikter Ablehnung bis hin zur vollen Anerkennung derartiger Phänomene, und sie scheint – so vor allem, was nachtodliche Erscheinungen anbelangt – mit der persönlichen Auffassung vom Fortbestand der psychischen Substanz nach dem Erlöschen der körperlichen Funktionen in engem Zusammenhang zu stehen.
D. H. Rawcliffe meinte einmal: »... wer immer Geister sieht, betrügt, wenn er nicht lügt, sich selbst oder ist zeitweilig irre.« Ein amerikanischer Psychologe, J. Jastrow, will Erscheinungen als »absurde Selbsttäuschung« verstanden wissen: »... eine von einer kränklichen Vernunft fehlgedeutete, meist selbsthalluzinierende Projektion einer sich als Wahrheit gebenden Einbildung.«

Eingefleischte Spiritualisten, wie P. D. Payne und L. J. Bendit, die nicht nur an ein »Fortleben« nach dem Tode, sondern auch an eine reale, geistige Verbindung zwischen unserer Welt und dem Jenseits glaubten, versuchten Spukerscheinungen auf die Existenz sogenannter *Psychonen* zurückzuführen, wie sie 1945 von H. Carington postuliert wurden. Hierunter versteht er eine Art »Seelenpartikel«, denen eine potentielle Energie innewohnt, ausreichend, um ein tragisches Geschehen vor unseren »Augen« wieder aufleben bzw. um ein »Erinnerungsbild« entstehen zu lassen.

Sigmund Freud sah im Geisterglauben das Fortwirken der primären Furcht vor dem Tod. Diese Urangst sei nie wirklich überwunden, sondern nur ins Unbewußte abgedrängt worden.

C. G. Jung (1875–1961) nimmt an, daß das Unbewußte »nicht nur Persönliches, sondern auch Unpersönliches, Kollektives in Form vererbter Kategorien und Archetypen enthalte«. Das Unbewußte umfaßt also nicht nur verdrängte Inhalte des persönlichen Unbewußten, sondern auch das die »Schwelleninhalte des Bewußtseins« nie erreichende kollektive Unbewußte mit seinen allen Menschen und Kulturen gemeinsamen Archetypen.

Jung vertrat die Meinung, daß die autonomen Inhalte des Unbewußten in Träumen hochgespült oder als Visionen bzw. Halluzinationen sogar in unser Raumzeit-Gefüge hineinprojiziert werden könnten. Später korrigierte Jung seine ausschließlich psychologische Interpretation dieses Phänomens: »Das Ganze der Seele kann vom Intellekt allein nie erfaßt werden.«

Die von Myers und Gurney Ende des vorigen Jahrhunderts aufgestellte ASW-Hypothese besagt, daß der Agent, d. h. die Person, deren Erscheinung wahrgenommen wird, in einem kritischen Zustand dem Perzipienten (Empfänger) eine telepathische Botschaft zukommen läßt. Diese würde sich beim

Empfänger in einer für dessen Sinne wahrnehmbaren Form manifestieren. Hierbei kommt es nach Gurney durch telepathisches »Infizieren« auch gelegentlich zu Gruppenwahrnehmungen.

George Nugent Tyrrell (1879–1952) – ein bekannter britischer Mathematiker – befaßte sich seinerzeit ebenfalls mit der Telepathie, war aber der Meinung, daß wir die telepathischen Reize der Außenwelt nicht direkt erfassen könnten. Er meinte, sie würden erst auf einer höheren Stufe voll ins Bewußtsein treten. Im umgekehrten Fall könne eine Tiefenschicht des Unbewußten bei entsprechender Stimulierung unseren Sinnesorganen gewisse Eindrücke vermitteln, die wie echte Wahrnehmungen empfunden werden und dennoch subjektive Wahrnehmungen seien. Würden jedoch durch fremdpsychische Einwirkungen telepathische Reize ausgelöst, so müßte das Resultat objektiv sein. Tyrrell glaubte, daß die Psyche des Agenten eine telepathische Vorstellungsmatrix liefere, die die Psyche des Perzipienten empfängt und zur »Erscheinung« hochstilisiert; das eigene Bewußtsein des Halluzinierenden würde dann das »Spektakulum wie ein Außenstehender mit Verblüffung registrieren«.

Eine unabhängige Forschergruppe, die vor mehr als 20 Jahren eine Vielzahl von Erscheinungsfällen analysierte, verwarf Tyrrells Hypothese. Man ging davon aus, daß alle belebten und unbelebten Objekte nichtkörperliche (sogenannte ätherische) Pendants besitzen, die im psychischen Raum angesiedelt sind. Sobald »ätherische Objekte« den physischen Raum durchbrechen, würden diese bei vollem Bewußtsein mittels außersinnlicher Wahrnehmung projiziert und auf diese Weise »sichtbar«. Damit erlangten derartige Projektionen bis zu einem gewissen Umfang Realität... sobald man sie wahrnähme, könnten sie nicht mehr als »Halluzinationen« bezeichnet werden. Diese Hypothese baut auf der Existenz »halbmaterieller« Zustände auf; sie ist nur unter Einbezie-

hung der bioplasmatischen Komponenten, also erweitert-
physikalisch erklärbar.

2   Besucher aus dem Jenseits?

Selbst die traditionsreiche amerikanische Drillstätte für ange-
hende Offiziere, die Militärakademie West Point (USA),
wurde bereits des öfteren von »Gespenstern« geplagt. Der
Kadettenschlafraum Nr. 4714 stand lange Zeit leer: Ein Gespenst hatte die Kameraden in die Flucht geschlagen! Die
Schweizer Zeitung *Blick* berichtete: »Sechs Kadetten konnten nicht mehr schlafen, weil sich Nacht für Nacht zur ›Geisterstunde‹ etwas Seltsames ereignete: Aus einer Wand schritt
ein halbdurchsichtiger, farbig schillernder Soldat, der eine
Uniform aus dem 18. Jahrhundert trug. Er verbreitete eisige
Kälte, bevor er wieder in der Wand verschwand.
Als sich die Kadetten über den unheimlichen Ruhestörer
beklagten, legten sich einige Offiziere im Zimmer 4714 auf
die Lauer. Um die Geisterstunde erbleichten auch sie: Aus der
Wand kam tatsächlich ein Phantomsoldat. Daraufhin befahl
der Kompanieführer, das Zimmer zu räumen und zu versie-
geln. Hierzu äußerte sich Oberst Patrick Donne: ›Der Soldat
ist nicht das einzige Gespenst in West Point. In der Wohnung
von General William A. Knowlton soll der Geist von Molly
umherirren, die vor langer Zeit in der Nähe der Akademie
gewohnt hatte. Molly schwebt milchig-weiß zu Fenstern her-
ein und hinaus. Sie hat in den letzten 150 Jahren schon
manchen wackeren West-Point-Absolventen erschreckt.‹«
Von Phantomgesichtern, die hinter dem Benzintanker »S. S.
Watertown« herschwammen, berichtete das Magazin *Fate* in
seiner Dezemberausgabe 1963: »Zwei Matrosen, James T.
Courtney und Michael Meehan, erstickten an Benzindämp-

fen, als ihr Schiff von San Pedro (Kalifornien) zum Panama-
kanal fuhr. Sie wurden vor der westmexikanischen Küste am
4. Dezember 1929 bei Sonnenuntergang im Meer bestattet.

Am nächsten Morgen beobachtete der Erste Offizier kurz vor
Anbruch der Dämmerung die Köpfe der beiden Matrosen
inmitten der Wellen unmittelbar vor der Backbordreling,
genau da, wo man ihre Leichen im Meer versenkt hatte.
Während die Köpfe dem Schiff im Abstand folgten, konnte
man die Züge der Männer ganz deutlich erkennen. Die
Kunde hiervon verbreitete sich in Windeseile, so daß bei
Erreichen des Panamakanals fast alle Offiziere und Matrosen
die Köpfe gesehen hatten. Sie schwammen stets in einer Entfernung von etwa zwölf Metern hinter dem Schiff her. Man
konnte sie bis zu jeweils zehn Sekunden lang beobachten.
Danach löste sich die Erscheinung auf, um sich kurz darauf
erneut zu manifestieren.

Auf dem Rückweg schoß Kapitän Tracy mit einer hochwerti-
gen Kamera sechs Aufnahmen von den Phantomköpfen. Der
Film wurde bis zu seiner Entwicklung in New York im Safe
der Kapitänskabine eingeschlossen. Fünf der Abzüge zeigten
nichts Außergewöhnliches, der sechste aber war ein ›Volltreffer‹. An der Backbordreling erkannte man deutlich die beiden
Phantomgesichter. Courtneys Kopf befand sich zwischen den
Stützen. Er war nicht so scharf wie der glatzköpfige Meehan
getroffen, der ausgesprochen lebensecht wirkte.«

Eine Vergrößerung dieser makabren Phantomfotografie
konnte man noch nach Jahren in der Empfangshalle der
Reederei »Cities Service Co.« in New York, 70 Pine Street,
bewundern.

Erscheinungen manifestieren sich, wie es den Anschein hat,
offenbar in unterschiedlichen »Aggregatzuständen«:

● bildhaft-filmartig (zweidimensional), halluzinativ als »Gesicht«;

● milchig-durchsichtig (»halbmateriell«) und

● als eine Art 3D-Projektion, als Phantom, scheinbar vollmaterialisiert.

Welcher Kategorie die einzelnen Erscheinungen auch immer angehören mögen: Sicher ist, daß an ihrer »Realität« im Prinzip nicht gezweifelt werden kann. Arthur Schopenhauer (1786–1860) meinte einst: »Der lebhafte und sehnsüchtige Gedanke eines anderen an uns vermag die Vision seiner Gestalt in unserem Gehirn zu erregen – nicht als bloßes Phantasma, sondern so, daß sie leibhaftig und von der Wirklichkeit nicht unterscheidbar vor uns steht. Namentlich sind es Sterbende, die dieses Vermögen äußern und in der Stunde ihres Todes ihren abwesenden Freunden erscheinen, sogar mehreren, an verschiedenen Orten zugleich.«

Wie aber lassen sich die einzelnen Erscheinungsformen heute interpretieren? Vielleicht paraphysikalisch?

3   Paraphysikalische Deutung von Erscheinungen

Für die meisten Parapsychologen sind Erscheinungen nichts weiter als paranormale Äußerungen von Persönlichkeitskernen Verstorbener, zurückgebliebene geistige »Erinnerungen« an Personen, die häufig auf gewaltsame oder auch tragische Weise ums Leben kamen. Ihrer Meinung nach handelt es sich hierbei sowohl um Eigen- als auch um Fremdprojektionen von Bewußtseinsentitäten, die, vom grobstofflichen Leib getrennt, als immaterielle Wesenheiten aus einer höheren Dimensionalität in unser Raumzeit-Kontinuum hineinwirken, d. h. »erscheinen«.

Sogenannte »Geister« sind offenbar abgespaltene Teile von Persönlichkeiten, die zwar in unserer Welt in Erscheinung treten, ihr aber nicht angehören. Viele von ihnen dürften den neuen Zustand ihrer nichtkörperlichen, reinen Bewußtseinsexistenz noch gar nicht erfaßt haben. Sie könnten aufgrund ihrer Unwissenheit durchaus in das Bewußtsein Lebender eindringen und dort pathologische Zustände auslösen, so z. B. Besessenheit und Geisteskrankheiten.

Wenngleich sämtliche Phänomene dieser Art in Bereichen jenseits von Raum und Zeit ihren Ausgang nehmen und stets psychische Energien zum Einsatz kommen, so liegen den verschiedenen Erscheinungsformen vermutlich sehr unterschiedliche Wirkmechanismen zugrunde. Im einzelnen könnten dies sein:

– *Halluzinationen oder Illusionen*
(»Natürliche« Erklärung)
Unter Halluzinationen versteht man gemäß konventioneller Auffassung optische, haptische (greifbare) und andere Sinnestäuschungen ohne wahrnehmbare Sinnesreize. Der Philosoph Karl Jaspers definiert: »Die echten Halluzinationen sind leibhaftige Trugwahrnehmungen (im Gegensatz zu den bildhaften Pseudohalluzinationen), die nicht aus realen Wahrnehmungen durch Umbildung, sondern völlig neu entstanden sind und die neben und gleichzeitig mit realen Wahrnehmungen auftreten. Durch letzteres Merkmal sind sie von Traumhalluzinationen unterschieden.«
Illusionen sind dagegen Fehlinterpretationen von Sinneseindrücken auf der Basis äußerer Erscheinungen.

– *Zufällige Projektionen*
(Erweitert-physikalische Erklärung)
Der Autor versteht hierunter nicht beabsichtigt herbeigeführte Projektionen von Bewußtseinsentitäten aus einer höheren Dimensionalität, die unter außergewöhnlichen paraphysikalischen Bedingungen auftreten. Durch Herabsetzen der individuellen Schwingungsfrequenz und/oder unter Inanspruchnahme bioplasmatischer Energiefelder werden jensei-

tige, feinstoffliche Persönlichkeitsstrukturen in unser Raum-zeit-Kontinuum hineinprojiziert, d. h. teilmaterialisiert, was vom jeweiligen Verdichtungsgrad abhängt.

– *Im meditativen Zustand wahrgenommene Erscheinungen*
(Erweitert-physikalische bzw. spiritualistische Erklärung)
Indem man sich meditativ oder anderweitig in einen höheren Bewußtseinszustand versetzt, kann man vorübergehend die mit gleicher Frequenz schwingenden jenseitigen Entitäten wahrnehmen (Auslösung erfolgt durch uns).

– *Plastisch wirkende Erscheinungen in Form gewollt herbeigeführter Materialisationen*
Animistische Erklärung: Ein Medium »formt« mit Hilfe eigener psychischer Energien und dem körpereigenen bzw. einem fremden Bioplasmafeld materielle oder »halbmaterielle« Scheingebilde (z. B. Materialisationsvermögen tibetanischer Mönche; Schaffung sogenannter »tulpas«).
Spiritualistische Erklärung: Jenseitige Entitäten benutzen das Bioplasmafeld des Mediums, um sich total oder partiell zu materialisieren (vgl. Kapitel III).

– *Streunende Reste psychischer Feldenergien Verstorbener*
(Spiritualistische Erklärung)
Persönlichkeitskerne Verstorbener bleiben aufgrund eines »Defektes« von der endgültigen Speicherung in einer höheren Dimensionalität (Hyperraum) ausgeschlossen und »geistern« in einer Art »Halbraum« zwischen unserem Raum-zeit-Kontinuum und der nächst höheren Existenzebene umher. Dieser Zustand kann laut Bedford/Kensington durch »Umdruckfehler bei der Bildung des noetischen Holo-gramms« ausgelöst werden, d. h. beim Verlassen des Kraftfel-des am Ende der Phase des klinischen Todes, wenn Bruch-stücke besagten Hologramms zurückbleiben.

- *»Imprägnierung« bestimmter Orte mit psychischen*
Informationen
(Animistische Erklärung)
Unter dem Einfluß eines hohen, psychischen Spannungs-
potentials, aufgebaut durch tragische, emotionsauslösende
Ereignisse, wird die Bewußtseinsinformation in lokale Bioplasmafelder »eingraviert« (wie z. B. musikalische Darbietungen in den Rillen von Schallplatten). Die Physik bietet
interessante Analogien. Wenn z. B. atomare Teilchen zusam-
mentreten, wird sogenannte Bindungsenergie in Form elektromagnetischer Strahlung oder kinetischer Energie freige-
setzt. In unserem Fall wäre der »gebundene Zustand« mit der
Integration des Bewußtseins im Hyperraum vergleichbar. Die
freiwerdende psychische Restenergie wird in lokalen bioplasmatischen Feldern »konserviert«. Da die »Aufzeichnung«
von Informationen mittels psychischer Energie also außerhalb unseres Raumzeit-Kontinuums erfolgt – Abläufe in der
Zeit demnach kein Speicherungshindernis darstellen –, werden hier, wie bei einem Film, auch kinetische Vorgänge, ja
komplette Lebensphasen festgehalten. Solche »Aufzeichnungen« könnten 1. durch unbeabsichtigt herbeigeführtes Erhö-
hen des Bewußtseinszustandes oder 2. durch die Konfrontation des Psychogramms mit einer Kombination außergewöhnlicher physikalischer Bedingungen abgerufen und dadurch »sichtbar« gemacht werden.

- *Spiegelungen aus dem Hyperraum*
(Hyperphysikalische Erklärung)
Schließlich könnte man das Erscheinen sogenannter »Geister-
schiffe« und heute nicht mehr (oder noch nicht) existierender
Gebäude bzw. Orte als eine Art Umspiegeln ihres Hyperraum-
Engramms in unsere Welt, als eine »Fata Morgana« aus
Bereichen jenseits von Raum und Zeit, bezeichnen.
Die Stichhaltigkeit der einzelnen Hypothesen soll anhand

einiger Beispiele untersucht werden. Dr. Milan Rýzl, ein heute in den USA lebender Naturwissenschaftler und Parapsychologe, berichtet in seinem interessanten Werk *Parapsychologie* über einen Erscheinungsfall, der sich im vorigen Jahrhundert in England zugetragen haben soll:

»Miss Morton (Pseudonym), eine Medizinstudentin, bezog im Jahre 1882 ein Haus in Clifton. In diesem Haus war es mehrere Jahre zuvor zu einer Familientragödie gekommen. Eines Abends hörte Miss Morton ein Rascheln an der Tür ihres Zimmers. Sie ging hinaus auf den Flur und sah dort im Treppenhaus eine große schlanke Dame im schwarzen Wollkleid mit einem Trauerschleier. In den Jahren 1882 bis 1884 sah sie diese Gestalt etwa fünf- bis sechsmal. Auch ihr Bruder, ihre Schwester, das Hausmädchen und andere konnten diese Gestalt sehen, sowohl Mitglieder der Familie Morton als auch Besucher, insgesamt etwa 20 Personen. Auch zwei Hunde, die im Haus waren, scheinen das Phantom bemerkt zu haben, denn sie ließen Anzeichen von Angst erkennen.

Eine recht interessante Beobachtung ergab, daß die Erscheinung keine im vollen Umfang objektive Existenz besaß: Es kam vor, daß Miss Morton und ihr Bruder das Phantom ganz deutlich sahen, während andere, ebenfalls in der Nähe stehende Personen es zur selben Zeit nicht sahen... Einmal versuchte Miss Morton das Phantom am Verschwinden zu hindern, indem sie es in eine Ecke drängte; da verschwand das Phantom durch die Mauer hindurch... Es erschien zumeist an der Stelle, die Mrs. S. besonders geliebt und wo sie sich zu Lebzeiten am häufigsten aufgehalten hatte. Ein seltsamer Zug im Verhalten des Phantoms mag von theoretischer Bedeutung sein: Es verrichtete wie im Traum immer dieselbe Handlung und ging immer in der gleichen Weise die Treppe hinauf, in den Salon zum Sofa. Es zeigte niemals deutliche Symptome einer vernunftgemäßen Reaktion.«

Man darf annehmen, daß in diesem Fall eine »Imprägnierung« des betreffenden Ortes mit der psychischen Energie des Verstorbenen vorlag. Der Abruf des projizierten Geschehens erfolgte offenbar durch eine erhöhte psychische Aufnahmebereitschaft.

Jenseitige Entitäten sollen dem bekannten amerikanischen Medium Arthur Ford (†) den Erscheinungsmechanismus recht anschaulich geschildert haben: »Dann kam der Vergleich mit dem Ventilator... Wenn ein Ventilator in voller Stärke arbeitet, d. h., wenn sich die Flügel mit hoher Geschwindigkeit drehen, können wir scheinbar durch sie hindurchsehen. Jedenfalls nehmen wir die Flügel selbst nicht mehr wahr... unsere Koexistenz mit euch ist analog. Wenn ihr euch auf unsere Frequenz einstellen könntet, so würdet ihr uns sehen. Wie es jetzt ist, schaut ihr durch uns hindurch. Wir sind nicht da.«

Hieraus darf man ableiten, daß Feinstoffliches eine höhere Schwingungsfrequenz als unsere grobstoffliche Materie aufweist. Die physis-, d. h. materienahe bioplasmatische Komponente des Menschen übt dimensionsverbindende und somit formgestaltende Funktionen aus. Erscheinungen wären also lediglich »Projektionen« aus bzw. über den Hyperraum – Schattengebilde, die niemandem Schaden zufügen können. Sie gleichen Fernsehaufzeichnungen von Sendungen mit bekannten Künstlern, die, während ihre zweidimensionalen, farbigen »Schatten«-Vertreter uns mit hübschen Darbietungen beglücken, vielleicht gerade an einem Festbankett teilnehmen.

Eine sorgfältige Analyse aller hier erwähnten Erscheinungsformen und -mechanismen macht deutlich, daß es eine scharfe Abgrenzung zwischen animistischen und spiritualistischen Hypothesen nicht geben kann. Warum trifft man derartige Unterscheidungen überhaupt? Es wäre sicher unlogisch, wollte man dem immateriellen, autonomen Bewußtsein eines Menschen nach dessen Ableben einen anderen

Status zubilligen, denn mit dem Verlöschen der Gehirnfunktionen wird nur das Ende der körperlichen Existenz, nicht aber das geistige »Aus« signalisiert. Gerade aufgrund der Befreiung des Bewußtseins vom Joch des Physischen dürften dessen Aktionsradius und Wirkungsgrad ins Unermeßliche anwachsen.

4   Silent City – die »Geisterstadt«

Im hohen Alaska, unweit des Muir-Gletschers, der zum Glacier-Bay-Nationalpark gehört, bot sich dort ansässigen Indianern bis um die Jahrhundertwende alljährlich ein grandioses Spektakel. Irgendwann zwischen dem 21. Juni und 10. Juli schälten sich aus der nebelverhangenen Kulisse der Fairweather-Bergkette die Umrisse einer seltsamen Stadt heraus, einer Geisterstadt, die man »Silent City« nannte. Im Jahre 1887 gelang es einem Prospektor namens Willoughby erstmals, mit einem sensationellen Schnappschuß Einzelheiten dieser merkwürdigen Phantomstadt, die auf keiner Landkarte verzeichnet war, festzuhalten, gerade noch rechtzeitig, bevor ihre Konturen im Nichts zerrannen. Mehrstöckige Häuser, wolkenkratzerähnliche Blöcke, hohe Türme und Bäume vermittelten dem Betrachter den Eindruck, eine Großstadt vor sich zu haben.

Viele Fremde – Forscher und Touristen – hatten sich damals von der Echtheit dieses Phänomens mit eigenen Augen überzeugen können. Israel C. Russell, ein Tourist, gab 1891 folgendes zu Protokoll: »... eine große Stadt, mit Befestigungen, Türmen, Minaretts und Domen phantastischer Architektur erstreckte sich über ein Gebiet, von dem alle genau wußten, daß sich dort nur ein von Bergen umsäumtes Gewässer ausdehnt.«

Ein anderer Reisender, L. B. French, der die Geisterstadt schon zwei Jahre zuvor gesichtet hatte, will selbst einzelstehende Häuser, Straßenzüge und riesige Gebäude – mit alten Moscheen und Kathedralen vergleichbar – erkannt haben.

Herzog Luigi Amedeo, der im Jahre 1897 eine Expedition zum Mt. St. Elias geführt hatte, war einer der letzten, der Silent City zu Gesicht bekam. Seit dem Jahre 1901 hat man von dieser Erscheinung nichts mehr gehört. Ist die offenbar im Hyperraum gespeicherte psychotronische Informationsenergie aufgebraucht, oder sind die »Übertragungskanäle« vorübergehend blockiert? Viele Zeugen dieser stummen Szene mögen sich immer wieder gefragt haben, wo und vielleicht auch wann dieses »Luftbild« wohl entstanden sein könnte. Wer oder was waren die Auslöser dieser gigantischen »Diaprojektion« einer Stadt, die nach Meinung von French »mindestens hunderttausend Einwohner gehabt haben könnte«?

War es vielleicht ein im kosmischen »Archiv« zeitlos gespeicherter Gruß aus dem sagenumwobenen »Atlantis« oder gar die »Visitenkarte« einer zukünftigen Stadt?

Schicksalhaftes, im Grunde genommen alles irdische und kosmische Geschehen, dürfte in höherdimensionalen Matrizen »holografisch« und somit absolut festgelegt sein. Wenn es in diesen Strukturen jenseits von Raum und Zeit (da sie diese ja beinhalten) keine Vergangenheit und Zukunft, wie wir sie kennen, höchstens eine Art Gleichzeitigkeit gibt, was spräche dann eigentlich gegen eine dreidimensionale Rückwärtsprojektion aus der Zukunft in unsere Gegenwart?

Luftspiegelungen dürften im Falle von Silent City aus physikalischen und geographischen Gründen mit Sicherheit auszuschließen sein. Die als Spiegelungsobjekt dem Sichtungsort am nächsten gelegene kleine Goldgräbersiedlung Juneau – 80 Kilometer entfernt – erfüllte damals auch nicht annähernd die Voraussetzungen für das Zustandekommen eines solch gigantischen Pseudo-Städtebildes.

5 Grauzonen der Realität

Nachdenklich stimmt auch ein Fall, über den der englische Parapsychologe Sir Ernest Bennett in einer Sendung der britischen Rundfunk- und Fernsehgesellschaft BBC zu berichten wußte. Er hatte seine Hörer dazu ermuntert, ihm Schilderungen persönlicher Erfahrungen mit dem Ungewöhnlichen – paranormale Erlebnisse – zukommen zu lassen. In einem der zahlreichen Briefe, die er daraufhin erhielt, beschrieb eine Frau ihre Erlebnisse mit einem Phantomhaus – einem alten Herrensitz, den es eigentlich schon lange nicht mehr geben durfte.

Die ursprüngliche Fassung des Berichtes – sie datiert vom 11. März 1934 – stammt von Miss Ruth Wynne, einer Englischlehrerin, die sich als Erzieherin auf das Erteilen von Privatunterricht spezialisiert hatte. Drei Jahre später empfing Bennett ein Schreiben von Miss Allington, einer ehemaligen Schülerin von Miss Wynne, in dem diese, als Zeugin des damaligen Geschehens, die Schilderung ihrer Lehrerin in allen Einzelheiten bestätigte. Über das merkwürdige Erlebnis der beiden berichtet Sir Ernest Bennett in einem Buch, das sich mit Erscheinungen und Spukhäusern befaßt.

Die Glaubwürdigkeit der Geschichte wird nicht nur durch die Intelligenz und den guten Leumund der Lehrerin, sondern auch durch das Bestätigungsschreiben von Miss Allington erhärtet. Wäre in diesen Fall nur eine Person verwickelt gewesen, hätte man möglicherweise von einem Tagtraum, von einer Halluzination sprechen können. Wenn jedoch zwei intelligente Menschen bei hellichtem Tage im selben Augenblick die gleiche Beobachtung machen, kann man diese schwerlich auf Sinnestäuschung oder geistige Verwirrung zurückführen. In ihrem Schreiben machte Miss Wynne deutlich, daß sie keinesfalls medial veranlagt und dies auch ihr bislang einziges ungewöhnliches Erlebnis gewesen sei.

Die Geschichte spielte in dem kleinen Ort Rougham, unweit des Städtchens Bury St. Edmunds. Man schrieb das Jahr 1926. Das Wetter an jenem Oktobertag war ganz so, wie man es dort im Spätherbst erwarten durfte: bewölkter, regnerischer Himmel und vorwinterliche Kühle.

Miss Wynne war erst vor kurzem mit ihren Eltern und ihrer Schülerin, einem 14jährigen Mädchen, nach Rougham gezogen. Da ihnen Ort und Umgebung noch ziemlich fremd waren, unternahmen beide nach den Unterrichtsstunden ausgedehnte Spaziergänge, um Land und Leute kennenzulernen.

Eines Tages schlug Miss Wynne ihrer Schülerin vor, die Kirche des Nachbarortes Bradfield, St. George, zu besuchen. Um abzukürzen, wählten sie den Weg über die Felder. Beide gingen direkt auf die Kirche zu, die sie schon von weitem deutlich erkennen konnten.

Der Weg über die Felder führte sie zunächst zu einem Bauernhof. Nachdem sie diesen überquert hatten, gelangten sie zu einem Feldweg. Immer noch die Kirche vor Augen, bemerkten sie nach Verlassen des Gehöfts auf der linken Seite des Weges eine hohe Mauer aus gelbgrünen Ziegelsteinen. Vor ihnen bog der Weg nach links ab. Sie folgten ihm und standen unversehens vor einer großen, eisernen Gittertür, die in die Mauer eingelassen war.

Neugierig blickten die Frauen durch die Gitterstäbe. Vor sich sahen sie ein Wäldchen mit hohen Bäumen, die die Mauer um ein Mehrfaches überragten. Vom Eingang schlängelte sich ein Weg zu einem alten Bauwerk, das so versteckt hinter den Bäumen lag, daß es von ihrem Standort aus nur teilweise eingesehen werden konnte. Seine üppige Stukkatur und die

Form seiner Fenster deuteten darauf hin, daß es der georgianischen Stilepoche angehörte, die im 18. Jahrhundert dominant war.

Auf die neugierige Frage des Mädchens, wem wohl dieses herrschaftliche Anwesen gehöre, wußte Miss Wynne keine Antwort. Seit ihrer Ankunft in Rougham kannte sie die meisten der dort ansässigen Familien. Sie wunderte sich daher ein wenig, von den Bewohnern dieses Herrensitzes bislang noch nichts gehört zu haben.

Die beiden standen eine ganze Weile vor dem schmiedeeisernen Tor und bewunderten die herrliche Umgebung des Bauwerks. Niemand war zu sehen, das Haus schien unbewohnt zu sein. Dann gingen sie denselben Fußweg zurück, der zur Straße und damit auch zur Kirche führte – ihr eigentliches Ziel.

Nachdem sie sich dort alles angeschaut hatten, traten sie den Heimweg an. Wegen des jetzt einsetzenden Nieselregens beschlossen die Frauen, sich wieder der Abkürzung über die Felder zu bedienen. Ihr Weg führte sie erneut an der Mauer vorbei über den Bauernhof, den sie zuvor schon einmal überquert hatten.

Zu Hause angekommen, beschrieb Miss Wynne ihren Eltern das Bauwerk. Aber auch sie kannten es nicht. Miss Wynne fragte sich, wie es möglich war, daß sie von dessen offenbar wohlhabenden Besitzern noch nichts gehört hatte, obwohl sich das Anwesen ganz in ihrer Nähe befand. Die Zeit verging, und die Angelegenheit sollte bald in Vergessenheit geraten.

Etwa vier Monate später wiederholten Miss Wynne und ihre Schülerin den Spaziergang. Auch diesmal war der Himmel bewölkt. Doch es regnete nicht, und die Sichtverhältnisse waren ausgezeichnet. Wieder schlugen sie den Weg über die Felder ein. Sie überquerten, wie bei ihrem ersten Spaziergang, den Bauernhof und gelangten schließlich zu dem bewußten

Feldweg. Soweit kam ihnen alles bekannt vor – alles, bis auf die Mauer, die zuvor parallel zum Weg verlaufen war. Fassungslos schauten die beiden einander an. Die hohe Backsteinmauer war verschwunden. An ihrer Stelle erstreckte sich diesmal längs des Weges ein breiter Graben. Jenseits desselben, wo sie hinter Bäumen versteckt einen Teil des Herrenhauses gesehen hatten, breitete sich jetzt vor ihnen ein völlig verwildertes Grundstück aus mit Bodensenken, von Unkraut überwucherten Erdhügeln und Buschwerk. Nur die hohen Bäume kamen ihnen irgendwie bekannt vor.

Verwirrt setzten die beiden ihren Weg fort. Nicht nur, daß es hier keine Mauer mehr gab – die eiserne Tür, der Parkweg und das von Bäumen umsäumte Haus waren ebenfalls wie vom Erdboden verschwunden. Vor ihnen lag nichts als Ödland, eine Fläche, die offenbar nie zuvor bebaut worden war. Zuerst glaubten die Frauen, daß alles, was sie hier vor wenigen Monaten gesehen hatten, abgerissen worden war. Bei näherem Hinschauen erschien ihnen dieser Gedanke absurd. In dem Gewirr von Erdlöchern, Hügeln und Büschen erblickten sie einen Teich und verschiedene Tümpel, die eine üppige Vegetation hervorgebracht hatten. Es war ganz einfach undenkbar, ein Mauerwerk dieser Länge und ein stattliches Gebäude mitten im Winter in nur vier Monaten niederzureißen sowie einen Weg bis zur Unkenntlichkeit einzuebnen. Wozu auch?

Miss Wynne und ihre Begleiterin hatten für die merkwürdig veränderte Szene keine Erklärung. Auf der Stelle verfaßten beide unabhängig voneinander über das, was ihnen von ihrem letzten Erlebnis im Oktober noch in Erinnerung geblieben war, Notizen und verglichen diese miteinander. Sie stellten fest, daß die Inhalte ihrer Niederschriften genau übereinstimmten. Es bestand auch kein Zweifel darüber, daß die Frauen jedesmal den gleichen Bauernhof passiert und dann die gleiche Straße benutzt hatten. Wo aber war dann das geheimnisvolle Herrenhaus geblieben, dessen sie sich heute noch in allen Einzelheiten erinnerten, so als ob es erst gestern gewesen wäre? Alles war so greifbar nahe, zum Anfassen real gewesen.

Zu Hause angekommen, sprach Miss Wynne mit ihren Eltern über das unerklärliche Verschwinden des gesamten Anwesens. Doch auch sie konnten sich die sonderbaren Geschehnisse nicht zusammenreimen und kamen schließlich zu dem banalen Schluß, daß sich ihre Tochter und die Schülerin geirrt haben mußten.

Später stellte Miss Wynne bei Familien, die in der Nähe des Phantomhauses wohnten, Nachforschungen an. Enttäuscht mußte sie feststellen, daß niemand über ein Gebäude an dieser Stelle etwas wußte. Da sich ihre Nachbarn über ihre Fragen zu wundern und über ihr eigenartiges Verhalten zu sprechen begannen, stellte sie schließlich ihre Erkundigungen ein. Dennoch gab sie ihre Bemühungen, das Geheimnis des georgianischen Herrenhauses zu lüften, nicht auf. Sie bemühte sich, in Bibliotheken und Buchhandlungen alte Karten von der dortigen Gegend aufzutreiben, aus denen sie Näheres in Erfahrung zu bringen hoffte. Vergeblich. Die Zeit schien alles, was mit dem Phantomhaus zusammenhing, alles, was Menschen einer früheren Epoche einmal dort hervorgebracht hatten, ausgelöscht zu haben. Oder existierte dieses wunderbare Anwesen tatsächlich nur in ihrer Phantasie? Dann aber stellt sich erneut die Frage, ob zwei Menschen zur gleichen Zeit der gleichen Halluzination zu erliegen vermögen. Oder hatte sie etwa die Vergangenheit eingeholt, ihr Bewußtsein oder gar ihre Körper um Jahrhunderte zurückversetzt, in eine Zeit, zu der dieses schöne Haus wirklich existierte? Bewußtsein und Zeit hängen eng zusammen. In den Grauzonen des Nichtfaßbaren scheint alles möglich zu sein.

III

Die Phantom-Connection – Wissenschaftler untersuchen Materialisationsmedien

> »Ein Baum, ein Tisch, eine Wolke, ein Stein – die Wissenschaft des 20. Jahrhunderts zerlegt sie allesamt in etwas Gleichartiges: in einen Haufen wirbelnder Partikelwellen, der den Gesetzen der Quantenphysik gehorcht. Mit anderen Worten: sämtliche Objekte, die wir wahrnehmen, sind dreidimensionale Bilder, die durch elektromagnetische und nukleare Prozesse aus stehenden und bewegten Wellen zustande kommen... – Superhologramme, wenn Sie so wollen.«
>
> Charles Musès und Arthur Young, Physiktheoretiker, in *Consciousness and Reality*

1 Dinge aus dem Nichts

Wenn sich aus dem Nichts – dem vermeintlich leeren Raum, der uns umgibt – Dinge herausschälen, die Sekundenbruchteile zuvor an der betreffenden Stelle noch nicht existierten, spricht man von »sichtbaren Manifestationen des Bewußtseins«, von Materialisationen.

Lassen sich außergewöhnliche Erscheinungen gar fotografieren und/oder filmen, so scheidet der Einwand, daß es sich hierbei möglicherweise um optische Halluzinationen oder Tranceeffekte gehandelt haben könnte, mit an Sicherheit grenzender Wahrscheinlichkeit aus. Dies gilt freilich nicht für betrügerische Manipulationen, die sich im Bild nicht unbedingt eindeutig erkennen lassen.

Mit Recht werden Skeptiker einwenden, daß manche Illusio-

nisten und Taschenspieler ähnliche »Fertigkeiten« wie sogenannte Materialisationsmedien besäßen und daß sie entsprechende Effekte auch noch vor einem viel größeren Publikum
jederzeit produzieren könnten. Dem wäre allerdings entge-
genzuhalten, daß sich Bühnenmagier vor Beginn ihrer Darbietungen wohl kaum völlig entkleiden und peinlich genau
untersuchen lassen, wie dies mit einigen erwiesenermaßen
echten Medien routinemäßig geschehen ist.

Natürlich sind sogenannte »Dunkelmedien« – Medien, die
ihre Séancen wegen der angeblichen Lichtempfindlichkeit
des ausströmenden Ektoplasmas in abgedunkelten Räumen
abhalten – stets der Versuchung ausgesetzt, zu manipulieren
und zu tricksen. In der Vergangenheit gab es denn auch
Materialisationsmedien, denen man bei genaueren Untersuchungen betrügerische Handlungen, Arbeiten mit unerlaub-
ten Hilfsmitteln (Stoffen, Gaze, Watte, Papier usw.) und
Helfershelfern nachweisen konnte.

Gutgläubigkeit und mangelhafte Kontrollen hatten in vielen
Fällen zur Folge, daß diese falschen Medien ihre Förderer
und Zuschauer oft jahrelang an der Nase herumführen
konnten.

Untersucht man postum den Werdegang solcher »Medien«,
so kann man sich nicht des Eindrucks erwehren, daß diese
»schwarzen Schafe« mitunter von einem allzu leichtgläubi-
gen, kritiklosen Publikum in derartige peinliche Situationen
förmlich hineingedrängt wurden. Die eigentliche Tragik des
Geschehens liegt aber in der Tatsache begründet, daß es
schon immer Materialisationsmedien gab, die nachweislich
echte Materialisationsphänomene hervorbringen konnten,
andererseits jedoch bei deren vorübergehendem oder ständi-
gem Ausbleiben bedauerlicherweise mit allen möglichen
Tricks »nachhalfen«.

Falscher Ehrgeiz und Gefälligkeitsdenken brachten manches
gute Medium oft in eine fatale Lage. Eines der bekanntesten

Medien der jüngeren Vergangenheit, Eusapia Paladino (1854–1918), die in ihrem Heimatland Italien, aber auch in Deutschland, Frankreich, Polen und in den USA auftrat, versuchte immer wieder, meist auf recht plumpe Weise zu betrügen. Dennoch waren zahlreiche qualifizierte Beobachter – darunter der italienische Psychiater und Kriminologe Cesare Lombroso, die Nobelpreisträger Curie, Henri Bergson und Charles Richet, der deutsche Arzt und Parapsychologe Freiherr von Schrenck-Notzing, aber auch verschiedene bekannte Illusionisten – von der Echtheit zumindest einiger ihrer Darbietungen überzeugt.

Nicht alle Medien der damaligen Zeit waren suspekt. Daniel Dunglas Home (1833–1886), ein Allround-Medium schottischer Herkunft, der auch bei Tageslicht nahezu sämtliche bekannten paranormalen Phänomene produzieren konnte, hat sich nach einstimmiger Auffassung seiner Beobachter niemals irgendwelcher Tricks bedient. Home – nach eigener Aussage ein illegitimer Sohn des 10. Earls of Home –, der 1858 Alexandra Gräfin von Kroll ehelichte, trat häufig vor gekrönten Häuptern, so unter anderem vor Kaiser Wilhelm II. und Papst Pius IX. auf. Für die Echtheit der von ihm bewirkten Phänomene verbürgte sich auch Sir William Crookes (1832–1919), der bedeutende englische Chemiker und Physiker, Entdecker des chemischen Elementes Thallium.

2 Leistungsschau des Bewußtseins

Das Kunstwort »Materialisation« (lat.) wird heute vielseitig interpretiert. Bonin definiert »Materialisation« als »parapsychologische Bezeichnung für ein behauptetes paraphysikalisches Phänomen: eine angeblich objektive (materielle) Erscheinung, optisch und/oder haptisch wahrnehmbar, von unterschiedlicher Dichte und Dauer, manchmal leuchtender Natur«.

Während die Spiritualisten in Materialisationen die Verdinglichung eines sich manifestierenden Geistes sehen, sind die Animisten grundsätzlich der Auffassung, daß derartige Verstofflichungsprozesse durch das Einwirken der Psyche (Anima) des Mediums und/oder der Beobachter auf ein allgegenwärtiges hypothetisches Ektoplasma (entspricht dem Bioplasmafeld) zustande kommen. Die Frage nach den möglichen Verursachern dieser Phänomene – ob das Bewußtsein Lebender bzw. Verstorbener oder ein ultradimensionales Prinzip Regie führt – steht hier nicht zur Debatte. Wichtig erscheint allein das Phänomen als solches: die etwaige Echtheit derartiger psychisch-bioplasmatischer Verbundmanifestationen, die Typisierung der Erscheinungsformen und nicht zuletzt der »Stoff«, auf den das Bewußtsein gestalterisch einwirkt.

Bonins Auslegung des Begriffs »Materialisation« bezieht sich vorwiegend auf »Objekte«, die während mehr oder weniger gut abgesicherter Séancen von Hell- oder Dunkelmedien produziert werden. Darüber hinaus werden neuerdings auch noch die nachfolgend charakterisierten Phänomene mit dem Arbeitsbegriff »Materialisation« in Verbindung gebracht:

● *Die Herbeischaffung vorwiegend kleiner Objekte aus dem Nichts,* gelegentlich auch unter Verwendung natürlicher Substanzen, wie Erde, Sand, Blätter usw. Derartige Materialisationskünste gehören zum Repertoire indischer und afrikanischer Schamanen. Der in seiner Heimat Indien als göttliche Inkarnation verehrte Sathya Sai Baba vermag offenbar mühelos Objekte aus dem »Nichts« hervorzuzaubern.

Die Parapsychologen Dr. Karlis Osis und Dr. Erlendur Haraldsson konnten während ihres Aufenthaltes in Indien derartige Verstofflichungsphänomene aus nächster Nähe beobachten.

● *Die Beseitigung von im Psychisch-Bioplasmatischen angesiedelten primären Krankheitsherden* (Operationen am feinstofflichen Leib) durch sogenannte Geistheiler (z. B. Zé
Arigó, J. Blance, J. Flores usw.). Der Logurge (Geistchirurg)
entfernt den der Physis auf einer höherdimensionalen Ebene
angelagerten feinstofflichen Krankheitsherd über eben diese
höhere Dimensionalität. Die bioplasmatische Krankheitsma-
trix nimmt dann beim »Auskristallisieren« auf unserer niederdimensionalen Ebene oft bizarre, grobstoffliche, für uns
sichtbare Formen an. Der Dimensionswechsel bewirkt offenbar die totale Veränderung der ursprünglichen feinstofflichen
Struktur, die einem abstrakten, unbegreiflichen Universum
entstammt.

● *Das unerwartete Auftauchen von Objekten im Freien oder
in geschlossenen Räumen.* Es wird gelegentlich mit dem Begriff »Materialisation« in Verbindung gebracht, was aber
nicht ganz korrekt ist. Zwar treten diese Objekte wie bei
echten Materialisationen aus dem »Nichts« hervor, haben
also nach Auffassung des Autors den Hyperraum passiert –
sie entstehen jedoch nicht aus der bioplasmatischen Grundsubstanz (aus dem Feinstofflichen), sondern waren bereits
zuvor materiell existierende Gegenstände, die lediglich räumliche und/oder zeitliche Dimensionen überwunden haben. In
solchen Fällen spricht der Parapsychologe eher von »Apporten«, besonders wenn es sich hierbei um Objekte handelt,
deren Ursprung bekannt ist. Der Transportvorgang selbst
wird als Teleportation bezeichnet.

● *Das plötzliche Erscheinen unbekannter Flug-/Himmelsob-
jekte (Ufos)* wird ebenfalls als »Materialisation«, das Abkippen in eine höhere Dimensionalität analog hierzu als Demate-
rialisationsvorgang bezeichnet. Bei Teleportationen dieser
Art soll man eigentlich nicht von Ver- und Entstofflichung
sprechen, bleiben die raumzeit-versetzten Objekte dabei
doch zumindest in ihrer Grundsubstanz erhalten. Sie vollzie-

hen nur einen augenblicklichen, für uns nicht weiter wahrnehmbaren Dimensionswechsel über den Hyperraum. Von einem höherdimensionalen Standpunkt aus bliebe ihre Existenz stets gewahrt; man würde sie beim Mithinüberwechseln nie aus den Augen verlieren.

3 Medien im Kreuzverhör

Wenden wir uns zunächst den echten Materialisationen, d. h. den von Bonin beschriebenen psychischen Manifestationen zu. Materialisationsphänomene waren schon Mitte des vorigen Jahrhunderts Gegenstand eingehender wissenschaftlicher Untersuchungen. Sie stellten aufgrund der hiermit verbundenen (scheinbaren) Widersprüche zur Schulphysik für bedeutende Wissenschaftler der damaligen Zeit eine unerhörte Herausforderung dar. Spirituellen Dingen gegenüber aufgeschlossene Wissenschaftler, die sich um die Untersuchung jener Phänomene bemühten – es waren stets nur wenige, denn die Mehrzahl der Gelehrten begegnete ihnen nach wie vor mit Skepsis und Ablehnung –, bedeutete es, neue Methoden und Apparate zu entwickeln, um betrügerischen Manipulationen auf die Spur zu kommen.

Sir William Crookes war einer der ersten, der sich in den Jahren zwischen 1870 und 1874 mit diesem Phänomen wissenschaftlich befaßte. Seine Untersuchungen galten vor allem dem damals 15jährigen Medium Florence Cook und dem bereits erwähnten Daniel Dunglas Home. Dieser Gelehrte führte seine Forschungen derart sorgfältig durch, daß es Kritikern seiner Arbeit, wie z. B. Alfred Lehmann, mitunter sehr schwerfiel, ihm lediglich wegen der skizzenhaften, etwas novellistischen Form seiner Publikationen die Glaubwürdigkeit abzusprechen. Crookes benutzte »selbstregistrierende Meßgeräte« und behandelte die Medien wie »Kraft-maschinen«.

Im Jahre 1871 veröffentlichte er einen ersten Bericht über gewisse an Home festgestellte Phänomene. Erst 18 Jahre später folgten seine »Tagebücherauszüge« über dieselben Sitzungen, durch die man von einzelnen Vorgängen teilweise ein anderes Bild als durch die ursprünglichen Publikationen bekam.

Obwohl die Crookesschen Versuche und Interpretationen gewisse Mängel erkennen lassen, wird dadurch der Wert eines einzigen bestimmten Experiments, einer zusammenhängenden Einzelbeobachtung, nicht im geringsten gemindert.

Sein Medium Florence Cook vermochte die Trancepersönlichkeit (spirit.: Geistentität, die angeblich Verbindungen zu anderen Persönlichkeitsinhalten im Jenseits herzustellen vermag; auch »Kontrolle« oder »Kontrollgeist« genannt) »Katie King« zu materialisieren. Der gleichen Katie King sagt man übrigens nach, daß sie sich auch in Gegenwart der Davenport-Brothers, die in der zweiten Hälfte des vorigen Jahrhunderts in Europa, Amerika und Australien vor großem Publikum auftraten, bei Séancen mit Charles Williams, einem englischen Medium der siebziger Jahre des 19. Jahrhunderts, sowie 1974 im Verlaufe von Sitzungen in Philadelphia, Winnipeg und Rom materialisiert habe.

Von der materiellen Phase der Katie King, deren eigentlicher Name Annie Owen Morgan gelautet haben soll, wurden wiederholt Fotos angefertigt.

Crookes' Arbeit mit Florence Cook wertete Dr. Freiherr von Schrenck-Notzing – ein bekannter deutscher Arzt und früher Parapsychologe, der selbst mit Materialisationsmedien experimentierte – zusammenfassend so: »Für die Konstatierung der Echtheit eines Materialisationsmediums sollte das Entstehen und Verschwinden einer Gestalt mit Ausschluß irgendwelcher Hilfsmittel vor den Augen des Experimentators vollständig genügen, wie das von Crookes oft genug beschrieben worden ist; daß dieses Phänomen das Medium begleitete und sich vielleicht noch besser in den Räumen vollzog, in denen sie wohnte, ist doch wohl selbstverständlich. Über die Fotografien, welche Crookes anfertigte – die sicherlich beweisen, daß Katie King und Florence Cook zwei verschiedene Wesen waren –, schweigt Lehmann. Als das Medium dann mehrere Jahre nach der Verheiratung mit Herrn Corner während einer Sitzung am 9. Januar 1880 bei der Darstellung des Geistes ›Mary‹ im Flanellanzug und Korsett ergriffen wurde und später den polnischen Gelehrten sechs unbefriedigende Sitzungen gab, hieß es allgemein, das berühmte Medium des Professors Crookes sei eine Betrügerin und habe den Gelehrten jahrelang getäuscht. Ob es sich bei der Entlarvung nicht um eine ›Transfiguration‹, ›Transmutation‹ oder ›Pseudomaterialisation‹ handelte, wie sie in der Tat häufig vorkommen und auch vom Verfasser beobachtet wurden, mag dahingestellt bleiben ...«

William Crookes, der seinerzeit als einer der bedeutendsten Chemiker und Physiker Englands hohes Ansehen genoß, stand auch in späteren Jahren fest zu seinen Erkenntnissen und Anschauungen. Seine Überzeugung gipfelt in der Feststellung: »Dreißig Jahre sind vergangen, seitdem ich einen Bericht veröffentlicht habe über Versuche, die zeigen sollen, daß jenseits unserer wissenschaftlichen Erkenntnis eine Kraft existiert, welche verschieden ist von der allen Sterblichen gemeinsamen ... Innezuhalten mit einer Forschung, welche die Tore des Wissens weiter zu öffnen verspricht, zurückzuschrecken aus Furcht vor Schwierigkeiten und der feindlichen Kritik hieße, auf die Wissenschaft Tadel zu laden. Nichts hat der Forscher zu tun, als geradeaus zu gehen, überall zu kundschaften, Zoll um Zoll mit der Vernunft dem Licht zu folgen, wo es immer hinführt, und gliche es auch einem Irrlicht!«

Das Medium Elizabeth d'Espérance – eine Engländerin mit
dem bürgerlichen Name Hope – wurde, obwohl sie an vielen
Orten Europas Sitzungen gab, nie professionell eingesetzt.
Bei ihrem Aufenthalt in Schweden kam es zu ersten Materiali-
sationserscheinungen. Die Manifestation ihres »Kontrollgei-
stes« – des Arabermädchens Yolanthe – soll sich gelegentlich
einer Überprüfung als Betrug herausgestellt haben. Die ge-
sundheitlich stark angegriffene Sensitive scheint den Aktivitäten ihres Unbewußten hilflos ausgeliefert gewesen zu sein,
was ihre Entgleisungen hinreichend erklären dürfte. Dennoch muß auch die Espérance echte mediumistische Fähigkeiten besessen haben Auf einem der in ihrem Buch *Im Reiche
der Schatten* enthaltenen Fotos ist sie zusammen mit Yolanthe abgebildet. Man fertigte später Hunderte fotografi-
scher Aufnahmen an, um festzustellen, ob sie mit Hilfe ihrer
psychokinetischen Fähigkeiten Filmmaterial (Platten) beeinflussen könne. Auf einzelnen Aufnahmen konnte man neben
der fotografierten Person Köpfe und nebelartige Wesen von
menschlicher Gestalt (sogenannte Extras) erkennen. Professor Butlerow und der russische Schriftsteller Alexander N.
Aksakow (1832–1903) wollen einige Materialisationsphänomene der Espérance im Bild festgehalten haben.
In ihrem Buch schildert Madame d'Espérance die Entstehung
von Materialisationen ähnlich wie andere Medien: »... ein
weißer, auf dem Boden liegender ›Musselinhaufen‹ belebt
sich und steigt in Form weißer Wolken in die Höhe, bis unter
den Falten der Draperie ein Lebewesen in menschlicher Gestalt zum Vorschein kommt... Man sieht einen wolkigen,
›häutigen‹, weißen Stoff auf dem Boden liegen. Nach und
nach breitet sich dieser aus, als wäre es ein mit Leben beseel-
tes Stück Musselin. Es baut sich Falte um Falte selbständig
auf, bis es eine Oberfläche von zwei bis drei Fuß und eine

Dicke von einigen Zentimetern [hier eine flächenhafte Darstellung] erreicht. In dieser Masse entsteht ein Kopf.«

Über diesen interessanten Aspekt der Formgebung, der bildnerischen Einwirkung unserer Psyche auf personengebundenes Ekto-/Bioplasma berichtete der bekannte, zuvor erwähnte Materialisationsforscher Dr. Freiherr von Schrenck-Notzing ausführlich. Seine Darlegungen – aufschlußreiche Berichte über Sitzungen mit dem echten Materialisationsmedium Eva C. – sollen später erörtert werden.

Ähnlich wie zuvor, schilderte der 1913 mit dem Nobelpreis ausgezeichnete französische Physiologe Professor Charles Richet (1850–1935) einen Materialisationsvorgang, den er während einer Sitzung in Algier beobachten konnte: »Ich sehe etwas wie eine weiße leuchtende Kugel, die über dem Boden schwebt und deren Umrisse unbestimmt sind. Dann erscheint, plötzlich aus dieser Transformierung der weißlichen Leuchtkugel hervorgegangen, gerade und rasch, wie aus einer Falltür emporsteigend, das Phantom ›Bien Boa‹. Seine Statur scheint mir nicht besonders groß zu sein. Er ist in ein fallendes Gewand gehüllt mit einem Gürtel um die Taille... Der leuchtende Fleck auf dem Fußboden war dem Erscheinen vorausgegangen; aus diesem heraus hatte sich die Gestalt sehr rasch nach oben emporsteigend entwickelt... Der Gang ›Bien Boas‹ ist hinkend und zögernd. Ich kann nicht sagen, ob er geht oder rutscht... Ohne den Vorhang zu öffnen, sackt er plötzlich zusammen und verschwindet auf dem Boden. Drei bis vier Minuten später erscheint im Schlitz des Vorhangs dieselbe weiße Kugel wieder in der Höhe des Bodens, dann bildet sich rasch gerade in die Höhe steigend der Körper, welcher bis zur Höhe eines erwachsenen Menschen aufsteigt und dann plötzlich wieder auf dem Boden zusammensinkt.«

Richet hielt diesen Versuch für entscheidend, da sich vor seinen Augen außerhalb des Vorhangs ein »lebender Körper« gebildet habe, der aus dem Boden hervorkam und dann wieder in diesem verschwand. Eine Falltür war nachweislich nicht vorhanden.

Hierzu meinte Schrenck-Notzing später: »Die von Richet bei dieser Gelegenheit aufgenommene Fotografie des Phantoms deckt den Oberkörper, speziell den Kopf des Mediums. Mit Recht kann man den Einwand erheben, er sei – rein als Fotografie betrachtet, ohne Berücksichtigung der Versuchsbedingungen – für das gleichzeitige Vorhandensein eines Lebewesens neben dem Medium nicht beweisend, sondern mache den Eindruck einer Transfiguration...«

Richet will aber bei einer dieser Séancen mittels Barytwasser (wäßrige Lösung von Bariumhydroxid) nachgewiesen haben, daß »Bien Boa« – angeblich ein vor etwa 300 Jahren verstorbener Brahmane – sogar zu atmen vermochte, eine Behauptung, die, falls sie stimmt, wohl nur spiritualistisch zu erklären wäre.

Die Darbietungen der Eusapia Paladino, die wie kein anderes PK-Medium der jüngsten Vergangenheit von bekannten Forschern untersucht wurde, waren stets umstritten. Sie brachte nur wenige Materialisationen, dafür jedoch mehr Objektbewegungen auf Distanz und Levitationen, unter anderem von Tischen und Stühlen, zustande. Schrenck-Notzing setzte sich nach einer getricksten Levitation recht kritisch mit den Leistungen dieses Mediums auseinander. Zusammenfassend heißt es hier: »... Und so ereignet es sich oft, daß hyperkritische Teilnehmer ihre Erwartungen in vollem Umfang erfüllt sehen und sämtliche Phänomene mit diesen Schwindeleien [gemeint ist das Manipulieren mittels Händen, Füßen oder mechanischen Hilfsmitteln] erklären zu können glauben.«

Man sieht, daß Schrenck-Notzing ein außerordentlich umsichtiger Beobachter war. Eine Kommission, der Herr und Frau Curie, Richet, Bergson, Langevin, Miquel und andere angehörten, kam nach jahrelangen eingehenden Ermittlungen zu folgendem Schluß: »Für die größere Zahl der Leistungen Eusapias konnte Betrug nicht angenommen werden; die Kontrollbedingungen ergaben eine sehr große Wahrscheinlichkeit dagegen. Indessen erlauben die durch die in manchen Fällen erwiesener Täuschung des Mediums erzeugten Zweifel nicht, von einer wissenschaftlich ›unantastbaren‹ Sicherheit in diesen Feststellungen zu sprechen, sondern lassen nur eine subjektive Urteilsbildung zu.«

5   Vom Umgang mit Materialisationsmedien

Der »hysterohypnotische Symptomenkomplex« (Schrenck-Notzing) spielt auch bei physikalischen Manifestationen eine außerordentlich wichtige Rolle, zeigt es sich doch, daß stärkere Phänomene meist eines besonders tiefen Trancezustandes bedürfen. Auch hier kommt natürlich das wirtschaftliche Prinzip des natürlichen Kräftehaushaltes zur Geltung. In diesem Zusammenhang wollte Schrenck-Notzing unter anderem festgestellt haben, daß die psychokinetischen Energien mit der Entfernung an Stärke abnehmen, eine Behauptung, die neueren Erkenntnissen über die Wirkmechanismen paranormaler Phänomene zu widersprechen scheint. Die Begrenztheit psychokinetischer Effekte (PK) ließe sich möglicherweise dadurch erklären, daß psychisch-bioplasmatische Operationen, die über eine höhere Dimensionalität zeitfrei verlaufen, in unserem Universum in andere Kräftespezies (oder Energien) umgewandelt werden (z. B. in antigravitative Kräfte; auch Umkehrung der elektromagnetischen Polarisation usw.). Da bei psychokinetischen Aktivitäten Transenergien, d. h. Energien aus Bereichen jenseits unseres Universums, in konventionelle Kräfte und Energieformen umgesetzt werden, kommt es hier zwangsläufig zu räumlichen und zeitlichen Einschränkungen.

Bei ASW-Experimenten – Telepathie, Hellsehen, Prä- und Retrokognition – verhält es sich deshalb anders, weil hierbei die auf höherdimensionalem Wege eingeholten Informationen nicht erst mit den Wirkmechanismen unseres Universums korrespondieren, sondern gleich ins Unbewußte des Mediums einfließen können. Bei angewandter Psychokinese geschieht dies in der Reihenfolge: psychisches Signal (Motiv) > Modulation der bioplasmatischen Komponenten durch das Bewußtsein > Beeinflussung konventioneller Kräfte oder Energien (elektrische, magnetische, gravitative usw.) > physikalisch erkennbarer Endeffekt.

Im Falle von praktizierter außersinnlicher Wahrnehmung (ASW) haben wir es hingegen mit einer Direktverbindung »Bewußtsein A > Unbewußtes von B > Eindringen ins Tagesbewußtsein von B« (evtl. Umsetzung von Traumerlebnissen) zu tun.

Man muß bei einer vorurteilsfreien Prüfung von Materialisationsprozessen mit der Möglichkeit rechnen, daß der Umsetzungsprozeß nicht immer regelmäßig vonstatten geht und von einer starken Reaktion des Mediums begleitet ist, daß er von der momentanen psychischen Konstellation, also vor allem von der Stimmung sowie vom Körperbefinden der jeweiligen Versuchsperson abhängt. Um das Zustandekommen irgendeines gewünschten Experiments zu ermöglichen, ist eine starke psycho-physische (Schrenck-Notzing) Anstrengung des Mediums notwendig. Die Versuchsperson kann, wenn die Aufgabe nicht gleich gelingt oder die Kräfte zur Lösung derselben nicht ausreichen, leicht dazu veranlaßt werden, unwillkürlich mit den Muskeln ein wenig nachzuhelfen, d. h. die Entwicklung des Phänomens durch einen »Daumenstoß« zu fördern. Auf diese Weise entstehen »Übergangsprodukte von gemischtem Charakter« (Schrenck-Notzing: Nachhelfen bei Tischlevitationen), die der radikale Skeptiker regelmäßig zum Schwindel rechnen würde.

Die Teilnahme der willkürlichen Muskulatur konnte auch regelmäßig beim Zustandekommen von Materialisationen der Eva C. konstatiert werden. Sowohl bei Eusapia als auch bei Eva C. erinnert die heftige, mit Schmerzen, Stöhnen und Pressen verbundene Muskeltätigkeit an die Wehen Gebärender. Vielleicht bezeichnet der Ausdruck »mediumistische Wehen« am besten ganz bestimmte, häufig zu beobachtende physiologische Begleiterscheinungen der psychokinetischen und telepathischen Leistungen.

Schrenck-Notzing unterschied zwischen drei Möglichkeiten des Zustandekommens von »Manifestationen«:

1. die unbewußt betrügerische Darstellung mediumistischer Leistungen im wachen und somnambulen Zustand;

2. die gemischten (mit automatischen reflektorischen Bewegungen verknüpften) Phänomene;

3. die reinen, unverfälschten Erscheinungen der Mediumität. Er meint, daß die Frage der »Unterschiebung illusorischer Tatsachen« für echte nicht immer leicht zu beantworten sei. Ein einigermaßen zuverlässiges Urteil darüber setze strengste Unparteilichkeit voraus.

6 Nachträgliche Verfälschungen

Materialisationsforscher bescheinigen nahezu einhellig, daß die meisten Fehler durch die lückenhafte Erinnerung der Beobachter verursacht werden. Wenn nicht während jeder einzelnen Beobachtung eine sorgfältige Protokollierung stattfindet, kann die rückwirkende Erinnerungstäuschung bei nachträglicher Aufzeichnung den Wert einer Beobachtung wesentlich beeinträchtigen. Man verwechselt unabsichtlich Tatsachen und Ereignisse, besinnt sich nicht mehr auf die genaue Reihenfolge, läßt scheinbar unwesentliche Punkte weg und ergänzt, ohne es zu merken, den Bericht je nach subjektiver Auffassung. So konnte auch Schrenck-Notzing sowohl bei Experimenten mit Eusapia Paladino als auch im Verlauf von Sitzungen mit Eva C. die Erfahrung machen, daß der Tatbestand der Phänomene »von gelehrten Zeugen nachträglich unter dem zwangsmäßig und unwillkürlich wirkenden Einfluß ihrer antispiritistischen Denkgewohnheit verfälscht wurde«. So behauptete ein hervorragender Psychologe, der mit dem Verfasser Beobachtungen bei Eusapia Paladino angestellt hatte, er habe bei den bekannten Phänomenen – dem Aufbauschen ihres Kleides – einen schwarzen Stab gesehen, der von ihr mit den Füßen dirigiert wurde, um mit Hilfe eines daran befestigten Hakens Gegenstände heranzuziehen. Schrenck-Notzing bescheinigte die Unrichtigkeit der erhobenen Anschuldigung, da er nicht nur das Phänomen mitbeobachtet, sondern auch das Medium vor und nach der Sitzung genau kontrolliert habe.

Schrenck-Notzing, der wie kein anderer positive und negative Beweismomente unparteiisch gegeneinander abwog, meinte einmal: »Vorschnelle Verallgemeinerung, welche eine vernichtende Kritik der Vertreter des gegenteiligen Standpunktes in sich schließt, muß als ungerecht, unlogisch und als Produkt ganz oberflächlicher Kenntnisnahme des wirklichen Sachverhaltes zurückgewiesen werden. Denn von der Tatsache, daß ein Medium unter gewissen Umständen geschwindelt habe, kann man... nicht schließen, daß dieses Medium in allen Fällen und unter den verschiedensten Bedingungen *bloß* geschwindelt habe...«

Sir Oliver Lodge (1851–1940), ein bekannter englischer Physiker, der sich unter anderem durch seine jahrzehntelang intensiv betriebene Forschungstätigkeit auf dem Gebiet der Parapsychologie auch um die Beweissicherung bei Materialisationsphänomenen verdient gemacht hat, forderte schon um die Jahrhundertwende die Schaffung sogenannter »psychischer Laboratorien«, die »allen Arten experimenteller Psychologie und Pychophysik angepaßt sein sollten... Die Registrierungen sollten von den zur Täuschung neigenden Sinnesorganen unabhängig gemacht und auf physikalische Apparate übertragen werden... Wichtiger aber als alle diese instrumentellen Hilfsmittel für die Feststellung einer als gegeben angenommenen neuen Kräfteäußerung wäre eine richtige Heranbildung von Medien zu wissenschaftlichen Untersuchungen.«

Befriedigt kann man heute feststellen, daß der Wunschtraum Lodges im bescheidenen Rahmen realisiert worden ist.

7   Eva C.

Eva C. – das »C.« steht für Carrière –, mit bürgerlichem Namen Marthe Béraud, war Anfang des 20. Jahrhunderts eines der bedeutendsten Materialisationsmedien, dem man trotz peinlichster Kontrollen nie irgendwelche handfesten Manipulationen nachweisen konnte. Sie lebte nach dem Tode ihres Verlobten – dem Sohn des französischen Generals Noël – bei dessen Eltern in Algier, wo bei spiritistischen Sitzungen ihre medialen Fähigkeiten erstmals in Erscheinung traten. Charles Richet wohnte dort mehreren ihrer Materialisationen bei und veröffentlichte – von der Echtheit ihrer Fähigkeiten überzeugt – darüber einen ersten Bericht in den *Annales des Sciences Psychiques* (1906).

Im weiteren Verlauf ihres medialen Wirkens produzierte Eva C. – so das Pseudonym, unter dem sie in die Fachliteratur einging – unter strengsten Versuchsbedingungen, ihren Angaben nach mit Hilfe der Trancepersönlichkeit »Berthe«, mehr oder weniger gut ausgeformte Materialisationen.

Im Jahre 1910 wurde sie als Familienmitglied im Hause des

Schriftstellers Bisson aufgenommen, wo sie bereits zuvor anläßlich einer ihrer Séancen mit dem an Materialisationsphänomenen höchst interessierten Albert Freiherr von Schrenck-Notzing bekannt gemacht worden war.

Schrenck-Notzing und nahezu 100 weitere bekannte Wissenschaftler prüften jahrelang im Verlaufe zahlloser Sitzungen systematisch die Echtheit ihrer Medialität. Kein Materialisationsmedium vor und nach ihr wurde jemals so ausgiebig wie sie untersucht – und positiv beurteilt.

In all diesen Jahren fertigte allein Schrenck-Notzing mehr als 200 teils ausgezeichnete Fotos von den hervorgebrachten Materialisationen und Teilmaterialisationen an, die mitunter so eindeutig sind, daß an der Echtheit der bei Eva C. aufgetretenen Manifestationen kein Zweifel besteht.

Der Vorwurf einiger Skeptiker, es handele sich um manipulierte Fotos, wurde schon früh erhoben. Einer der voreiligen Kritiker namens Cavendish behauptete z. B., die meisten Materialisationen auf den Fotos seien offensichtlich aus Illustrierten ausgeschnittene Gestalten. Richet, der die Fähigkeiten dieses Mediums ausgiebig untersuchen konnte, wies diese verleumderischen Behauptungen nachdrücklich zurück. Er hielt sogenannte »zweidimensionale Materialisationen« (flächige Gebilde) für »embryonale Bildungen, die nach voller Organisation streben, oder auch für Mißbildungen«.

Wie sorgfältig aufgezeichnete Protokolle erkennen ließen, waren im ersten Jahr ungefähr 40 % der Sitzungen, in der späteren Periode etwa 60 % der medialen Aktivitäten von Eva C. negativ. Bei den erfolgreichen Zusammenkünften wurden lediglich sogenannte Manifestationen beobachtet, keinerlei anderweitige physikalische Phänomene. Eva C. konnte also keine Klopftöne, Tischlevitationen oder Apporte produzieren. Ihr Spezialgebiet bestand lediglich in der Erzeugung materieller, geformter Körper, angefangen von kaum sichtbaren, optisch wolkenartig oder amorph erscheinenden

Gebilden bis hin zur Entwicklung fester Stoffe und Körperteile. Derartige »Vollmaterialisationen« traten erstmals bei der denkwürdigen Sitzung am 21. Mai 1905 in Erscheinung. Während anfangs nur weiße Flecken von unregelmäßiger Gestalt beobachtet wurden, entwickelten sich nach und nach Stoffmassen und Konturen menschlicher Formen. Zuerst wurden Hände und Arme in skizzenhaften Umrissen ohne weiteren Körper sichtbar. Die Eindrücke waren außerordentlich flüchtig. Erst allmählich gelang es, die Beleuchtung zu verstärken; das Selbstvertrauen des Mediums nahm zu und damit auch die Stärke der Phänomene.

Diese optischen Eindrücke dauerten nur wenige Sekunden. Abgesehen von den rigorosen Kontrollen, denen das Medium vor und nach den Sitzungen unterworfen war, konnten sogar schon in dieser Versuchsperiode bei einzelnen Vorgängen beide in Ruhestellung verharrenden Hände gesehen werden. Schließlich zeigten sich menschliche Gesichtszüge, und es gelang, mit Blitzlicht einige Fotos anzufertigen. Nach dem Erwachen konnte sich das Medium an die Vorgänge während des Trancezustandes nicht mehr erinnern; man stellte eine totale Amnesie fest.

Frau Bisson konnte übrigens einmal aus nächster Nähe die Materialisation des Ektoplasmas (heute: Bioplasma) am unbekleideten Körper der Versuchsperson beobachten. Sie veranlaßte das hypnotisierte Medium nach Beginn der Sitzung, ihren Schlafrock – unter dem sie kein weiteres Kleidungsstück trug – zu öffnen. Nach ihrer Schilderung entströmte das Ektoplasma vor allem den Körperöffnungen: Mund, Genitalien und Brustwarzen. Außerdem schien es an den Händen und unter den Achseln zu entstehen. Die Emanation hatte rauch- oder gasartigen Charakter; es bildeten sich Wolken, aus denen sich schleierartige Strukturen und alle möglichen, menschlichen Gliedmaßen ähnliche Formen entwickelten.

Verschiedene »Vorsichtsmaßnahmen« zur Unterbindung von Betrug – peinlich genaue Körpervisitationen am völlig entkleideten Medium vor und nach der Séance und das »Einnähen« der Sensitiven in zuvor gründlich untersuchte Spezialtrikots – mögen uns heute übertrieben, ja lächerlich vorkommen. Wenn man sich aber vergegenwärtigt, daß es seinerzeit weder Infrarotdetektoren noch elektronische Überwachungsgeräte und TV-Monitore gab, wird man beipflichten müssen, daß Schrenck-Notzings Sicherheitssystem wohldurchdacht und für damalige Begriffe absolut lückenlos war, bezog es selbstverständlich stets auch die Bissons, deren Freunde und sämtliche Sitzungsteilnehmer mit ein. Schließlich galt es, unter einer Vielzahl wenig vertrauenswürdiger, »kommerzieller« Medien das *echte,* makellose Materialisationsmedium zu ermitteln. Schrenck-Notzings guter Ruf als Arzt und seriöser Naturwissenschaftler stand auf dem Spiel.

In der Sitzung am 30. August 1910 gelang es Frau Bisson in Anwesenheit des Augenarztes Dr. Th. B. zum ersten Mal, den als Ektoplasma bezeichneten »Grundstoff« der Materialisation aus dem Bereich des Vorhangs herauszuziehen und genauer zu betrachten. Madame Bisson stellte dieses bedeutsame Ereignis etwa so dar (Brief vom 2. September 1910): »Evas linke Hand ruhte in den Händen des vor ihr sitzenden Dr. B., ihre rechte wurde von meinen Händen gehalten. Der Vorhang war ständig offen (!). Auf einmal fühlte ich auf meinen Händen eine kühle, klebrige Masse, die mich berührte. Ich hielt sie fest und führte sie vorsichtig außerhalb des Kabinetts, ohne Evas Hand aus der ›Gefangenschaft‹ zu befreien. Die Masse verlängerte sich in meinen Fingern; sie hing vor mir von der Hand herunter, und ich konnte sie eine bis zwei Minuten lang beobachten. Während ich nun fortfuhr, vorsichtig dieselbe auseinanderzuziehen, verschwand und zerfloß sie unter meinen Händen. Es ist schwer, diese Masse zu beschreiben; ich hatte den Eindruck wie von einer flachen, gestreiften, fadenartigen, klebrigen, kühlen, lebendigen Substanz. Sie hatte keinerlei Geruch ... und eine hellgraue bis weißliche Farbe. Meine Finger blieben von der Berührung feucht. Das Phänomen wiederholte sich etwa achtmal, und viermal konnte ich die Masse ergreifen und Dr. B. zeigen.«

Was aber ist dieses Ektoplasma, das offenbar mit dem von russischen Forschern entdeckten Bioplasma – einem »mit der Physis korrespondierenden Energiefeld« – identisch ist? Eine materialisierte Erscheinungsform des normalerweise immateriellen Bioplasmas?

9 Schnittstellen der Universen

Es hat den Anschein, als ob wir es bei dieser hypothetischen, physikalisch nicht verifizierbaren bioplasmatischen Komponente mit einem Verbindungsfeld (eine Art »Interface«) zu tun haben, einem Bindeglied zwischen Körper und Bewußtsein – zwischen Grob- und Feinstofflichem –, das so manche paranormale Phänomene, auch Materialisationen, erklären könne. Wahrscheinlich ist dieses Energiefeld ein janusköpfiges Etwas – mit einem seiner »Tentakel« fest im Feinstofflichen verankert, mit dem anderen in unsere Welt hineinreichend.

Eine weitere Möglichkeit, den Zwittercharakter des Bioplasmas zu erklären, bestünde in der Annahme, daß das psychische Energiefeld graduelle Abstufungen aufweist, die, je nach Beeinflussung von unserem Universum aus – auf medialem Wege oder anderweitig – *unterschiedlich materiell* in Erscheinung treten. Das für uns unsichtbare Bewußtseinsfeld –

das reine, virtuelle psychische Feld – dürfte wohl die Leitzentrale für das mehr dem Materiellen zugewandte und bei Materialisationen sogar sichtbar werdende Bioplasmafeld sein.

Vieles deutet darauf hin, daß paranormale Aktivitäten nicht allein auf das Wirken des Bewußtseins zurückzuführen sind. Es muß tatsächlich da noch etwas anderes geben, das die Kommandos des Bewußtseins übersetzt und diese in unserer niederdimensionalen Welt zur Ausführung bringt: eine Art »Transformator«-Körper zwischen höherdimensionalen, rein psychischen, im Geistigen angesiedelten Feldern und grobstofflich-biologischen Ausführungsorganen – eben jenes *Bioplasma*.

Bei der Erforschung dieses Teiles des Gesamtmenschen hat uns die Kirlian- oder Hochfrequenzfotografie ein gutes Stück weitergebracht. Bereits im Jahre 1944 stellte der russische Biologe Dr. V. S. Gritschenko die Hypothese auf, daß sich der »vierte Zustand« der Materie – das Plasma – auch in Biosystemen und somit im menschlichen Körper manifestieren könne. Zahlreiche russische Wissenschaftler vertreten die Vorstellung vom »kalten Plasma« und bezeichnen dieses als biologisches oder kurz »Bioplasma«.

Der bekannte Psychoanalytiker Wilhelm Reich (1897–1957) stieß in den vierziger Jahren im Verlaufe seiner Bionen- und Orgonexperimente offenbar auf die gleiche »primordiale Energie« – er nannte sie Orgonenergie. Unter »Orgon« verstand Reich ein sowohl im Organismus als auch im Universum vorkommendes Fluidum biophysikalischer Art, das in Feldern um und im Organismus konzentriert ist.

Alles, was wir im Hochfrequenzfeld beobachten können, ist offenbar der in unserem Universum »auskristallisierte« Teil des Bewußtsein-Bioplasma-Verbunds, ein winziger Bruchteil dessen, was sich im Höherdimensionalen abspielt.

Die nur quantenphysikalisch begreifbare, abstrakte Struktur des Bewußtseins ist ganz sicher *nicht* fotografierbar! Der bekannte Hochfrequenzfotografie-Experte Dr. Eric Igenbergs, München, konfrontierte Elektrizität (hier: Hochfrequenzfelder) mit menschlicher »Energie«, um nach seinen eigenen Worten:

1. entweder eine völlige Konformität mit der Elektrizität festzustellen oder

2. bei der Einwirkung menschlicher Energie auf besagtes Feld Effekte zu beobachten, die ausschließlich mit Elektrizität nicht zu erzielen sind, woraus man schließen müsse, daß die menschliche oder Bioenergie anders als die Elektrizität sei.

Seiner Auffassung nach verhält es sich bei dieser Energieform in etwa so, als wolle man »mittels eines Küchensiebs Luft schöpfen«. Er folgerte hieraus: »Auffangen können wir aber die Spuren dieser Energie. Deswegen müssen wir die Konfrontation (mit der Elektrizität) so gestalten, daß diese Spuren möglichst deutlich sichtbar werden.«

Der immaterielle Aspekt des Bewußtsein-Bioplasma-Verbunds wird durch das im Hochfrequenzfeld gelegentlich auftretende Phänomen der sogenannten »Freundschaftsbrücke« indirekt erkennbar. Wenn es bei Personen, deren Fingerkuppen im HF-Feld – ohne sich dabei zu berühren – nahe beieinander (d. h. gegenüber) liegen, zu einer echten geistigen Kontaktaufnahme kommt, werden die elektrischen Entladungen von der abstrakten Geistenergie deutlich beiseite geschoben. Im Bereich zwischen den Fingerkuppen der beiden Personen erscheint auf entsprechenden Bildern eine leere Fläche, die sogenannte Freundschaftsbrücke – indirekter Beweis für die Existenz des Abstraktums »Bewußtsein« und dessen erhabenen Status. Ein Existenzbeweis durch fotografische Auslassung!

In diesem Zusammenhang gewinnt die Hypothese eines Münchner Naturwissenschaftlers an Bedeutung, die seinerzeit als Leserbrief in der Zeitschrift *Bild der Wissenschaft* abgedruckt war: »Die Wendelstruktur der Polypeptidketten – hauptsächlich RNS und DNS – spielen eine entscheidende Rolle; es ist nicht undenkbar, daß durch intermediäre Stadien der AS-Molekeln [Molekülen] Energieabstrahlungen erfolgen können. Ich will noch einen phantastisch anmutenden Schritt weitergehen. Bei Psychokinese-Erscheinungen handelt es sich vermutlich um konzentriert gerichtete Energieabstrahlung. Quellen dieser relativ hohen Energie könnten durch Massendefekte der physiochemischen Reaktionen zustande kommen – vergleichbar den für den kosmischen Bereich gültigen Gesetzmäßigkeiten, hier aber auf rein chemischem, ›enzymatischem‹ Wege.«

Auf was derartige Massendefekte beruhen könnten, wird hier nicht angedeutet. Daß es sich bei solchen Erscheinungen möglicherweise um »Austauschreaktionen« zwischen grobstofflichem Biomaterial und feinstofflichen Aggregatzuständen handeln könnte, ist allerdings nicht auszuschließen.

11 Supermedium D. D. Home

Das berühmte schottische Medium Daniel Dunglas Home vermochte, wie bereits erwähnt, ebenfalls Materialisationen hervorzubringen. In seiner Gegenwart manifestierten sich vorzugsweise Gliedmaßen, aber auch ganze Gestalten. Dr. W. Bormann, der Homes Wirken in einer kleinen Biographie recht anschaulich darstellte, berichtete über dessen Materialisationsfähigkeiten: »Die einzelnen materialisierten Gliedmaßen, wie sie bei Home, abgetrennt von seinem Körper, in voller Bewegungs- und Handlungsfreiheit in Menge erschienen, die sich zuweilen sogar nur auf Finger beschränkten, wurden nach seiner Erklärung von den Geistern bevorzugt, um lieber gut ausgeprägte und individuell kenntliche Gebilde hervorzubringen, statt unvollkommener Gestalten, für deren gute Herstellung die Kraft selten reichte. Bei der Entstehung dieser Gebilde durfte man sie nicht berühren, und sie verschwanden sonst sofort, während die materialisierten Hände nachher alle Anwesenden so fest anfaßten wie Hände aus Fleisch und Blut... Sie waren in ihrer Ausführung so vollendet und oft so kenntlich, daß viele im Zirkel nicht im Zweifel waren, wessen Hand sie sahen und fühlten. Crookes sagt, daß sie bei vollem Licht ganz wie Menschenhände anzuschauen gewesen seien. Das Wunderbare war, daß diese Hände, wenn man sie noch so fest in der eigenen Hand hielt, ohne sich loszumachen entschwanden und in Nichts zerrannen... was auch von Crookes bezeugt wird.«

»In ›Nichts‹ zerrinnen!« Immer wieder begegnen wir diesen physikalisch nicht erklärbaren Manifestationen des Geistes: bei Materialisationen, bei Apporten, beim abrupten Verschwinden von Erscheinungen und der Dematerialisation von Ufos. Gibt es hier irgendwelche bislang noch unentdeckte Zusammenhänge?

Weiter heißt es bei Bormann, daß diese Materialisationssitzungen zumindest am Anfang nicht bei stärkerer Beleuchtung durchgeführt wurden. Am liebsten setzte man sich um einen am Fenster stehenden Tisch, während von draußen die Laternen ihr Licht hereinwarfen oder, was besonders erwünscht war, wenn der Mond seine Strahlen hereinsandte. Später bereute Home jene Sitzungen ohne das volle Licht. Zu den Erscheinungen selbst vermerkte Bormann: »Im Halblicht aber fingen die materialisierten Formen an, ein oft mächtig strahlendes Eigenlicht zu entwickeln; auch die bekannten weißen Gewänder... hatten diesen Leuchtschimmer. Vor aller Augen bildeten sich diese Gestalten oft langsam, und sie

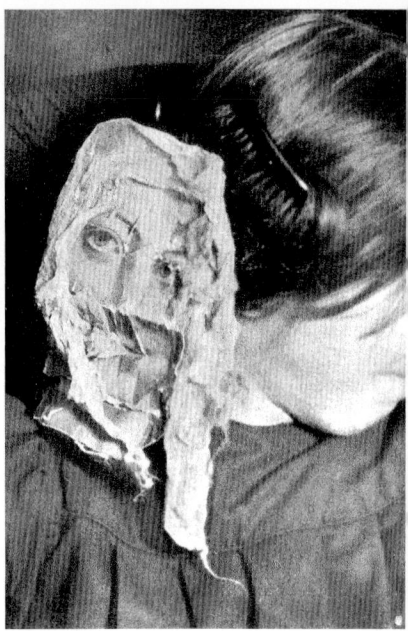

5a)

1   Diese von Pfarrer R. S. C. Blance 1959 im australischen Busch aufgenommene Erscheinung eines ihm nicht bekannten Geistlichen ist nach Feststellung von Experten weder auf fehlerhaftes Filmmaterial noch auf Doppelbelichtung zurückzuführen. Zum Zeitpunkt der Aufnahme war der Ort — eine frühere Kultstätte von Eingeborenen — menschenleer.

2   Am 19. September 1936 gelang es Kapitän H. C. Provand, die legendäre »Braune Lady« von Raynham Hall (England) im Bild festzuhalten. Die durchsichtige Gestalt manifestierte sich, gerade als er die Treppe des Gebäudes fotografierte. Während der Entwicklung des Filmes soll auf dem Negativ noch nichts zu sehen gewesen sein.

3   Am 22. März 1959 fotografierte eine Mrs. Mabel Chinnery aus Ipswich (Suffolk, England) das Grab ihrer Mutter. Die letzte Aufnahme machte sie von ihrem Mann, der im Wagen vor dem Friedhof auf sie wartete. Nach dem Entwickeln entdeckten die Chinnerys im Fond des Autos die Gestalt der alten Dame an der Stelle, wo diese bei gemeinsamen Ausflügen stets zu sitzen pflegte.

4   Im hohen Alaska, unweit des zum Glacier-Bay-Nationalpark gehörenden Muir-Gletschers, bot sich alljährlich zwischen dem 21. Juni und 10. Juli dort ansässigen Indianern und Besuchern ein grandioses Spektakel: Silent City — eine »Geisterstadt«, die auf keiner Landkarte verzeichnet ist. 1887 gelang dem Prospektor Willoughby ein sensationeller Schnappschuß dieser Stadt, gerade noch rechtzeitig, bevor ihre Konturen im Nichts zerrannen. War es die »Visitenkarte« einer zukünftigen Metropole?

5a) b)   Sitzung vom 8. Mai 1912 mit dem Materialisationsmedium Eva C. in Anwesenheit von Frau Bisson, Dr. A. Freiherr v. Schrenck-Notzing und Gattin. Am Hinterkopf des Mediums materialisierte sich ein noch unfertiges, puppenkopfgroßes Gesicht einer Frau aus »Ektoplasma«. Nach der Blitzlichtaufnahme durch Schrenck-Notzing mußte die Sitzung beendet werden.

zergingen ebenso allmählich. Sehr kenntlich war ... dem Kaiser Napoleon II. die kleine wohlgeformte Hand, die ihm einmal in Gegenwart Homes erschien; sie schrieb den Namenszug Napoleons I. auf ein Blatt Papier vor aller Augen und wurde vom Kaiser und von der Kaiserin geküßt ... Ein anderer Fall dieser Art trug sich beim Kaiser Alexander II. von Rußland zu. Es erschien im hellen Saal in Homes Beisein eine Hand, welche an der Uniform des Kaisers einen Knopf öffnete, der ein geheimes Medaillon war und eine Haarlocke des verstorbenen Großfürsten-Thronfolgers, seines Sohnes, einschloß. Dann erfolgten Klopftöne auf diesen Knopf mit einer ›Kundgebung‹, die Alexander II. über deren Urheber nicht im Zweifel ließ.«

In Homes Gegenwart zeigten sich auch oft nebelhafte Gestalten. Eine Dame bekundete vor der »Dialektischen Gesellschaft«, daß (1869) in ihrem Haus anläßlich einer Sitzung mit sieben Personen »im Halbdunkel ein ›ganzer Schwarm‹ von Gestalten durch das Fenster hereingekommen sei, während die Atmosphäre plötzlich eiskalt wurde«. Sie habe in einer der insgesamt 19 Gestalten einen verstorbenen Verwandten erkannt. Diese Erscheinung sei dann direkt durch den anwesenden Lord Landsay »hindurchgegangen«, wobei dieser vor Kälte gezittert habe.

Bei einer der Homeschen Levitationen wollen Séanceteilnehmer ebenfalls Gestalten erkannt haben. Zuweilen kamen auch sinnbildliche Materialisationen bei ihm vor, wie z. B. die eines feenhaften Springbrunnens, den das Medium in Trance als Sinnbild der Wahrheit erläuterte und dessen Strahlen in Nichts zerrannen.

Fanny Moser, die sich detailliert mit der Entstehung und Beschaffenheit von Materialisationsprodukten befaßte, kam nach Abschluß ihrer Untersuchungen zu der Feststellung: »Das Wesentliche ist, die Seele besitzt die Fähigkeit, auf zweifache Weise auf die Außenwelt einzuwirken: mittelbar durch die Muskeln und unmittelbar. Sie beherrscht unmittelbar somit nicht nur den eigenen Körper, das ›Ich‹, sondern auch die materielle Außenwelt, das ›Nicht-Ich‹.«

Dies wird besonders immer dann deutlich, wenn man den Materialisationsvorgang, das Ausformen feinstofflicher Energien aus dem »Nichts« in sichtbare, gestalthafte Materie bei guter Beleuchtung aus nächster Nähe beobachten kann. Nach F. Moser zeigen die ersten Phasen alle Entwicklungsstufen, angefangen von einer »Wolke« oder einem durchsichtigen Schatten – die allmählich entstehen – bis hin zu richtigen, mehr oder weniger vollständigen Gliedmaßen, die sich aus diesen herausbilden können.

Der anfänglich gegenüber Materialisationsphänomenen sehr skeptisch eingestellte Linguist Dr. Rubens Romanelli will von einem während einer Séance mit dem bekannten brasilianischen Materialisationsmedium Peixotinho († 1966) materialisierten »Geistwesen«, das sogar fühlbar gewesen sein soll, erfahren haben, wie derartige Materialisationen zustande kommen. Sie – das weibliche Geistwesen – habe sich eines anschaulichen Vergleichs bedient: »Sie erinnerte uns an die physikalischen und chemischen Experimente während unserer Schulzeit, wo wir Eisenfeilspäne auf ein Stück Papier getan hatten, unter dem sich ein Elektromagnet befand. Als wir ihn dann unter Strom setzten, ordneten sich die Späne zu einem Magnetfeld. Sie erklärte, dasselbe fände bei einer Materialisation statt. Das Geistwesen benutze die Materie und ›ordne‹ das von dem Medium produzierte Ektoplasma, das sich dann zur lebenerfüllenden Form der Materialisation verdichte. Im Todesfall oder bei der Entmaterialisierung würden die Elemente resorbiert, so daß sich die Struktur völlig auflöse.«

Dieser Ordnungsprozeß könnte so vor sich gehen, daß ein Medium auf psychischem Wege (animistische Hypothese) oder auch ein bestimmtes geistiges Prinzip aus dem Jenseits (das abgelöste Bewußtsein eines Verstorbenen; spiritualistische Hypothese) die ultrahohen Schwingungen der allen Lebewesen zugeordneten bioplasmatischen Felder herabsetzt, bis dieses feinstoffliche Bioplasma zu bestimmten Formen »gerinnt«, d. h. für uns sichtbar wird.

Alle diese Vorgänge entsprächen stets einer Frequenzminderung, die sich von ausgesprochen höherdimensionalen Bereichen jenseits unseres elektromagnetischen Wellenspektrums bis hin zu Materiewellen erstrecken müßte.

In Indien und in Tibet entwickeln Priester und Schamanen durch gewisse systematisch durchgeführte geistige Übungen psychische Kräfte und Fähigkeiten, mit deren Hilfe sie oft Erstaunliches, für uns Unbegreifliches zustande bringen. Es handelt sich hierbei um die gleichen Energien, die mobilisiert werden, wenn jemand eine körperliche oder geistige Tätigkeit verrichtet. Das Hervorbringen bestimmter, auch greifbarer Phantasmen hängt vor allem von der Intensität und Gerichtetheit dieser Energie ab. Alle einschlägigen Hypothesen der Lamas und Yogis beruhen auf dem Wissen um die Macht des Geistes.

12 Tulpas – Gesellschafter auf Abruf

Alexandra David-Néel, eine französische Buddhistin, die viele Jahre in Tibet weilte und manche Praktiken der tibetanischen Yogis erlernte, legte in ihrem Buch *With Mystics and Magicians in Tibet* einschlägige Erfahrungen nieder. Sie berichtete ausführlich über die geheimnisvollen »tulpas«, Erscheinungen, die lebenden oder auch »gedachten« Personen oder Gottheiten entsprechen sollen. David-Néel behauptete, sie habe öfters solche »tulpas« ihr bekannter Persönlichkeiten gesehen, die sich dann im Tageslicht vor ihren Augen einfach auflösten. Während ihres Aufenthaltes in Tibet unternahm sie ein Experiment, in dessen Verlauf sie selbst ein »tulpa« – einen dicken, kurzleibigen, freundlich dreinschauenden Mönch – »schuf«, der sie auf ihren ausgedehnten Reisen quer durch das Land begleitete. Diese Erscheinung soll unterwegs alle möglichen, ganz alltäglichen Tätigkeiten verrichtet haben, ohne daß sie sie hierzu besonders auffordern mußte.

Professor C. J. Ducasse schildert das Erlebnis der Forscherin mit dem Phantommönch so: »Allmählich ging mit meinem Lama eine Veränderung vor. Seine Pausbäckchen wurden schmal, und sein Gesichtsausdruck wurde leicht verschlagen, ja bösartig. Er wurde immer zudringlicher, kurz, er war mir entglitten. Eines Tages sah ein Hirte, der mir Butter brachte, die Erscheinung und hielt sie für einen Lama aus Fleisch und Blut.«

Frau David-Neel, der die ständige Anwesenheit des Phantoms allmählich auf die Nerven ging, beschloß schließlich, ihre Schöpfung wieder zu vernichten, was ihr nach eigenen Angaben erst nach sechs Monaten gelungen sein soll.

»Phantome«, die für jeden sichtbar sind, materialisierte, selbständig agierende »Wesen« – Dinge, die sich anfassen lassen, die aus dem »Nichts« entstehen und wieder dorthin zurückgeschickt werden können? Was ist dann eigentlich Realität?

13 Bioplasma – verlängerter »Arm« des Bewußtseins

Viele psychokinetische Phänomene – Levitationen, psychokinetische Manipulationen, die Beeinflussung von Film- und Tonbandmaterial (Psychofotos, Tonbandstimmen) – lassen sich offenbar auf das Wirken hypothetischer biosplasmatischer Felder zurückführen. Diese könnten durch das psychisch-geistige Prinzip – von welcher Seinsebene her auch immer die Auslösung erfolgt – moduliert und somit indirekt zur Beeinflussung bekannter Felder (elektromagnetische, subatomare oder gravitative) benutzt werden. Levitationen wären z. B. durch den Aufbau antigravitativer Felder erklärbar.

D. D. Home, der in Anwesenheit von Zeugen in den USA sogar öfters bei Tageslicht levitiert sein soll, beschrieb seine Empfindungen beim Aufsteigen außerordentlich exakt. Seine Experimente, auf die in der Folge (Kapitel IV) näher eingegangen werden soll, lassen den Schluß zu, daß bei seinen Levitationen keinesfalls »Elektrizität«, wie er meinte, sondern Bioplasmafelder ihre Wirkung entfalteten.

Durch ständiges Praktizieren fortgeschrittener Meditationstechniken sollen sich ebenfalls Levitationsfähigkeiten entwickeln lassen. Dem Autor liegen Augenzeugenberichte über Kurzlevitationen vor, die in einer Art Trance erfolgten. Wahrscheinlich stimuliert der Levitierende auf rein psychischem Wege körpereigenes Bioplasma zur Erzeugung eines kurzzeitigen antigravitativen Effektes.

Zu welchen Leistungen psychisch-bioplasmatische Felder fähig sind, veranschaulicht ein Vorfall, der sich im November 1972 in einem Krankenhaus der italienischen Provinz Nuoro zugetragen haben soll. In Gegenwart des damals achtjährigen Eugenio Loi, eines sonst völlig normalen Jungen aus Barisardo, der dort wegen einer virulenten Leberentzündung eingeliefert worden war, kam es häufig zu bislang unerklärlichen Vorfällen. Aus dem Fußboden des Krankenhauses quoll, immer wenn sich der Junge in einer Art Trancezustand befand, kristallklares Wasser, das keinerlei Verunreinigungen enthielt. Dabei spielte es keine Rolle, wo sich Eugenio gerade befand: auf der Kinderstation, in der Augen- oder psychischen Abteilung des zum Teil ganz neuen, völlig trokkenen Klinikgebäudes. Sekunden vor dem Auftreten dieses

Phänomens konnte der Junge Ärzte und Schwestern auf die bevorstehende Manifestation aufmerksam machen.

Eugenio wurde von den dortigen Ärzten eingehend untersucht. Schließlich kam man zu der Feststellung, daß es sich hierbei um ein wissenschaftlich nicht erklärbares, paranormales Phänomen handeln müsse – um Materialisationen.

14 Ein Hauch von Kälte

In unmittelbarer Nähe materialisierter Objekte und anderer psychisch-bioplasmatischer Manifestationen wollen Medien und Séanceteilnehmer gelegentlich einen kühlen Hauch, ja sogar eisige Kälte verspürt haben. Ob es sich hierbei um subjektive oder objektive Empfindungen handelte, konnte bislang noch nicht eindeutig geklärt werden. Vielleicht ist beides zutreffend. Das berühmte englische Medium für sogenannte »direkte Stimmen«, Leslie Flint, das unter anderem auch Materialisationen hervorbringen konnte, muß dieses Kältegefühl besonders unangenehm empfunden haben. In einer seiner Veröffentlichungen heißt es: »Eines Abends, als unser Zirkel beisammen saß, schien das ganze Zimmer eisig kalt zu werden und vor mir zu schwinden – ich verlor das Bewußtsein. Als ich langsam in den Wachzustand zurückkehrte, erfuhr ich, daß verschiedene Wesen durch mich gesprochen hatten.«

Auf die Konsistenz seiner Materialisationen angesprochen, meinte Flint: »Diese Materialisationen waren völlig fest und solide; man konnte sie anfassen und sehen. Sie pflegten im Teilnehmerkreis umherzugehen und ... zu sprechen. Ich war nicht in Trance und fühlte eisige, steifmachende Kälte, wenn sich die Gestalten bildeten ...«

Auf was könnte dieses Kälteempfinden, falls es objektiver Art ist, zurückzuführen sein? Ist es vielleicht so, daß zur Beeinflussung des Bioplasmas und damit indirekt auch zur Mobilisierung elektromagnetischer oder anderer Felder mittels psychischer Wirkfaktoren Energie verbraucht und diese irgendwo abgezapft wird?

Damit Materialisationen zustande kommen, müßte zum Ausformen des Bioplasmas, d. h. zum »Auskristallisieren« der feinstofflichen Matrix, unserem Universum zunächst Energie entzogen werden. Von nichts kommt nichts. Wo aber Energie abgezogen wird, entsteht gemäß dem »Satz von der Erhaltung der Energie« (Energiesatz) ein Energiedefizit. Es kommt an diesen Orten zur Verlangsamung der Molekularbewegung und damit zum Absinken der Umgebungstemperatur.

Sollte dieses Kälteempfinden nur subjektiver Art sein, so wäre es durchaus möglich, daß wir während der hier geschilderten Manifestationen mit unserem feinstofflichen Leib in einen höherdimensionalen Schwingungszustand geraten, der uns die dreidimensionale Umgebung, in der wir bewußt leben, »kalt« erscheinen ließe. Bei Materialisationen verwischen offenbar die Grenzen zwischen subjektivem und objektivem Empfinden. Temperaturmeßinstrumente registrieren hier nur die objektiven Werte.

Materialisationsphänomene gehören keinesfalls der Vergangenheit an. Auch heute kommt es im Verlaufe von Séancen gelegentlich noch zu sogenannten physikalischen Manifestationen, die denen aus früheren Tagen offenbar in nichts nachstehen.

Während der Sitzung mit dem vor einigen Jahren verstorbenen amerikanischen Medium Ray Burns soll sich sogar der große Literat Walt Whitman († 1892) gezeigt haben. Reverend Rowland F. Nye von der Episcopal Church berichtete: »Whitman kam mit wehenden weißen Haaren und offenem Hemd. Ich erkannte ihn sofort und stellte ihn den übrigen

Séanceteilnehmern vor. Während er sie begrüßte, stand er in der Mitte des Raumes, in Höhe des Lichtes, so daß wir ihn alle gut sehen konnten. Nach einigen Grußworten ging er langsam zurück ins Kabinett.« Die Vollmaterialisation war nach Burns' Angaben in vorangegangenen Sitzungen bereits angekündigt worden.

Nadia Radowitz berichtete in *Lady Lindsays phantastische Phänomene* über den ehemaligen Tierfilmstar Michaela Dennis, der nicht nur Möbel levitieren und Materialisationen hervorbringen, sondern sogar Personen partiell oder total verschwinden lassen kann. Das Medium will unter anderem Fotografien besitzen, auf denen zur Hälfte dematerialisierte Personen zu erkennen sind. Über ähnliche Dematerialisationen, die das brasilianische Medium Fabio Machedo bewirken konnte, berichtet Guy L. Playfair in seinem spannenden Buch *Phantastische Psi-Phänomene*: »Jemand hatte ein Tuch über die beleuchtete Skala des Plattenspielers geworfen, und während der Geist Gestalt annahm, fiel das Tuch herunter. Sofort verschwand die Erscheinung wieder, die Stimme brach ab, und das Medium fing an zu stöhnen. Einige der Anwesenden bemühten sich um Machedo und gaben ihm Bestreichungen. Plötzlich merkten sie, daß er von der Taille abwärts entmaterialisiert war. Sein Schlafanzug war da, aber sein Körper setzt sich einfach nicht fort... Dann verkündete die Stimme des Geistwesens José Grosso, daß Fabio in der Tat in seiner unteren Körperhälfte entmaterialisiert sei und daß die Hilfsquellen für seine ›Reintegrierung‹ entweder als Staub im Zimmer verteilt oder aber als Fäden vom physischen Leib getrennt worden seien [dies ist sicher nur bildlich zu verstehen; der Verf.]. Diese Hilfsquellen, meinte Grosso, würden sich bemühen, den Raum wieder zu harmonisieren...«

Die Prozedur nahm fast eine Stunde in Anspruch; dann war Fabio wieder »komplett«. Aber das war noch nicht alles. Im Zuge der Rematerialisation seines Unterkörpers war auch eine Operationsnarbe verschwunden, die von einem Unfall herrührte, den er als Kind erlitten hatte. Es war, als hätte sie ein geschickter kosmetischer Chirurg im Verlaufe der Reorganisation der Körperzellen um das Kraftfeld des dynamischen feinstofflichen Leibes einfach wegoperiert.

Zeitgenossen des zuvor erwähnten Arztes Albert v. Schrenck-Notzing – unter ihnen der Schweizer Psychologe Professor Théodore Flournoy, der Philosoph Eduard v. Hartmann, der italienische Parapsychologe Conte Cesare B. di Vesme, ein deutscher Physikprofessor namens Ostwald und Privatdozent Dr. Kotik aus Moskau – hielten aufgrund der mit verschiedenen Materialisationsmedien gesammelten Erfahrungen die spiritualistische Hypothese für abwegig. Kotik nahm an, daß »eine psychophysische strahlende Energie im Moment des Denkens im Gehirn ausgeschieden wird und auf ein Stück Papier übergehen kann, dort erhalten bleibt, um dann bei Personen mit besonderen Eigenschaften die gleichen Vorstellungen im Gehirn hervorzurufen«. Diese Energie besitzt nach Kotik psychische und physikalische Eigenschaften. Sie kann z. B. an der Oberfläche des Körpers gesammelt, abgeleitet oder absorbiert werden usw. Als Aufnahmeort bezeichnet er das Unbewußte. Seiner Auffassung nach geht das Denken mit dem Ausströmen von »Gehirnstrahlen« einher, »die ein großes Penetrationsvermögen besitzen und aus einem psychophysischen Element mit einem geringen Durchdringungsvermögen sowie einem rein psychischen bestehen«. Bei diesem Phänomen handele es sich, wie es der bekannte polnische Philosoph und Psychologe Julian Ochorowicz (1850–1917) ähnlich formulierte, um eine psychophysische Emanation, die – so eine damals ansprechende Analogie – mit der radioaktiven Strahlung vergleichbar wäre. Kotik glaubte, daß die Entdeckung dieses geheimnisvollen Agens viele Phänomene des Spiritualismus erklären könnte. Die Frage nach der Herkunft von Materialisationsphänomenen – ob ihre Ursachen im Animistischen oder Spiritualistischen, vielleicht sogar in beidem wurzeln – blieb bisher jedoch noch unbeantwortet. Möglicherweise werden wir mehr wissen, wenn uns auch auf erweitert-physikalischem Wege die kontrollierte, indirekte Beeinflussung feinstofflicher Energiefelder (Bioplasma) gelingt. Vielleicht sind wir der Lösung dieses Rätsels schon näher, als wir ahnen. So könnten z. B. besonders starke pulsierende elektromagnetische Felder, mittels Lasertechniken gestörte Gravitationsfelder (Graviationswellen), aber auch biophysikalische Systeme zur reproduzierbaren »Durchlöcherung« der »Trennwand« zwischen unserer Welt und anderen Realitäten, zur Stimulierung eines Resonanzeffektes beitragen, was einer Ankoppelung an bestehende physikalische Einrichtungen gleichkäme. Erst durch die Realisierung solcher Zustände dürften wir die eigentlichen Ursachen der Entstehung von Gebilden aus dem »Nichts« – einschließlich der vollmaterialisierter Wesen – erkennen. Dann erst wären Vorgänge innerhalb einer universellen, auch bioenergetische und paranormale Phänomene miteinbeziehenden Physik für uns verständlich. Und diese Physik reicht mit ihrer Stofflichkeitsdefinition offenbar weit über das uns bekannte elektromagnetische Spektrum hinaus. Sie transzendiert im wahrsten Sinne des Wortes und findet in einer Art »Superspektrum«, das alle möglichen paranormalen Bewirkungen beinhaltet, ihre Fortsetzung.

15 Fred Hoyles Superspektrum

Voodoo, Schwarze Magie, aber auch meditative Versenkungsmethoden und andere esoterische Praktiken zielen letzten Endes doch alle auf die Begegnung mit dem Supranormalen, auf die Beherrschung der Elemente des »Superspektrums« ab. Die von okkulten Gruppen praktizierten Riten zum Herbeiführen geistiger Kundgebungen bilden nur den äußeren Rahmen dieses Geschehens. Was zählt, ist einzig und allein die während des Zelebrierens dieser Riten kollektiv entwickelte psychische Energie, die durch zeremonielle Akte lediglich gesammelt, verstärkt und fokussiert wird. Entzieht man dem hypothetischen Superspektrum unkontrolliert Energien, so kann es zu destruktiven Erscheinungen, zur geistigen Verwirrung und Besessenheit, ja selbst zur Vernichtung des Praktizierenden kommen. Für die verheerende Wirkung planlos aufgenommener Transenergien gibt es gerade in jüngster Vergangenheit zahlreiche abschreckende Beispiele, vorwiegend in der Drogenszene.

Jeder okkulte oder religiöse Bezugsrahmen enthält unterschiedliche Erklärungen für paranormale Manifestationen: Religiöse Gemeinschaften erflehen den Beistand eines höheren Wesens (Gott) und der ihm untergeordneten »himmlischen Schutzmächte«, (schwarz-)magische Zirkel bemühen schon mehr Dämonen und mächtige »Geister«, Spiritualisten hingegen beschwören die Schatten der Verblichenen usf. Trotz stark divergierender kultischer Gepflogenheiten und Glaubensgrundsätze bleibt im Grunde genommen das Ziel immer das gleiche: die Evokation transzendenter Energien, Kräfte und/oder Entitäten.

Personen mit medialen Fähigkeiten – im Prinzip wir alle – sondieren mit ihren bioplasmatischen Tentakeln höherdimensionales Terrain – das Superspektrum. Die dort aufgenommenen feinstofflichen Energien erfahren, nach Passieren einer bislang noch unbekannten »Umformerstation« beim Übergang in unsere Realität – unser Universum –, eine Frequenzumwandlung... hyperschnelle, feinstoffliche Energieschwingungen werden verlangsamt... sie verdichten sich immer mehr, um schließlich die Konsistenz grobstofflicher, grobatomar aufgebauter Gebilde anzunehmen.

Daher ist es völlig unlogisch, von »kleinsten Bausteinen unserer Materie« zu sprechen – es gibt nur Übergänge vom Fein- zum Grobstofflichen und umgekehrt.

Der bekannte deutsche Physiker Burkhard Heim erkennt im Raum eine absolute Größe, dessen »dynamische Strukturflüsse im mikroskopischen Bereich erst sekundär Materie bilden«. Ein phantastischer Gedanke drängt sich uns auf. Der Mensch und seine Umwelt, die Erde, unser Sonnensystem, das Universum – alles, was jemals existierte, was bis zum Ende aller Tage an Materiellem und Geistigem noch hervorgebracht werden wird: Ist diese »Superschau« vielleicht nur eine materialisierte Gedankenkette eines ultradimensionalen Wesens, vielleicht die eines Kollektivwesens? Fred Hoyles »Supermind« – dieses undefinierbare, multidimensionale, noetische Abstraktum, das uns alle samt und sonders zu dreidimensionalen Facetten eines ultimaten Bewußtseins werden läßt, ist es bare Fiktion oder letztlich doch gar Realität? Realität – was aber ist das?

IV

Psi-Lift – Gravitation unter Kontrolle

> »*Ich öffnete die Augen und sah, daß wir wie ein festes Bündel zusammenhingen. Wir standen aufrecht oder lagen waagrecht in der Luft. Ich konnte es nicht genau feststellen, weil meine Wahrnehmung keinen Bezugspunkt hatte.*«
> Carlos Castaneda in *Der zweite Ring der Kraft*

1 Erheben aus eigener Kraft

Levitationen – W. F. Bonin definiert sie als »das physikalisch unerklärbare freie Schweben einer Person oder eines Objekts« – gehören zu den seltensten Psi-Phänomenen überhaupt. Von den bislang ermittelten Fällen sind nur wenige eidesstattlich verbürgt oder gar durch Fotos bzw. Filme belegt. Aus diesem Grund befaßt sich der in Vero Beach, Florida, praktizierende Psychiater Berthold Schwarz schon seit vier Jahren intensiv mit den Levitationsfähigkeiten des Peter Sugleris (26), Amerikaner griechischer Abstammung aus New Brunswick, New Jersey. Über seine Levitationen, denen monatelanges, wegen eines Magenleidens unfreiwilliges Fasten vorhergeht, gibt es nicht nur zahlreiche Fotos, sondern auch zwei von seiner Frau aufgenommene Videofilme.

Einer dieser Filme aus dem Jahr 1981 zeigt Sugleris, wie er in Trance und mit seltsam verkrampften Extremitäten im Hinterhof des elterlichen Hauses vor einem mit Weinreben umrankten Drahtzaun zweimal etwa acht Sekunden bis zu 35 cm vom Boden abhebt. Der andere, vom Februar 1986, wurde in Sugleris' hell erleuchteter Küche gedreht und läßt, laut Schwarz, deutlich erkennen, wie er 47 Sekunden lang rund 40 cm hoch schwebt.

Berthold Schwarz hat im Verlaufe seiner Untersuchungen Sugleris' Familienangehörige, Freunde und Nachbarn über dessen Levitations- und andere psychokinetischen Manifestationen ausgiebig befragt und konnte in deren Schilderungen niemals Widersprüche entdecken. Aufgrund der Glaubwürdigkeit ihrer Aussagen und nicht zuletzt wegen Sugleris' sonstiger psychokinetischen Leistungen, die Schwarz mehrfach selbst beobachten konnte, ist er fest davon überzeugt, daß dessen durch Videoclips bekräftigte Behauptung, schweben zu können, auf Wahrheit beruht, obwohl zwei Levitationsversuche in seiner und anderer Personen Anwesenheit fehlgeschlagen waren. Erst kürzlich äußerte Schwarz dem Autor gegenüber, daß ihm selbst an einer wissenschaftlichen Untersuchung von Sugleris' Psychokinese-Fähigkeiten durch unvoreingenommene Mediziner und Physiker sehr gelegen sei, zumal er offenbar erst einen Bruchteil seiner paraphysikalischen Kapazität entfaltet habe.

Autolevitationen, bei denen sich Personen selbst zu levitieren vermögen, spielten schon in der Geschichte früher christlicher Heiliger eine nicht unwesentliche Rolle. So nennt der deutsche Publizist, Historiker und Philosoph Joseph von Görres (1770–1848) in seinem Werk *Die christliche Mystik* allein 72 Levitationsfälle aus dem christlichen Bereich. Hierzu gehören unter anderem Katharina von Siena, Franz von Assisi, Peter von Alcantara, die heilige Agnes, Theresa von Avila, Anna Katharina von Emmerick, der heilige Bernhardino Realina oder Joseph von Copertino. Ihre Levitationen sind zum Teil von Augenzeugen, zum Teil von ihnen selbst eingehend, mit genauen Angaben über ihre Empfindungen, besondere Umstände und Schwebehöhe beschrieben worden. Die Steighöhe lag gewöhnlich zwischen einigen Zentimetern und etlichen Metern (Baumwipfelhöhe).

Vom heiligen Peter von Alcantara (1499–1562) will man wissen, daß er »in höchster Verzückung« 15 Ellen hoch bis zu den Kirchengewölben schwebte. In einer kleinen Einsiedelei im Garten des Grafen Oropese, der ihn auch versorgen ließ, fanden ihn Bedienstete oft mit ausgebreiteten Armen schwebend vor. Er verharrte angeblich den ganzen Tag und gelegentlich sogar noch die Nacht über in diesem Zustand, in dem ihn niemand zu stören wagte. Der seliggesprochene Ludwig von Mantua (etwa um 1500) soll in Ekstase bis zu drei Tage in der Luft schwebend verharrt haben. Und von der heiligen Agnes wird erzählt, daß sie im Klostergarten wandelnd vor den Augen der sie begleitenden zwei Mitschwestern emporgetragen worden und dann deren Blicken entschwunden sei. Erst nach einer Stunde sei sie zur Freude ihrer Begleiterinnen sanft zur Erde zurückgeschwebt. Ähnliches wird über Franz von Assisi berichtet, der bisweilen im ekstatischen Zustand auf dem Berg Alverna levitiert haben soll, bis er kaum noch sichtbar war. Seine Levitationen gingen, wie Zeugen berichteten, häufig mit merkwürdigen Lichterscheinungen einher – ein Phänomen, das auch von anderen Heiligen behauptet wird.

Irgendwie scheint bei Levitierenden die Gravitation bis zu einem gewissen Grad aufgehoben oder »dosierbar« zu sein. Dies erhellt aus einer angeblich von mehreren Personen bezeugten Levitation des heiligen Joseph von Copertino (1603–1663). Als er auf einem kleinen Hügel zwischen Copertino und dem Kloster von Grotella einen Kalvarienberg errichten ließ und die beiden äußeren Kreuze bereits standen, bemerkte er, wie das mittlere, weil es so groß und schwer war, selbst von zehn Männern nicht transportiert werden konnte. Daraufhin soll er, von heiligem Eifer angetrieben, von der Pforte des Klosters etwa 80 Schritte weit dem Kreuz entgegengeflogen sein, es allein ergriffen und mit erstaunlicher Leichtigkeit in die hierfür vorbereitete Grube gesenkt haben.

Nicht immer wertete die katholische Kirche Levitationen als Wunder. Vielen Menschen wurden sie, vor allem zu Zeiten der Inquisition, zum Verhängnis. Die hiervon Betroffenen kamen wegen dämonischer Besessenheit vor ein Inquisitionsgericht, das sie häufig mit dem Tode bestrafte.

In neuerer Zeit wird aus Indien, Nepal und Tibet über Autolevitationen und levitationsähnliche Flugphänomene buddhistischer Mönche und Schamanen berichtet, die – ähnlich wie bei den christlichen Heiligen – als Nebenerscheinung ihrer meist asketischen Lebensweise angesehen werden.

Nordöstlich von Nepals Hauptstadt Katmandu, nahe der tibetischen Grenze, liegt ein buddhistisches Kloster, in dem psychokinetische Techniken praktiziert werden, die westliche Besucher immer wieder in Erstaunen versetzen. Ein amerikanischer Professor namens Gardner hat vor Jahren an einem künstlich herbeigeführten Levitationsexperiment teilgenommen, das ihm zu denken gab. In der Mitte eines Kreises aus Mönchen, die mit verhaltener Stimme Gebete sprachen, wobei sie von einer seltsamen Musik begleitet wurden, stand unbeweglich ein nacktes Mädchen. Es verging eine halbe Stunde, bevor das Unfaßbar geschah: Mit einem Mal schien das Mädchen zu schwanken. Es erhob sich langsam in die Luft, »wie eine Statue, die an einem Seil hochgezogen wird«, um Gardner wörtlich zu zitieren. Der Professor bat um Erlaubnis, das Experiment überprüfen zu dürfen. Man gestattete es ihm unter der Bedingung, daß er keinen Lärm mache. So konnte er feststellen, daß sich die Mönche keiner Tricks bedient hatten. Auf seine Frage, wie sie die Levitation bewerkstelligten, antwortete ihm einer schlicht: »Wir glauben an das Gelingen und sie auch.«

Tibets Lamas werden von frühester Jugend an nicht nur an das Ertragen von Kälte und Hitze gewöhnt; einige sollen sogar die Fähigkeit besitzen, durch flugartige »Luftsprünge« riesige Entfernungen in kürzester Zeit zu bewältigen. Noch vor wenigen Jahrzehnten konnten europäische Reisende, die das Vertrauen der Lamas genossen, dem »Lauf der Lumpà« zuschauen, wobei Mönche in riesigen »Sprüngen« eine Ritualstrecke rund um den Manosaravarsee zurücklegten. Die Tibetforscherin Alexandra David-Néel berichtet, daß sich die Teilnehmer an dieser Art Wallfahrt mit Ketten und Gewichten beschwerten, um nicht zu hoch in die Luft getragen zu werden. Für die Zuschauer muß dies ein merkwürdiger Anblick gewesen sein. David-Néel will erfahren haben, daß tibetische Tranceläufer – wie sie genannt werden – ihre Leichtigkeit gewissen Atemübungen verdanken. Es wird sogar angenommen, daß extreme Springleistungen europäischer Tänzer auf bestimmten Atemtechniken beruhen. Manche Autoren gehen so weit zu behaupten, der russische Tänzer Waclaw Nijinski (1890–1950) habe während seiner berühmten Tänze gelegentlich levitiert.

3 Die Levitationen des Schotten Home

Adrian V. Clark erwähnt in seinem Buch *Psychokinese* einen indischen Mönch, der die psychokinetische Fähigkeit entwickelt habe, »auf Luft zu sitzen«. Man kennt zwar einen Zaubertrick, bei dem ähnliches zu geschehen scheint. In jenem Fall aber wurde der Mönch von Anwesenden sorgfältig überprüft, indem man Gegenstände unter ihm hindurchschob und auch die Umgebung genauestens kontrollierte. Als er einmal im Hof »auf Luft saß«, liefen sogar die Hühner unter ihm durch. Neugierige fragten den Mann, wie er das bewerkstellige. Sie erhielten eine verblüffende Antwort: Er imaginiere einen Kubikmeter Luft, der sich unmittelbar vor ihm befinde und der eine feste Masse sei. Nach dieser geistigen Vorbereitung sei es ein leichtes für ihn, den »erstarrten« Luftwürfel zu besteigen und darauf zu sitzen. Es ist, als könnten imaginierte Objekte dank unseres Bewußtseins tatsächlich feste Formen annehmen.

In neuerer Zeit, als man erkannt hatte, daß Levitationen weniger religiöse, sondern mehr profane Ursachen haben, legte man es darauf an, Levitationsexperimente unter kontrollierten Bedingungen, d. h. in Anwesenheit mehrerer glaubhafter Zeugen, durchzuführen. Eines der bekanntesten Psychokinese- und Levitationsmedien des vorigen Jahrhunderts war der bereits zuvor (Kapitel III) zitierte Schotte Daniel Dunglas Home, der durch seine zahllosen in der Öffentlichkeit präsentierten Objekt- und Autolevitationen weltweit bekannt wurde. Am eindrucksvollsten waren Homes Autolevitationen bei Tageslicht in Anwesenheit zahlreicher Personen. Die mitunter geäußerte Vermutung, bei diesen Manifestationen könne vielleicht Suggestion der Zuschauer vorgelegen haben, entfällt also.

Home, der sein Levitationsvermögen unter anderem auf »elektrische« Wirkfaktoren zurückführte, beobachtete genau und beschrieb seine Empfindungen während des Schwebezustandes recht plastisch: »Ich fühlte nichts Besonderes, außer einer gewöhnlichen Empfindlichkeit in den Füßen, deren Ursache ich auf ein Übermaß an Elektrizität [!] schiebe. Ich spürte keine Hand, die mich trägt, und seit meiner ersten Erhebung habe ich keine Furcht empfunden, obwohl ich beim Herabstürzen von manchen Höhen argen Folgen sicher nicht entgangen wäre. Ich werde im allgemeinen aufrecht erhoben, mit steifen, über den Kopf erhobenen Armen, als wollten diese ein unsichtbares Wesen erfassen, das mich sanft von der Erde hebt. Wenn ich dann die Zimmerdecke berühre, sind meine Füße mit dem Kopf in gleicher Lage (waagrecht), und ich befinde mich dann in der Haltung eines Ruhenden.

Ich habe so oftmals vier bis fünf Minuten geschwebt. In der Sloane-Street in London wurde ich in Gegenwart von vier Herren, deren Zeugnis vorliegt, in einem Zimmer erhoben, in dem vier Gasflammen brannten. Manchmal läßt die Starrheit der Arme nach, und ich habe dann mit einem Bleistift Buchstaben und Zeichen an der Decke gemacht, die in London noch vorhanden sind.«

Dieser Beschreibung kann man entnehmen, daß sich Home bei seinen Levitationen in einer Art kataleptischer Starre befunden haben muß. Das Aufsteigen kam für ihn selbst so überraschend, daß es andere oft noch vor ihm wahrnahmen. Sobald man ihn anfaßte oder konzentriert betrachtete, fiel er herab, so als ob dadurch eine unsichtbare Energiebrücke zwischen ihm und dem Boden zerstört würde, ein Phänomen, das gemäß neuerer naturwissenschaftlicher Erkenntnisse auf quantenphysikalische Prozesse beim Levitieren hindeuten könnte. Dies war jedoch nicht immer der Fall. Bei einem Schwebeexperiment auf dem Schloß des französischen Marineministers Ducos in der Nähe von Bordeaux wollte Graf de Beaumont Home am Hochschweben hindern. Dabei bekam er dessen Schuhe zu fassen. Sie blieben in seinen Händen zurück, während Home weiter aufstieg. Bei einem ähnlichen Versuch, Home zurückzuhalten, wurde ein gewisser Mr. Wason sogar ein Stück mit emporgetragen.

Der berühmte englische Naturwissenschaftler Sir William Crookes – er war von 1886 bis 1899 Präsident der englischen Parapsychologischen Gesellschaft S.P.R. – befaßte sich experimentell mit Homes Levitationen und war von deren Echtheit fest überzeugt. Er schrieb: »Das wundervollste Ereignis von allen, die Erhebung Homes in die Luft, hat nicht einmal oder zweimal bei trübem Licht, sondern hundertmal unter allen denkbaren Umständen stattgefunden – unter freiem Himmel, bei hellem Sonnenschein, in einem Zimmer, am Abend, zuweilen bei Tag und bei jeder Gelegenheit. Und diese

Erhebungen werden jeweils von einer ganzen Anzahl verschiedener Personen bezeugt.«

4 Schweben für den Kaiser

Zu Lebzeiten Homes gab es am Hofe Kaiser Franz I., Gemahl
der Maria Theresia, einen Mystiker namens Schindler, der,
wie Dr. Carl Freiherr du Prel (1839–1899) zu berichten
wußte, sich »aus freien Stücken« vier bis sechs Meter in die
Luft zu erheben und dort wie auf festem Boden eine Viertel-
stunde lang gemütlich herumzuspazieren vermochte, bis er
sich wieder langsam und sicher zur Erde gleiten ließ. Schind-
lers Fähigkeiten wurden einmal vom Kaiser auf eine harte
Probe gestellt. In du Prels Schilderung heißt es: »Der Kaiser
ließ in einem der hohen Säle der kaiserlichen Burg den Kronleuchter abnehmen und an dem dadurch freigewordenen Ha-
ken eine Börse mit 100 Dukaten aufhängen. Dieses Vermögen sollte Schindler gehören, wenn er es ohne jegliche Hilfsmittel herunterholen könnte. Etwa eine Minute lang brachte
sich Schindler durch lebhafte Körperbewegungen in Schweiß,
bis er endlich, an allen Gliedern zitternd, langsam immer
höher stieg und schließlich die Börse fassen konnte. Dann
brachte er seinen Körper dicht unter der Decke in horizontale
Lage und blieb ganz an die Decke gedrückt einige Minuten
›liegen‹, wie um sich von seinen Anstrengungen ein wenig
auszuruhen. Anschließend schwebte er mit dem Beutel in
zierlichen Bewegungen langsam herab.«
Einer der meistzitierten, aber auch überzeugendsten und
bestdokumentierten Levitationsfälle in aller Öffentlichkeit
ist der des Trancemediums Collin Evans. Bei einer Massen-
séance im Londoner Rochester-Square-Garden 1938
schwebte er vor den Augen von etwa 300 Zuschauern längere

Zeit etwa einen Meter über dem Boden. Die Teilnehmer der Veranstaltung konnten Evans' Levitation aus nächster Nähe beobachten. Die vorderen der kreisförmig um das Medium angeordneten Sitzreihen waren nur etwa einen Meter vom levitierenden Medium entfernt.

Wären alle Levitationsfälle immer bekannt geworden, ließe sich die Liste sicher erweitern. So aber bleiben viele spontane und einmalige Manifestationen dieser Art aus Angst, sich lächerlich zu machen oder als Außenseiter zu gelten, unerwähnt. Zwei Fälle, die sich beide in den USA zutrugen und dem Autor erst vor kurzem bekannt geworden sind, könnten möglicherweise auf biogravitative Kräfte hindeuten, wie sie offenbar bei Levitationen wirksam werden.

Phyllis Anne Hudry aus Racine, Wisconsin, informierte mich über eine Levitation, in die im Juni 1961 ihr damals sechsjähriger Sohn John einbezogen war, ohne daß er sich dessen bewußt war.

Da sich die Temperatur im US-Bundesstaat Wisconsin nachts stark abkühlen kann, hatte es sich Frau Hudry angewöhnt, beim zufälligen Erwachen nachzusehen, ob die Kinder noch zugedeckt waren. Eines Nachts bemerkte sie beim Betreten von Johns Zimmer, daß dessen Bett vom Boden abgehoben hatte und in Hüfthöhe frei im Raum schwebte. Ihre Schilderung ähnelt einer jener schaurig-schönen Szenen aus dem Spielberg-Film *Der Poltergeist*: »Die Fenster standen offen, der Mond schien in den Raum, und das Bett stieg und fiel sachte, hielt sich aber stets in der Höhe von etwa einem Meter. Indem ich erst zu halluzinieren glaubte, bückte ich mich, bis ich auf meinen Fersen saß. Ohne Zweifel, das Bett schwebte über dem Boden. Ich konnte den Stecker sehen, dessen Schnur mit Johns Nachttischlampe verbunden war. Ich konnte das Muster des Linoleumbelags unter dem Bett erkennen. Es zeichnete sich deutlich im Mondlicht ab. Was aber hielt das Bett über dem Boden? Behutsam, ohne meine

Augen vom Bett abzuwenden, erhob ich mich, während mein Sohn friedlich vor sich hin schlummerte. Wenige Sekunden später sank das Bett sanft zu Boden. Es war, als ob eine herabfallende Feder die Erde berühren würde.«

Hatte Frau Hudry dies alles nur geträumt, war sie vielleicht einer Halluzination erlegen? Alle Details ihrer Schilderung klingen so real, daß man Halluzination von vornherein ausschließen möchte.

5   Die unglaubliche Levitation der Wanda Sue Parrot

Noch überzeugender als die Schilderungen in den vorangegangenen Kapiteln erscheint die Levitation einer hochschwangeren Amerikanerin, Wanda Sue Parrot (Pseudonym), die vom Ehemann der Betroffenen bezeugt wird. Am 13. September 1963 betrat Frau Parrot den Gartenpfad hinter ihrem Haus, der zur Hauptstraße führt. Sie erfreute sich der Blumenpracht, die sich ihr darbot: »Ich vergaß vorübergehend alle körperlichen Unbequemlichkeiten, die mein stark angeschwollener Unterleib mit sich brachte. Dann ... plötzlich setzten bei mir jegliche physischen Empfindungen aus. Ich begann zu schweben, ganz langsam, bis ich eine Höhe von 1,80 Meter über dem Boden erreicht hatte. Alle meine Körperfunktionen waren noch intakt. Unter mir war der Garten. Gleich neben mir verlief die Regenrinne. Ich hätte sie greifen können, wäre sie ein wenig näher gewesen. Als ich merkte, daß ich frei schwebend in der Luft hing, zwickte ich mich in den Arm. Es tat weh – ein Zeichen dafür, daß ich dies alles nicht nur träumte.

Um diese Zeit kam mein Mann nach Hause. Ich sah, wie er durch den Hintereingang das Haus betrat. Er muß mich gesucht haben. Als er mich dort nicht antraf, schaute er durch das Küchenfenster in den Garten. Sekunden später ging sein Blick nach oben. Seine Augen weiteten sich, so als ob er plötzlich einen elektrischen Schlag erlitten habe. Daraufhin schwebte ich rasch nach unten und setzte mit beiden Füßen auf dem Boden auf.«

Mit dem Wiedereinsetzen ihrer normalen körperlichen Empfindungen wurde ihr schlagartig bewußt, daß die Geburt unmittelbar bevorstand. Vierundzwanzig Stunden später kam ihr Sohn Ted zur Welt. Seitdem hatte Wanda Sue Parrot nie wieder ein solch ungewöhnliches Erlebnis gehabt.

Dieser Fall könnte gewisse Zusammenhänge zwischen biologischen bzw. psychosomatischen Reaktionen und psychokinetischen Phänomenen aufzeigen. Sie zu analysieren und sie mit quantenphysikalischen Vorgängen in Verbindung zu bringen, sollte Mediziner wie Physiker gleichermaßen auf den Plan rufen.

6 Levitationsexperimente an der Universität London

Professor John Hasted, Physikdozent am Birkbeck College der Universität London, einer der Exponenten wissenschaftlicher Psychokinese-Forschung, wurde im Verlauf seiner seit Jahrzehnten durchgeführten minutiösen Untersuchungen englischer und ausländischer Medien mit interessanten Levitations- und Teleportationsfällen konfrontiert. Vor geraumer Zeit arbeitete er mit einem noch jungen Psychokinese-Medium, Willie G., das behauptete, es könne – allerdings ohne Zeugen – in seinem Zimmer zu Hause levitieren. Hasted bat G., im levitierten Zustand an die Zimmerdecke zu schreiben und dort seine Fingerabdrücke zu hinterlassen. Er gab dem Jungen auch eine Polaroidkamera, damit dieser sich in Deckennähe selbst fotografiere.

G. erfüllte diese Aufgaben zu Hasteds Zufriedenheit. Da jedoch keine Zeugen anwesend waren, konnten die Ergebnisse nicht als verbindlich angesehen werden. Daraufhin entwickelte Hasted eine Beweismethode zur Aufzeichnung von Gewichtsverlusten als Vorstufe zur Levitation. Hierzu heißt es in seinem vielbeachteten Buch *The Metal Benders*: »Ich versuchte, mögliche Gewichtsverluste aufzuzeichnen, wenn Willie auf einer Spezialmeßmatratze lag. Wenn er (mit seinen Extremitäten) weder den Boden noch die Liege berühren konnte, um sich abzustützen, waren Gewichtsverluste nur durch Sprünge auf der instrumentell überwachten Matratze oder durch Levitation möglich, was durch eine graduelle Gewichtsabnahme angezeigt würde – und dies bei laufender Videokamera. Das Meßinstrument bestand aus einer aufblasbaren Gummimatratze, die mit einem aufzeichnenden Differentialdruckmesser verbunden war. Auf der Matratze lag noch ein Holzbrett.

Zu Beginn der Versuche war die Matratze mit beiden Armen des Differentialdruckmessers durch Gummi- und Glasröhren verbunden. Nachdem Willie seine Position auf dem Brett eingenommen hatte – flach auf dem Rücken liegend oder kniend –, wurde ein Arm des Zuleitungsrohrs geschlossen, so daß der Referenzdruck in jenem Arm des Manometers fixiert war. Jede Druckveränderung an der Matratze konnte jetzt aufgrund der Veränderung des sie komprimierenden Gewichts aufgezeichnet werden.« Die Experimente mit Willie G. verliefen allerdings erfolglos. Es gab keine Hinweise auf irgendeine Gewichtsveränderung.

Später führte Hasted Experimente mit dem aus der früheren Sowjetunion emigrierten Physiker August Stern durch, der von sich behauptete, bei Versuchen in einem »Spiegelkabinett« levitiert zu haben, das in einem geheimen Forschungslabor in Nowosibirsk aufgestellt war. Obwohl Stern unter instrumenteller Kontrolle keine direkten Levitationen zustande brachte, gab es doch bemerkenswerte Abweichungen der Meßergebnisse, die bedeuten könnten, daß Stern unter den modifizierten Versuchsbedingungen des Hastedschen Kabinetts zumindest Vorstufen von Levitationen zustande brachte, d. h. »Gewichtsverringerungen«.

Bei meinem Besuch in Professor Hasteds Labor 1983 informierte mich dieser über Versuche mit zwei Frauen aus Westengland, die kurzzeitig Gewichtsverringerungen bis zu zwei Kilogramm verursachen konnten.

Im Verlauf von Spuk- bzw. Poltergeistphänomenen kommt es gelegentlich zu Teleportationen, aber auch zu Levitationen. Ein Zeuge im Enfield-Spukfall, der 1977 in England Aufsehen erregte, behauptet, daß er von einem Stuhl, auf dem er saß, plötzlich nach oben gehoben wurde. Er habe das Gefühl gehabt, von einem Luftkissen, weniger von einem Luftzug angehoben worden zu sein. Gleichzeitig sei er einer Drehbewegung ausgesetzt gewesen. Sie habe zur Folge gehabt, daß sein Körper beim Levitieren eine halbe Drehung vollführte.

7   Biogravitonen als Auslöser?

Bei dem als »Handpyramide« bekanntgewordenen Spiel könnte es sich aufgrund der hierbei erzielten (scheinbaren?) Gewichtsverringerung ebenfalls um eine Vorstufe der eigentlichen Levitation handeln. Die Spielregeln sind recht einfach – der Erfolg ist verblüffend. Fünf Personen sind erforderlich, um es durchzuführen. Eine von ihnen nimmt auf einem Stuhl Platz, wohingegen die vier anderen die Aufgabe haben, den Sitzenden hochzuheben. Für dieses Vorhaben dürfen allerdings nur die beiden aneinandergepreßten Zeigefinger benutzt werden. Dadurch ruht das gesamte Körpergewicht des

Sitzenden allein auf den vorderen Gliedern der Zeigefinger. Die Zeigefingerpaare von zwei Personen werden in die Achselhöhlen und die der beiden anderen in die Kniekehlen des Sitzenden gelegt. Auf ein verabredetes Kommando versuchen die vier Personen mit aller Kraft den Sitzenden, der auch mehr als zwei Zentner wiegen darf, hochzuheben. Dieser Versuch wird in den meisten Fällen scheitern, da die vier Zeigefingerpaare mit ihren vorderen Enden die Last kaum zu bewältigen vermögen.

Das ändert sich jedoch schlagartig, wenn die vier Personen zuvor auf dem Kopf der Versuchsperson eine »Handpyramide« machen. Sie legen zu diesem Zweck ihre Hände abwechselnd übereinander, wobei die unterste auf dem Kopf des Sitzenden ruht. Wichtig ist, daß die einander berührenden Hände nicht derselben Person gehören. Dann zählt einer langsam bis 20, wobei die Hände ständig in Berührung bleiben müssen. Auf ein Kommando werden dann die Hände so schnell wie möglich weggezogen, die Zeigefinger wie gehabt zusammengelegt und in die zuvor eingenommene Position gebracht. Jetzt geschieht das Unfaßbare: Vier Personen, gleich welchen Alters oder Geschlechts, heben eine schwere Person mit Leichtigkeit hoch empor.

Was geschieht hier? Versetzen sich die vier Personen durch Abzählen und abwechselndes Aufeinanderlegen ihrer Hände unbewußt in einen tranceähnlichen Zustand, der ihnen stärkere Kraft verleiht, hervorgerufen durch bislang unentdeckt gebliebene Felder biogravitativer Art, die hierbei angezapft werden? Wird der Körper des Anzuhebenden durch dieses »Ritual« ewas leichter? Häufig sind die an diesem simplen Hebe-Experiment Beteiligten über dessen Wirkung derart verblüfft, daß sie ab einer gewissen Höhe den »Absturz« der Versuchsperson befürchten und den Versuch abbrechen. Dieses Phänomen wäre es wert, genauestens untersucht zu werden, um die Levitation irgendwann einmal vom Verdacht des rein Subjektiven zu befreien und sie dann möglicherweise auch künstlich herbeiführen zu können.

Die amerikanischen Physiker Jack Sarfatti und Fred Wolf haben die Theorie aufgestellt, daß sich Levitations- und andere psychokinetische Phänomene eventuell auf den bewußtseinsgesteuerten Einfluß sogenannter »Biogravitationsfelder« zurückführen lassen. Einfacher ausgedrückt: Sie halten es für denkbar, daß sich die hypothetischen »Biogravitonen«, die Bausteine dieser Felder, durch mentale Einwirkung mit den uns bekannten Gravitonen – den Elementarteilchen des normalen Schwerkraftfeldes – »vermischen«, wodurch sich die auf das levitierende Objekt einwirkende irdische Gravitationskraft (dosiert) verringert. Die Folge wäre, daß das betreffende Objekt zu schweben beginnt, bei der Autolevitation die Person selbst.

Daß Biogravitonen, auch wenn sie bislang nicht labormäßig nachgewiesen werden konnten, keinesfalls eine Fiktion, kein Ersatzbegriff zur Erklärung der phantastischen Levitationsfälle zu sein brauchen, erhellt allein schon daraus, daß man in der Physik heute schon zwischen unterschiedlichen »Spielarten« der Gravitonen unterscheidet. Bei Sarfatti und Wolf heißt es: »Jede Art schwerer Gravitonen ist für eine bestimmte Organisationsebene der Materie verantwortlich. So verursacht z. B. eine schwere Gravitonart die Kernkräfte, die die Atome aufbauen. Eine andere schwere Gravitonart bewirkt die Organisation der Materie in Form von Elektronen. Wieder andere Arten bauen Atome und Moleküle auf. Ein besonders interessantes Graviton ist das Biograviton (wovon es mehrere Unterarten geben kann). Es ist für die Ordnung lebender Systeme verantwortlich.«

David Bohm, Professor für Theoretische Physik am Birkbeck College der Universität London, der echte Zusammenhänge zwischen diesen Biogravitationsfeldern und quantenmechanischen Kräften entdeckt haben will, greift in seinem Buch

Ganzheit und die implizite Ordnung Descartes' Äußerungen über die Denksubstanz – das Bewußtsein – auf. Er sieht Gedankenformen keiner räumlichen Ausdehnung und zeitlichen Abfolge unterworfen, was nichts anderes bedeuten kann, als daß diese in einer dimensional übergeordneten, anderen Realität angesiedelt sind. Müßte dies nicht wiederum bedeuten, daß auch die für unsere Begriffe nichtmateriellen Gedankenprozesse (Ideen, Überlegungen, Absichten usw.) – das Bewußtsein schlechthin – aus solchen schweren Biogravitonen höchster Ordnung und deren Feldern bestehen? Und mit solchen Superfeldern müßten sich dann auch über die bekannten gravitativen, elektromagnetischen und elektrostatischen Felder materielle Objekte psychokinetisch bzw., im medizinischen Umfeld, Organe psychosomatisch beeinflussen lassen: Geist über Materie!

8   Steuerelement Bewußtsein

Daß es zwischen Bewußtseinsreaktionen und den zuvor erwähnten niederen Feldern direkte bzw. indirekte Zusammenhänge gibt, kann heute nicht mehr bestritten werden, zumal bei Experimenten mit hochkarätigen Psychokineten, in deren Nähe starke elektromagnetische und elektrostatische Felder meßtechnisch nachgewiesen werden. Irrtum ist ausgeschlossen. Psychokinetisch bewirkte Hautreizungen, Verbrennungen ersten und zweiten Grades, Objektentzündungen sowie die Tötung kleiner Lebewesen sind wohl der beste Beweis hierfür.
Den versteckten Ursachen der Levitation auf die Spur zu kommen, dürfte wegen der hochkomplizierten Zusammenhänge im psycho-physikalischen Übergangsbereich äußerst schwierig sein. Ob man sie einmal nach endlosem Experi-

mentieren und Probieren oder durch Zufall entdecken wird, ist ungewiß. Während fortgeschrittene Experimentatoren der Transzendentalen Meditation sich abmühen, durch bestimmte Siddhi-Techniken und Körperverrenkungen kleine »Luftsprünge« zuwege zu bringen, die sie etwas übertrieben als »Flüge« bezeichnen, gelangten schon manchen Besessenen echte Levitationen offenbar mühelos. So soll die besessene Alexandra von Fraito nach den Aufzeichnungen des zuvor erwähnten Joseph von Görres »wie ein Vogel in der Luft geflogen sein und auf den zartesten Zweigen geschaukelt haben«.

Daß wir mit unserem Intellekt psychokinetische Phänomene auch unbewußt abzublocken vermögen, daß ein einziger Skeptiker durch seine negative Erwartungshaltung ein gut geplantes, aussichtsreiches Experiment zu Fall bringen kann, ist hinreichend bekannt. Weniger bekannt ist die Tatsache, daß man umgekehrt, durch Vortäuschen von Psychokinese-Effekten, echte Psi-Manifestationen auslösen kann.

Kenneth Batcheldor, Leiter der psychologischen Abteilung eines Krankenhauses in der Nähe von London, hatte einmal ohne Wissen einer Experimentalgruppe, mit der er sich im Tischlevitieren versuchte, insgeheim selbst, durch eigene Muskelkraft, den bewußten Tisch angehoben. Durch diesen Trick wollte er die anderen glauben machen, sie hätten tatsächlich den Tisch levitiert. Das Trickexperiment gelang: Infolge des Rückkopplungseffektes wuchs nun deren Selbstvertrauen, verstärkten sich die Levitationseffekte, bis diese schließlich eindeutig paranormal wurden und die Gruppe sogar ein Piano, ohne es zu berühren, bewegen konnte. Bei sogenannten Biegeparties, wie sie vor ein paar Jahren in Mode kamen, arbeitet man mitunter nach der gleichen Methode.

Man zeigt den Anwesenden zunächst Videofilme über gelungene Biegeexperimente. Niemand ahnt, daß die Aufnahmen gestellt sind, daß sie einzig und allein den Zweck verfolgen, Vertrauen in die eigenen paraphysikalischen Fähigkeiten zu wecken. Ist die psychische Hemmschwelle (»Ich kann das nicht«) erst einmal überwunden, sind die Experimentierenden von der Existenz solcher Phänomene restlos überzeugt, kann sich das Bewußtsein der Betreffenden frei entfalten und voll auf die zu verbiegenden Objekte einwirken. Dann kommt es gelegentlich zu überraschenden PK-Manifestationen.

Nichts kann darüber hinwegtäuschen, daß solche Experimente erst den Beginn einer Entwicklung darstellen, die im Erkennen und positiven Nutzen unseres unerschöpflichen geistigen Potentials münden sollte. Der Weg dahin ist sicher beschwerlich, das Ziel aber verheißungsvoll.

V

Besuche in anderen Dimensionen

»Vielleicht ist alles doch nur Traum.«
Calderon, *Das Leben ein Traum*

1 Vorstöße in Traumwelten

Etwa ein Drittel seines Lebens verbringt der Mensch im
Schlaf, einem Zustand, den wir uns erst seit wenigen Jahrzehnten mit wissenschaftlichen Methoden zu erforschen an-
schicken. Für viele physische und psychische Details des
Schlafvorganges fand man zwar plausible medizinische und
psychoanalytische Erklärungen, allein die wichtigsten Fragen
zum Wesen des Schlafes blieben bisher unbeantwortet. Schon
Goethe sinnierte: »Der Mensch kann nicht lange im bewußten Zustand oder im Bewußtsein verharren, er muß sich
wieder ins Unbewußte flüchten, denn darin lebt seine Wur-
zel.«
Die eigentliche Ursache des Schlafes konnte bis jetzt noch
nicht gefunden werden. Er dient offenbar nicht nur der Regeneration des physischen Menschen, hat man doch festgestellt,
daß er auch ohne Ermüdung hervorgerufen und, z. B. durch
Suggestion, völlig unproportional zum Erschlaffungsgrad in
seiner Dauer bestimmt werden kann. Es gibt Menschen, die
fast auf die Minute genau zu dem Zeitpunkt erwachen, den
sie vor dem Einschlafen ins Auge faßten. Eigenversuche ergaben einen hohen Verläßlichkeitsgrad für diesen »inneren
Wecker«, der wahrscheinlich auf Autosuggestion beruht und
daher im Bereich des Paranormalen angesiedelt sein muß.

Daß dem Schlaf nicht unbedingt eine physische oder psychische Ermüdung vorausgegangen sein muß, weiß jeder, der längere Zeit im Krankenhaus verbracht hat. Schlaf stellt sich dort fast zu jeder Zeit ein, wenn die sonstigen Voraussetzungen hierfür günstig sind. Tranceartig und für die Umgebung kaum merkbar gleitet der Patient, meist unabhängig von der im Zimmer vorherrschenden Geräuschkulisse, in den Schlafzustand. Dieser Vorgang kann sich im Tagesverlauf mehrmals wiederholen. Darüber hinaus gibt es auch Fälle, in denen Menschen monate- und jahrelang nahezu ohne jeden Schlaf auskommen, ein Zustand, der häufig bei manisch Veranlagten beobachtet werden kann. Andere Menschen fühlen sich nach einem nur zehn Minuten währenden Mittagsschlaf im Sitzen so erholt und gekräftigt, daß sie, trotz aller vorausgegangenen Anstrengungen, ihre Arbeit unvermindert fortsetzen können. Woher schöpfen sie ihre Kraft, welche »Energiequellen« werden während der Schlafperiode angezapft?

Die Existenz eines Schlafzentrums im menschlichen Gehirn ist wissenschaftlich noch nicht erwiesen, und Iwan Pawlows These von der allmählichen, dem Schlafzustand vorausgehenden »Hemmung« der Großhirnrinde kann auch nicht als echte und/oder einzige Ursache für Ermüdung und Schlaf angesehen werden. Bekannt ist lediglich, daß während der Schlafperiode die meisten Funktionen des Sympathikus auf den Parasympathikus übergehen. Die Körper- und Gehirnfunktionen während des Schlafes sind bekannt, über das Phänomen »Schlaf« selbst ist man sich, medizinisch gesehen, allerdings noch völlig uneinig. Diese Situation dürfte sich grundlegend ändern, sobald man bereit ist, einige fundamentale Tatsachen anzuerkennen, denen sich die meisten Mediziner bislang noch immer verschließen.

Erwiesenermaßen stehen Bewußtsein und Unbewußtes zu den Phänomenen Schlaf und Traum in enger Beziehung. Ihren Sitz will man im Gehirn lokalisiert wissen, über dessen Aufbau es, soweit das hier erörterte Thema davon betroffen ist, zunächst einiger Klarstellungen bedarf.

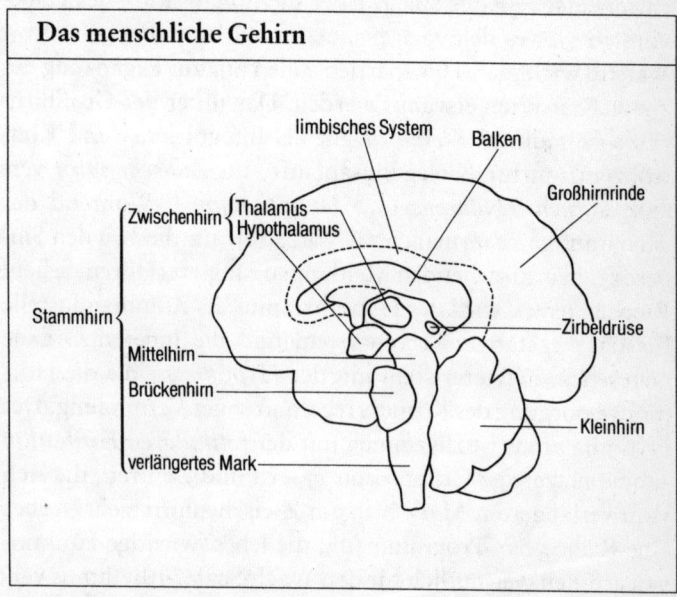

Das menschliche Gehirn

Bild 1: Längsschnitt durch das menschliche Gehirn; rechte Hälfte Medialansicht.

Das *Stammhirn (Bild 1)*, als Sitz der ererbten Erinnerungen, regelt das menschliche Trieb- und Instinktverhalten. In Gefahrenmomenten (z. B. bei Panik) übernehmen die Instinkte die »Führungsrolle« und überspielen somit intelligente Willenshandlungen. Manche Mediziner vermuten, daß Teile des Unbewußten ihren Sitz im Stammhirn haben. Das *Großhirn,* auch Großhirnrinde genannt, beherbergt alle bewußten Erinnerungen und erlernten Programme; es ist somit Sitz des Bewußtseins. Ob in ihm ebenfalls das Unbewußte verankert ist, entzieht sich bis jetzt unserer Kenntnis. Das gleiche gilt für die sogenannte *Altrinde,* das *limbische System,* als Saum zwischen Stamm- und Großhirn, das bei der Bildung der Gefühle, Emotionen und beim instinktiven Verhalten eine entscheidende Rolle spielt. Über die Lokalisation des Unbewußten gibt es demnach bis jetzt nur Mutmaßungen.

Weitere wichtige Gehirnpartien sollen nur zur Ergänzung des zuvor Erörterten erwähnt werden. Das unter der Großhirnrinde befindliche *Kleinhirn* gilt als Integrations- und Kontrollzentrum für Bewegungsabläufe. Im *Zwischenhirn* vereinigen sich *Thalamus* und *Hypothalamus.* Während der Thalamus gewissermaßen als Vorzensur für die von den Sinnesorganen ausgehenden Meldungen fungiert (Hören, Sehen, Riechen usw.), wird der Hypothalamus als Kommandostelle für das vegetative Nervensystem und die inneren Organe angesehen. Letzterer steht mit der *Hypophyse,* die die Hormonversorgung des Körpers regelt, in enger Verbindung. Der Hypothalamus ist zusammen mit der *retikulären Formation* – eine netzartige Gruppe von Fasern und Zentren, die sich vom verlängerten Mark bis zum Zwischenhirn zieht – über eine Reihe von »Programmen«, die lebenswichtige Funktionen erfüllen, vermutlich für den Wach-Schlaf-Rhythmus verantwortlich. Diese vom verlängerten Mark bis zum Zwischenhirn verlaufende Formation ist demnach ein wichtiges Steuerzentrum für den Grad des Wachseins.

Soweit die anatomischen Fakten, die nach dem Eingeständnis der Mediziner über Funktion und Auslösung des Schlafvorganges kaum etwas aussagen. Wenden wir uns daher den physischen und psychischen Auswirkungen des Schlafes und, hiermit verbunden, meßtechnisch erfaßbaren Phänomenen zu.

Über die Bedeutung des Schlafes für die Gesundheit des Menschen und seine notwendige Dauer gibt es unterschiedliche Auffassungen. Viele halten ihn für ein von der Natur »verordnetes« Beruhigungs- und Kräftigungsmittel, das wohltuende Entspannung, Entkrampfung, Erleichterung, Zufriedenheit sowie in Krankheitsfällen eine Beschleunigung des Heilprozesses bewirkt. Damit sind nur einige seiner Auswirkungen beschrieben, was aber für eine allumfassende Definition nicht ausreichen dürfte, da Ohnmacht, Narkose, Trance und hypnotische Zustände ähnliche Symptome aufweisen.

Ist es schon erstaunlich, wenn zahlreiche Menschen bereits nach kurzen Schlafperioden ihre volle Aktivität zurückgewinnen, so muß man sich fragen, an welchen Energiequellen die »angeschlossen« sind, bei denen aufgrund eines manischen oder nervlichen Leidens Schlaf monate- oder jahrelang ausbleibt. Fanny Moser berichtet in ihrem bekannten Werk *Das große Buch des Okkultismus*: »Ich habe einen Fall, bei dem ein Matrose, der volle 6 Monate den ganzen Tag kräftig arbeitete, während der Nacht schwatzend und schreiend im Bett aufsaß, wobei er einen Strom von Unverständlichkeiten herausschrie. Am Tage zeigte er nicht die geringste Schläfrigkeit. Nicht weniger merkwürdig ist die Geringfügigkeit der Wirkung, welche die lang anhaltende und starke Anstrengung auf seine Gesundheit hat. Erschöpfung ist selten. Der oben erwähnte Mann hatte nach sechs Wochen nichts an Gewicht verloren.« Wohlgemerkt, es handelt sich hierbei meist um kranke Menschen. Sollte ihr Körperhaushalt etwa in verstärktem Maße Energien anzapfen, deren Quellen »nicht von dieser Welt« sind?

Die von R. G. Zinsser und W. Peschka (Institut für Energieumwandlung und elektrische Antriebe, Stuttgart-Vaihingen) entdeckten »Kinetobarischen Effekte« drängen sich als Analogie auf. In einem Beitrag von Professor Peschka heißt es: »Auf die Proben wirken also Kräfte, die auch nach Abstellen der hochfrequenten Energiezufuhr anhalten. Dafür gibt es bisher noch keine physikalisch befriedigende Erklärung. Bereits die Anwesenheit von Menschen kann bei vorher aktivierten Proben ebenfalls Kraftwirkungen von einer bis zwei Stunden Dauer auf die Probe auslösen.«

Mit welchen Energien haben wir es hier zu tun? Gibt es geheime Pfade, die direkt oder indirekt zu höherdimensionalen Energiereservoirs führen und später einmal die Gewinnung sauberer Energien in größerem Maßstab zulassen? Welche Rolle spielt hier die Molekularbiologie, und wird Wilhelm Reich mit seiner Orgon-Theorie jetzt doch noch zu einer verspäteten Rechtfertigung verholfen?

Der gesunde, erwachsene Mensch braucht täglich 8 bis 9 Stunden Schlaf; diese Periode kann sich mit zunehmendem Alter verringern. Die Dozenten Vros Iovanovic und G. Stökker von der Universität Würzburg haben an verschiedenen Freiwilligen ausprobiert, was bei Schlafentzug normalerweise geschieht. In den ersten 48 Stunden wirkten die Probanden zunehmend müde und abgespannt, aber immer noch normal. Danach gestellte Aufgaben wurden mit erheblichen Verzögerungen und Fehlern gelöst. Die Hirnstromkurven ihres Elektroenzephalogramms, auf das später näher eingegangen werden soll, zeigten die Ursache: Verzögerte Schlafphasen forderten während der Wachperiode ihr Recht. EEG-Kurven machten deutlich, daß sich während des mühsam aufrechterhaltenen Wachzustandes sogenannte Mikroschlafphasen mit einer Dauer von nur zwei bis drei Sekunden einschleichen. Dieser Zustand läßt sich gut an Personen beobachten, die nach dem Mittagsmahl eigentlich schlafen möchten, jedoch in ein Gespräch verwickelt und dabei von Kurzschlafphasen übermannt werden. Ihre Augenlider fallen ständig herunter: Immer länger bleiben sie geschlossen. Man beobachtet, wie sich die Betreffenden abmühen, unbedingt wach zu bleiben, um ihre Gesprächspartner nicht zu verärgern. Dieser tranceartige Zustand hält meist nur bis zur Beendigung des Gesprächs an und wird, bei Wiederaufnahme der gewohnten Tätigkeit, rasch verdrängt.

Zuvor erwähntes Experiment wurde erst nach 70 Stunden kritisch. Danach konnten die Probanden Wirklichkeit und Phantasie nicht mehr auseinanderhalten. Halluzinationen, Schreckhaftigkeit und Aggressivität waren unmittelbare Folgen.

Das Experiment wurde nach hundert Stunden abgebrochen, da die Versuchsteilnehmer das Verhalten von Betrunkenen zeigten.

Interessant ist auch das willentlich nicht beeinflußbare Körperverhalten. Die Adrenalinproduktion kommt während des Schlafes fast völlig zum Stillstand. Während der Magen im Schlaf weiterarbeitet, wird die Dünndarmaktivität verringert. Es kommt zum Nachlassen der Reflexe. Die Wärmeerzeugung geht zurück, und das Gehirn arbeitet langsamer. Man beobachtet eine verstärkte Blutversorgung zur Körperoberfläche und zum Gehirn. Dagegen nimmt die Blutversorgung zu den Bewegungsorganen stark ab. Der Blutdruck fällt, und das Herz schlägt langsamer. Hinzu kommt, daß sich im Bewußtsein die Hirnwellen verlangsamen und das Unbewußte völlig aktiv bleibt, ja sogar noch eine Leistungssteigerung erfährt. Während die Atmung immer flacher wird, überkommt uns eine tranceartige Schläfrigkeit, die, während wir unsere Umwelt nur noch schemenhaft wahrnehmen, allmählich in den eigentlichen Schlafzustand überleitet. Diese Interimsperiode ist gerade für die in jüngster Zeit vieldiskutierten Astralexkursionen (Out-of-Body-Experience, kurz: OOBE oder OBE) außerordentlich wichtig und soll noch gesondert besprochen werden.

Im Prinzip wird zwischen zwei völlig voneinander abweichenden Schlafformen unterschieden:

1. dem *langsamen* oder auch *orthodoxen Schlaf,* bei dem das Elektroenzephalogramm (EEG) besonders langsame Gehirnstromwellen (Delta-[δ]-Rhythmus) aufweist: er dauert jeweils eine Stunde;

2. dem *schnellen* oder *paradoxen Schlaf* (beta-[β]-artiger Rhythmus), begleitet von synchronen, ruckartigen Bewegungen der Augäpfel, die Traumerlebnisse signalisieren. Dieser Schlaf wird auch *REM*-Phase (*Rapid Eye Movement* = rasche Augenbewegung) genannt.

Während beide Schlafphasen fünfmal pro Nacht einander abwechseln, will man ermittelt haben, daß der erwachsene Mensch 75 % der Schlafdauer im langsamen und 25 % im schnellen Schlaf verbringt. Dies würde bedeuten, daß wir, eine mittlere Schlafdauer von acht Stunden vorausgesetzt, pro Nacht etwa zwei Stunden träumen. Bei Drogeneinnahme kommt es in verstärktem Maße zu schnellem, flachem Schlaf, was auf interessante Vorgänge im Gehirn schließen läßt.

Aufgrund tiefgreifender Entwicklungsvorgänge im Gehirn liegt bei Kleinkindern der Anteil des schnellen Schlafes (Traumstadium) mit etwa 50 % der Gesamtschlafdauer besonders hoch. Hierbei werden offenbar noch geistige »Entwicklungsprogramme« von einer Matrix (Schablone) abgerufen, die in einer höheren Dimensionalität, unserer vorgeburtlichen »Heimat«, eingebettet ist. Man könnte diesen Zustand als einen geistigen Energietransfer über eine Art interdimensionale »Nabelschnur« bezeichnen; das in unsere Welt »neu« hineingeborene Wesen würde dann vor allem in den ersten Monaten seines hiesigen Lebens nahezu ununterbrochen mit höheren Bewußtseinsebenen und dort vorhandenen »Entitäten« kommunizieren, ein Vorgang, der wahrscheinlich nur über das Unbewußte abläuft. Bei Jugendlichen, deren Gehirnentwicklung praktisch abgeschlossen ist, die aber andererseits für den weiteren Aufbau ihres physischen Leibes enorme Energien benötigen, ist ein hoher Anteil langsamer Schlafperioden (bis weit über 75 %) zu beobachten, die vorwiegend der Körperregeneration dienen. Auch hier scheint der physische Mensch, wie schon erwähnt, von den geheimen Energiequellen der unsichtbaren Welt zu profitieren. Wenn dies zutreffen sollte, wären Schlaf und Traum paranormale oder zumindest quasi-paranormale Vorgänge, die tief in dem wurzeln, was den eigentlichen Menschen ausmacht und ihn seiner endgültigen Bestimmung zuführt.

Man unterscheidet ferner zwischen monophasischem Schlaf, dem erholsamen Tiefschlaf kurzer Dauer vor Mitternacht, dem biphasischen Schlaf mit zweimaliger Schlaftiefe (häufigste Art), bei dem die Schlafkurve abgeflacht und länger ist, sowie dem polyphasischen Schlaf, in dessen Verlauf der Schläfer den Tiefschlaf öfter ansteuert, aber selten erreicht; hierbei ist eine längere Schlafdauer erforderlich.

2 Gehirnaktivitäten transparent gemacht

Unser Gehirn erzeugt bekanntlich Hirnaktionspotentiale in der Größenordnung zwischen 10 und 100 Mikrovolt, die 1924 erstmals von dem Jenaer Professor Hans Berger mit einem Vorläufer des modernen Elektroenzephalographen aufgezeichnet wurden. Enzephalogramme (EEGs) gehören heute zu den wichtigsten Hilfsmitteln der Gehirnuntersuchung, und sie sagen viel über die Vorgänge im Gehirn, so unter anderem während der Denk-, Schlaf- und Traumphasen aus. Von Bedeutung sind aber weniger die Potentialunterschiede, sondern der Schwingungsrhythmus, die Frequenz *(Tabelle 1)*.

Beim ruhenden Menschen werden in der ersten Vorschlafphase (bei geschlossenen Augen) α-(Alpha-)Wellen mit einer Frequenz zwischen 8 und 12 Hz (Hertz = Schwingungen/Sekunde) aufgezeichnet. Die Nervenzellen sind – gekennzeichnet durch eine besondere Frequenz – auch dann aktiv, wenn wir »abschalten«. Sobald die Augen geöffnet werden,

Wellen	Frequenz Hz	Merkmale
Beta-(β)[1]	14...30	Arbeitendes Gehirn; Aufmerksamkeit, Konzentration, waches Tagesbewußtsein (s. REM-Schlaf)
Alpha-(α)[1]	8...12	Ruhendes Gehirn; Ruhe, Entspannung, entspanntes Wachbewußtsein; Vorschlafphase (BF[2]: meditative Entspannung)
Theta-(ϑ)[1]	5...7	1. Schlafstadium; Absinken in »Bewußtlosigkeit«, Einschlafstadium; überwiegender Schlafzustand bei Kindern zwischen dem 18. Monat und 5. Lebensjahr (BF[2] 1: tiefste Meditation; Zen-Meister)
Delta-(δ)		2. Schlafstadium; Leichtschlafstadium, langsamer, orthodoxer Schlaf; Körpererholung. Erste Träume setzen ein (Gehirnträume; Phantasiefetzen)
Größere Delta-	< 4 (0,5 ...3.,5)	3. Schlafstadium; mitteltiefer Schlaf; weitere Entspannung; Atmung, Herzschlag, Körpertemperatur und Blutdruck sinken ab; Vorbereitung auf Tiefschlaf
Besonders langsame Delta-		4. Schlafstadium; Tiefschlaf
β-artig (REM)		Traumstadium (3- bis 4mal pro Nacht); schneller, paradoxer Schlaf; REM-Phase; EEG-Kurve entspricht etwa dem Wachzustand. Synchrone und ruckartige Augapfelbewegung. Filmartig ablaufende, lebhafte, ausgeprägte Träume (Hellträume). Neugeborene verbringen 50 % der Schlafperiode in diesem Zustand

1 EEG-Zustand bei Geistheilung beobachtet: Alphawellen hoher Amplitude + Thetawellen (etwa 5 Hz) + Betawellen (16–20 Hz); (gem. Dr. Cade; *Fate 11/78*).
2 BF:Biofeedback-Zustand.

wird der α-Rhythmus unterbrochen. Die Forschung auf diesem Gebiet läßt bereits Zusammenhänge zwischen α-Wellen und Telepathie erkennen.

Der α-Phase schließt sich das Einschlafstadium an, das im EEG durch sogenannte ϑ-(Theta-)Wellen mit 5 bis 7 Hz in Erscheinung tritt. Diese Phase ist durch langsames Abgleiten in eine Art »Bewußtlosigkeit« gekennzeichnet, womit natürlich nur das Tages- oder Wachbewußtsein, nicht dagegen das Unbewußte gemeint ist, das gerade in diesem Zustand auf höchste Aktivität umschaltet. Jeder von uns kennt diesen Zustand zwischen Wachen und Einschlafen, in dessen Verlauf unsere Muskulatur plötzlich und unkontrollierbar zusammenzuckt oder wir ins Bodenlose zu fallen glauben. Diesem Zustand folgt nach kurzer Dauer (etwa 15 Minuten) das sogenannte Leichtschlafstadium mit δ-(Delta-)Wellen von weniger als 4 Hz. Die ersten (weniger intensiven) Träume setzen ein, was sich durch das Hin- und Herrollen der Augäpfel hinter den geschlossenen Lidern bemerkbar macht, etwa so, als ob der Träumende vergeblich die Ursache für dieses Stadium der typischen wirren, phantasiereichen Traumfetzen suchen würde. Das mitteltiefe Schlafstadium ist durch größere δ-Wellen gekennzeichnet, die auf eine weitere Entspannung des Körpers hindeuten. Langsame δ-Wellen sind ein Indiz für den Tiefschlaf, das letzte und eigentliche Schlafstadium.

Ein paradoxer Zustand tritt ein, wenn drei- bis viermal pro Nacht der Tiefschlaf unterbrochen wird, um einer schlafunähnlichen Aktivität zu weichen, die im Wachzustand durch erhöhte Aufmerksamkeit, Konzentration und geistige Tätigkeit charakterisiert ist. Dieser paradoxe Schlaf, in dessen Verlauf Herzschlag und Blutdruck unregelmäßig werden, aber auch Sauerstoffverbrauch und Adrenalinerzeugung zunehmen, hat seine Ursache im Stammhirn, in dem auch Teilbereiche des Unbewußten vermutet werden. Besagter Zustand bürgert sich allmählich unter dem Begriff »REM«-Phase (wie zuvor erläutert) ein; im EEG zeigen sich jetzt die für den oben beschriebenen Zustand typischen Wellen mit einer Frequenz von 30 Hz (vgl. β-Rythmus). Ganz im Gegensatz zu den langsamen, willkürlichen Augapfelbewegungen im Leichtschlafstadium werden jetzt die Augäpfel hinter den geschlossenen Lidern ruckartig, aber synchron hin und her bewegt. In dieser Phase wollen Probanden amerikanischer Schlafkliniken stets ausgeprägte, emotionell betonte Traumerlebnisse gehabt haben.

Die medizinische Forschung wendet sich in jüngster Zeit der Erforschung pflanzlicher, tierischer und menschlicher Verhaltenszyklen, dem sogenannten biologischen Rhythmus, zu. Nach Dr. Burr und dessen Mitarbeiter an der medizinischen Hochschule Yale (USA) wird das Verhaltensmuster des menschlichen Gehirns durch ein sehr komplexes Magnetfeld gebildet, gleichzeitig aber auch überwacht und gesteuert. Das menschliche Gehirn bildet mit rund 10 Billionen Zellen einen besonders leistungsfähigen Empfänger für elektromagnetische Energien. Es kann daher nicht ausgeschlossen werden, daß die irdischen Magnetfelder (und sicher auch die anderer Gestirne) das menschliche Verhalten auf eine bisher ungeklärte Weise bestimmen.

Es stellt sich die Frage, inwieweit Magnetismus, Gravitation und Elektrizität einander beeinflussen, um auch paranormale Bewirkungen (vor allem während des Schlafes) hervorzurufen. Gibt es während der REM-Phase (und anderer Schlafperioden) möglicherweise eine gegenseitige Beeinflussung von schwachen Magnetfeldern des Gehirns als Ganzes und elektromagnetischen sowie Gravitationsfeldern unserer »Umgebung«, die im Verbund den psychischen »Lift« zu höheren Bewußtseinsebenen bewerkstelligen? Die eigentliche Erforschung des menschlichen Gehirns hat tatsächlich erst begonnen.

Eingangs wurde darüber spekuliert, in welchem Teil des menschlichen Gehirns Bewußtsein gespeichert sein könnte. Die streng analytische, körperspezifische Lokalisation dieser Abstrakta wird heute von zahlreichen ernstzunehmenden Parapsychologen mit Recht kritisiert, obgleich die Koordinationszentrale für die offenbar aus höheren Bewußtseinsebenen kommenden willentlichen und nichtwillentlichen Impulse erwiesenermaßen das Gehirn ist. Eine exaktere Unterteilung in Ursachen und Auswirkungen dieser Phänomene, eine Arbeitsteilung zwischen Medizinern und Parapsychologen, scheint zukünftig geboten, zumal die Forschung auf diesem Gebiet immer subtiler wird.

Leibniz erkannte schon, daß »das Bewußtsein nur der kleinste Teil eines momentan beleuchteten Punktes jenes dunklen Untergrundes unserer Seele ist, in welchem das bewußte ›Ich‹ wurzelt«.

Auch Bazailles ist in seinem Werk *Musique et Inconscient* der Auffassung, daß es sich beim Unbewußten um ein Bewußtsein im reinen Zustand handeln müsse.

Diesen Äußerungen anerkannter Persönlichkeiten kann man entnehmen, daß dem Unbewußten auch schon früher große Bedeutung beigemessen wurde. Die Schweizer Zoologin und Parapsychologin Fanny Moser (1872–1953) meinte: »...dieses Unbewußte hat ebenfalls ein Bewußtsein, nur ein anderes.«

Das Unbewußte kann über die Sinnesorgane viel mehr als das Bewußtsein aufnehmen. Bei Betrachtung einer Fotografie richten wir unsere Aufmerksamkeit nur auf einen Ausschnitt derselben; das Unbewußte speichert dagegen jede Einzelheit des Gesamtbildes, quasi holographisch. Bewußtsein ist demnach vergeßlich, das Unbewußte dagegen nicht, was besonders bei der Hypnose deutlich wird. Dem Unbewußten kommt somit eine viel größere Bedeutung zu, als bislang angenommen wurde.

Der Neuropathologe und Tiefenpsychologe Sigmund Freud (1856–1939) gelangte schon um die Jahrhundertwende im Verlaufe seiner Beobachtungen an Geistes- und Verhaltensgestörten zu der Ansicht, daß es neben dem bewußten noch einen unbewußten Bereich der menschlichen Persönlichkeit geben müsse, dessen Bedeutung jedoch erst in jüngster Zeit bei der Erforschung psychischer Phänomene erkannt wurde. Freud entwickelte damals die Theorie, nach der sich der »psychische Mensch« aus dem Bewußten, dem »Ich«, dem Unbewußten oder »Es« und dem Gewissen, dem »Über-Ich«, zusammensetzt. Nach dieser Auffassung ist das »Bewußte« das Reservoir, das unser Bewußtsein erfaßt und verarbeitet; in ihm lagern alle unsere bewußten Erfahrungen und Erinnerungen, ganz gleich, ob es sich hierbei um Kenntnisse in Fremdsprachen oder Mathematik, um das Erlernen eines Berufs oder Fertigkeiten wie Autofahren und Fliegen handelt. Das Unbewußte, der für automatisch, meist unbewußt ablaufende Körpervorgänge viel wichtigere Bewußtseinsbereich, ist nach Freud unter anderem der Sitz unserer Triebe und Instinkte. Diese Gemeinsamkeiten mit unseren tierischen Vorfahren stehen oft im krassen Gegensatz zu unseren heutigen Gewohnheiten und werden infolgedessen vom »Über-Ich« (dem Gewissen) aus dem Bewußten ins Unbewußte abgedrängt. Derart verdrängte Komplexe können dann zu Neurosen und in manchen Fällen sogar zur Geistesverwirrung führen. Hier greift die Psychoanalyse mit diversen Heilverfahren ein, oft ohne den paranormalen Charakter ihres Handelns zu erkennen. Die Empirie (Erfahrungswissenschaft) spielt dabei eine wichtige Rolle. Visuelle Tests, Befragungen (oft im hypnotischen Zustand) und Traumanalysen sollen die ins Unbewußte abgedrängten Gedanken und geheimen Wünsche bewußt machen, um den Prozeß der Heilung einzuleiten.

Das von Freud seinerzeit mehr hypothetisch erschlossene Unbewußte ist heute wissenschaftlich anerkanntes Erfahrungsgut. So ist man sich darüber im klaren, daß beim Vergessen ein gespeicherter Inhalt vom Bewußten ins Unbewußte übergeht. Dagegen bedeutet »Erinnern« die Anhebung desselben vom Unbewußten ins Bewußte. Laune und Schmerz sind nicht willentlich kontrollierbar und daher ebenfalls im Unbewußten verankert. Kurzum: Das Bewußte ist für alle jene Leistungen verantwortlich, die mit Kultur und Zivilisation in Verbindung gebracht werden; das Unbewußte gilt dagegen als Reservoir für unser biologisches Erbe, angefangen vom genetischen Code bis hin zu den Trieben und Instinkten. Fanny Moser meinte in dem zuvor erwähnten Werk: »Das Unbewußte ist die einzige Quelle des Oberbewußtseins [heute einfach Bewußtsein, aber auch Ich-, Normal-, Wach- oder Tagesbewußtsein genannt]. Dieses empfängt nie dessen Totalität, immer nur Fragmente, ist also ärmer. Im Unbewußten findet sich alles, was wir gewohnt sind, dem Oberbewußtsein allein zuzuschreiben. Unabhängig von diesem kann es sich auch betätigen und äußern – manifestieren. Dem Oberbewußtsein Vorenthaltenes geht nicht verloren; alles erhält sich im Unbewußten.«

Interessant erscheinen die von F. Moser im Zusammenhang hiermit aufgeführten Beispiele. Da ist zunächst die Mutter, die selbst bei größtem Lärm schläft, um aber sofort aufzuwachen, sobald ihr krankes Kind den geringsten Laut von sich gibt. Es wird unter anderem von einem Signalleutnant berichtet, der nach 19- bis 24stündigem Dienst »wie tot« zu schlafen pflegte, den nichts wecken konnte außer dem Wort »Signal«, das man ihm nur ins Ohr zu hauchen brauchte.

Dieses als »Selektion« bezeichnete Phänomen, also eine erhöhte Durchlässigkeit für bestimmte Reize, kommt einem »Wächter« im Unbewußten gleich. Sollte es sich hierbei um persönliche Engramme handeln, fest verankert in einer anderen Bewußtseinsebene? Und sind diese Engramme durch den geringsten Anstoß von außerhalb unseres Raumzeit-Kontinuums abrufbar, d. h. durch Aktivieren einer Welt jenseits unseres vierdimensionalen Lebensraumes? Als Kommunikationsmittel (Träger) könnten Bioplasmakörper und Bewußtsein (das psychische Feld) tätig werden, gewissermaßen als Bindeglied zwischen unserer grobstofflichen, materiellen Welt und übergeordneten Universen – dem multidimensionalen Kontinuum. Professor David Bohm vom Birkbeck College der Universität London hängt ganz ähnlichen Überlegungen nach, indem er die holografische Speicherung solcher Engramme in einer Art Transwelt postuliert.

Interessant erscheinen auch die Zusammenhänge zwischen Schlaf und Intuition. Carl Friedrich Gauß, Mathematiker, Physiker und Astronom (1777–1855), behauptete: »Ich wäre nicht imstande, den leitenden Faden zwischen dem, was ich vorher wußte, dem, womit ich die letzten (bewußten!) Versuche gemacht hatte, und wodurch es gelang, nachzuweisen.« Ist es uns allen nicht schon passiert, daß uns nach wohltuendem Schlaf die Lösung eines schwierigen Problems einfach so »zuflog«? Wissenschaftler und andere kreativ Schaffende hatten nach kurzem Schlaf schon oft die besten Ideen – Ausgangspunkte für epochale Entwicklungen. Will man sie festhalten, so muß man sich beeilen. Sie fließen einem förmlich »in die Hand«, und man hat Mühe, das offenbar von »höherer Warte« Diktierte schriftlich festzuhalten. Es sind dies keineswegs Einzelfälle. Wir alle kommunizieren ständig, wenn auch mehr unbewußt, mit dem primären kosmischen Bewußtsein, dem Sammelbecken aller Erfahrungen und Erkenntnisse, aus dem ganz offensichtlich auch die medialen Heiler schöpfen.

Wir müssen die Frage, ob der Mensch auch während des Schlafes »denkt«, bejahen. Mehr noch, die Aktivität der psychischen Komponenten kommt gerade durch Ausschalten der störenden, filternden Einflüsse des Bewußten, also gezielter Denkvorgänge (Intelligenz), erst voll zur Entfaltung. Dadurch sind »Überleistungen« möglich, die für Nichteingeweihte unerklärlich erscheinen (z. B. Genialität).

Nikolai Iwanowitsch Lobatchewsky (1793–1856), Carl Friedrich Gauß und Farkas Bolyai (1802–1860) haben mit Hilfe der höheren Mathematik für uns nicht vorstellbare Dimensionen jenseits unseres Begriffsvermögens erschlossen. Man ist somit schon seit langem in der Lage, diese »Räume« mathematisch-abstrakt, d. h. theoretisch darzustellen. Eine gegenständliche Erfassung mit unseren nur für den 3D-Bereich aktivierten Sinnesorganen bleibt uns indes versagt. Ausnahmen bilden paranormal überaktive Menschen, deren Zugang zu eben diesen zeitneutralen höheren Bewußtseinsebenen über das Unbewußte erfolgt. Der physikalische Nachweis höherer, uns übergeordneter Dimensionen (Seinsebenen), mit denen wir berührungslos verschachtelt sind, würde viele paranormale Phänomene verständlich machen.

Im Schlaf geht das Unbewußte »auf Horchposten«, ist die Verbindung zum Hyperraum hergestellt. Es gibt auch Beweise dafür, daß Menschen, bei denen die paranormalen Wahrnehmungsfähigkeiten nicht besonders ausgeprägt sind, aufgrund biologisch-physikalischer Anomalien rein zufällig und gelegentlich sogar in aller Öffentlichkeit Zeuge der Auswirkung höherdimensional ausgelöster Ereignisse werden. Man denke nur an die zahlreichen Erscheinungen, an psychokinetische Effekte usw. Diese Phänomene sind nun einmal da, und sie werden jetzt immer häufiger von Experten aus allen naturwissenschaftlichen Sparten kritisch geprüft. Zwar sucht man zunächst stets nach rein physikalischen und medizinisch-biologischen Erklärungen für diese sonderbaren Effekte, gerät dabei aber meist in eine Sackgasse, um schließlich resignativ die Dinge auf sich beruhen zu lassen. Die zuvor erwähnten kinetobarischen Effekte sind ein beredtes Beispiel für unsere Verlegenheit, wenn es um die Deutung offenbar hyperphysikalisch erklärbarer Vorgänge geht. Aber auch Astro- und Kernphysik verstricken sich immer mehr in Details. Ohne der weiteren Entwicklung vorzugreifen (und sie wird sicher noch lange Zeit in dieser einseitigen Form weitergeführt werden), läßt sich heute schon sagen, daß man in unserem materiellen Kosmos wohl *nie kleinste oder größte Einheiten finden wird*. Niemals, wenn sich die Forschung ausschließlich auf materielle Aspekte beschränkt. Erst viel später, wenn für einseitige Forschungsprojekte weitere Milliarden verschleudert worden sind, wird man vielleicht erkennen, daß es zwischen dem Makro- und Mikrokosmos keine eigentlichen Grenzen gibt, daß Materie – hypothetische Quarks einerseits und große astronomische Einheiten andererseits – über höherdimensionale Strukturen (Seinsebenen) wieder zusammenfließen, daß sie in einem zeitfreien, ewigen Kreislauf miteinander verbunden sind. Dieses multidimensionale Universum könnte, einer Helix gleich, sich immer höheren Seinsbereichen zuwinden. Zugegeben, dies sind nur vage Vermutungen, Gedanken über das, was sein könnte. Ganz bestimmt aber wird die Wahrheit jenseits unseres heutigen konventionell-physikalischen Vorstellungsvermögens liegen.

Veranschaulichen wir uns doch einmal unseren Standort im multidimensionalen Universum. Die nullte (0.) Dimension ist Bestandteil der ersten, diese wiederum ein solcher der zweiten und die zweite einer der dritten, die unsere materielle Welt repräsentiert. Unsere dreidimensionale Welt bewegt sich in der vierten Dimension – der Zeit –, und man

Oktober 1994

Reihe 19 Sachbuch 19/321

Meckelburg,
Transwelt

Autor · Titel

ISBN 3–453– 07828–4

1
Aufl.

Wilhelm Heyne Verlag

12848
Verkehrs-Nr.

Preis: DM

**TASCHENBUCH-
LAUFKARTE**

Ergänzen ....

Mindestlager ....

2x / 20.09.94

nennt dies alles zusammen das (vierdimensionale) Raumzeit-Kontinuum – den Raum in der Zeit.

Höherdimensionale Konfigurationen (Universen), mit denen wir offenbar berührungslos verschachtelt sind, lassen sich, wenn auch nicht mit unseren beschränkten Sinnen, so doch wenigstens mathematisch »erfassen«. Wir können über dieses multidimensionale Universum wirklich nur Vermutungen anstellen; doch die indirekten Beweise für seine Existenz häufen sich. »Zeit«, zumindest wie wir sie verstehen, dürfte es auf höherdimensionalen Ebenen nicht geben. Hellseherische, telepathische und präkognitive Leistungen im REM-Schlaf (Nullzeit-Vorgänge) fänden auf diese Weise eine plausible Erklärung.

Meiner Auffassung nach dürften die Dimensionen null bis einschließlich drei ohnehin nur Hilfsdimensionen der hier postulierten höheren Dimensionalität (Hyperraum) sein, einer Welt, aus der wir kommen und in die wir später – beim Ableben – wieder ganz überwechseln werden. Jeder vollzieht für sich beim Sterben seinen ganz privaten Übergang.

Zur Diskussion stünde noch die Frage, ob es möglicherweise auch negative Dimensionen gibt. Operationsräume des »Bösen«, die Welt der psychisch Verdammten. Vielleicht ließen sich auf diese Weise Phänomene wie Besessenheit und andere schwere geistige Erkrankungen, destruktive Erscheinungen usw. erklären.

5   *In einer anderen Welt*

Wenn höhere Bewußtseinsebenen, die wir jedoch infolge der Unzulänglichkeit unserer Wahrnehmungsorgane nicht erfassen können, unsere eigentliche »geistige Heimat« darstellen, so ist es nur allzu verständlich, wenn sich unser Unbewußtes während des Schlafes vornehmlich dort aufhält. Dann erfolgt – paramedizinisch gesehen – offenbar eine verstärkte Ankoppelung unseres Ichs an übergeordnete, höherdimensionale Strukturen. Allnächtlich wiederholt sich millionenfach das gleiche Spiel: Menschen begeben sich zur Ruhe, sie »schalten ab« (Stillegung des Tagesbewußtseins), schlafen ein und schicken mittels ihrer feinstofflichen Sensoren ihr Unbewußtes automatisch auf Erkundung in andere Seinsbereiche. Ihr feinstofflicher Körper (Bewußtsein + Bioplasmafeld) hebt sich vom niederdimensionalen, grobstofflichen Leib ab, um sich in der Endlosigkeit des multidimensionalen Universums an der dort in schier unerschöpflicher Fülle vorhandenen feinstofflichen Energie aufzuladen, um durch Helltraumerlebnisse unser materielles Getto zu durchbrechen und gelegentlich Kunde über zukünftige Ereignisse zu erlangen. Dabei kommt es zu einer geistigen wie auch körperlichen Regeneration, die wir aus Gewohnheit als selbstverständlich hinnehmen. Beim Aufwachen sind unsere Gedanken – ein gesunder, alptraumfreier Schlaf vorausgesetzt – meist geordnet und kristallklar; Problemlösungen bieten sich an, nach denen man während des Tages vergeblich suchte, da der eigene Intellekt gewissermaßen als »Sperrfilter« wirkte – für schöpferische Ideen nahezu undurchlässig. Da physischer und psychischer Leib eine Einheit bilden, wird auch die außerordentlich wichtige Rolle des Heilschlafes erkennbar. Im Zusammenhang hiermit sei noch erwähnt, daß sich, wie Hochfrequenzfotografien zeigen, schon lange vor der Erkrankung des physischen Leibes eine deutliche Veränderung der Aura des menschlichen Körpers bemerkbar macht, ein Vorgang, der unsere Verbundenheit mit der Welt des Höherdimensionalen und deren feinstofflichen Energien deutlich macht.

Nichts, keine noch so kostbare Medizin, kann diesen Aufladungsprozeß mit feinstofflicher Lebensenergie ersetzen.

Diese bedeutet »Leben« schlechthin und beeinflußt unser ganzes irdisches Handeln. Schlaf ist auch eine »Notbremse« des Bewußtseins, ein Automatismus und Regulativ zugleich; er hält uns davon ab, daß wir durch langes Wachsein und anstrengende Tätigkeiten vorschnell verschleißen. Er ist ein im Unbewußten verankerter, automatisch ablaufender Vorgang, dessen Steuerung aber »von außen« kommen muß... nicht ganz von ungefähr, wie es scheint. Man kann den Schlaf demnach als einen über das Unbewußte induzierten parabioenergetischen Aufladungs- und Regeneratiosprozeß zur Stützung unserer materiellen Existenz bezeichnen.

Der Vorgang des Erwachens wird häufig als ein »Zu-sich-Kommen« geschildert. In diesem zusammengesetzten Wort liegt eine tiefe Bedeutung. Das heißt, die ausgesandte Bewußtseinskomponente, die eben noch auf höheren, »jenseitigen« Ebenen operierte, findet bei Beendigung des Schlafes, beim Erwachen, zum körperlichen »Ich« zurück. Manchmal – vor allem bei erzwungener Schlafunterbrechung – erfolgt der »Rücksturz« in den eigenen physischen Leib so plötzlich, daß es zu Schwindelzuständen und Übelkeit kommen kann. Es ist, als wäre man gerade vom Himmel gefallen und in eine völlig fremde Umgebung geraten. Man stellt wirre Fragen an den, der uns aufgeweckt hat, und kann nicht glauben, daß man sich zu Hause, in seiner eigenen Wohnung befindet. Allmählich, oft erst nach Minuten, klingt dieser Zustand ab, werden die gewohnten Konturen schärfer, erkennt man wieder Türen, Fenster, Schränke usw. am richtigen Ort, hat man wieder die Orientierung gefunden. Man ist wieder »bei sich«.

Wo hielt man sich, d. h. unser Bewußtsein zusammen mit dem Unbewußten, während des Schlafes auf? Gewiß, es gibt zahlreiche psychologisch-medizinische Erklärungen für diesen Zustand. Aber reichen diese allein aus? Sind sie nicht allzu vordergründig und umreißen sie nicht doch nur die Auswirkung des eigentlichen Geschehens, lediglich seine Endphase?

Gerade diese Verwirrung und Fassungslosigkeit beim plötzlichen Erwachen zeigen doch, daß der Schlafvorgang mehr als nur ein psychologisch-medizinisches Phänomen ist; der »Rücksturz« aus dem Irgendwo macht uns am eigenen Körper deutlich, daß es außer unserer materiellen Welt noch etwas geben muß, eine Art übergeordnetes Universum, an dem wir ständig (meist unbewußt) teilhaben. Eben haben wir noch mit unserem Unbewußten in den unendlichen Weiten des multidimensionalen Kosmos geweilt, Zeit und Raum waren zu einem Nichts zusammengeschrumpft... und pötzlich dieses Erwachen in unerem niederdimensionalen Raumzeit-Gefängnis. Müssen da unsere normalen Sinne nicht einfach versagen, müssen wir nicht verwirrt und erschrocken sein? Eben noch von den wunderbaren Erlebnissen in jener Hyperwelt fasziniert, erleiden wir plötzlich den Schock des Erwachens in unserer oft grausamen materiellen Welt.

Wir ahnen mehr als wir wissen, daß wir im Zustand des Schlafes in einem Universum weilen, das, ohne den Ballast des Materiellen, ewigen Frieden, Ausgeglichenheit und Vollkommenheit verheißt.

Immer wieder wird gefragt, warum nicht auch während Vollnarkosen, also in schlafähnlichen Zuständen, Träume und paranormale Phänomene auftreten. Bei der Anästhesie handelt es sich jedoch nur um eine vorübergehende Ausschaltung gewisser Nervensysteme, eine Art Betäubung zur Unterbindung operativ und postoperativ bedingter Schmerzen. Es kommt hierbei gewissermaßen zu einem »Blackout«, was aber für unser anders strukturiertes Bewußtsein ohne Belang sein dürfte, da diese Art der künstlichen Schlaferzeugung kein Aufschwingen (Liften) zu höheren Seinsebenen zur Folge hat. Unser psychischer Leib, der sozusagen als Transportvehikel oder »Luftbrücke« des Unbewußten zu höheren Seinsbereichen dient, wird durch Narkotika offenbar nicht ausreichend bzw. überhaupt nicht aktiviert, um den Lifteffekt herbeizuführen. Unser Unbewußtes bleibt allerdings auch im anästhesierten Körper weiter aktiv, und es registriert nachweislich operative Eingriffe mit hoher Genauigkeit.

Über die Wirkung von Drogen auf Bewußtsein und Bioplasmakörper liegen einander widersprechende Aussagen vor. Fest steht indes, daß es hierbei kaum zu echten paranormalen Erlebnissen kommen dürfte, wie dies während des tiefen, gesunden Schlafes der Fall ist. Es hat den Anschein, als ob im Rauschzustand unser Feinstoffkörper nicht echt »geliftet« wird, sondern zwischen den Seinsbereichen »steckenbleibt«. Dieser Interimszustand wäre auch eine Erklärung dafür, daß von Drogensüchtigen meist grotesk verzerrte Szenarien wahrgenommen werden – Alpträume des Bewußtseins. Ob es sich bei diesen destruktiven Zuständen unter Umständen um ein Verweilen in einer »negativen Dimensionalität« handelt, bleibt dahingestellt; so manches spricht dafür.

6 Das Bewußtsein wird ausgetrickst

Hypnose wird nicht nur zur Beseitigung von Depressionen, Kopfschmerzen, Warzen und nervösen Hautentzündungen, sondern auch zur Behebung von Schlafstörungen aller Art angewendet. Entsprechende Techniken waren, wenn man dem *Papyrus Ebers,* einem Dokument über den Heilschatz der alten Ägypter, glauben darf, schon vor dreieinhalb Jahrtausenden bekannt.

Der schottische Chirurg James Braid (1795–1860), der auch den Begriff *Hypnose* prägte, führte bereits im vorigen Jahrhundert die ersten wissenschaftlichen Hypnoseversuche durch und gelangte auf diese Weise zu Erkenntnissen, die bis heute Gültigkeit besitzen. Von seiten der Medizin, die sich heute suggestiver Methoden vor allem in der Zahnchirurgie, gelegentlich aber auch bei leichten Operationen bedient, gibt es keine befriedigende Erklärung für das Zustandekommen deartiger »sekundärer« Zustände. Allein der Parapsychologie dürfte eine halbwegs vernünftige Deutung dieses Phänomens vorbehalten sein, da sie den Menschen psychosomatisch, d. h. in seiner geistig-materiellen Ganzheit betrachtet. Bei der Suggestion erfolgt eine Verschiebung der Aufmerksamkeit und damit eine Verdrängung des Eigenbewußtseins; es sind dies Phänomene, die den Menschen in seiner psychisch-physischen Einheit berühren.

Hochfrequenzfotos zeigen, daß z. B. bei psychischen Heilungen der Feinstoffkörper des Patienten vom Heiler mitunter erheblich beeinflußt wird. So ist beim Patienten eine Kräftigung, beim Heiler dagegen eine Schwächung der Aura zu beobachten, ein Phänomen, das die Wirkung des menschlichen Bewußtseins auf das jeweilige Befinden klar unter Beweis stellt. Höherdimensionale, feinstoffliche Energien fließen vom psychisch stärkeren zum schwächeren Partner, dem Heilungssuchenden, und leiten so den Heilungsprozeß ein. Ähnlich wird auch bei der Hypnose der Feinstoffkörper des Probanden beeinflußt – sein Wille gerät unter die Kontrolle des Hypnotherapeuten. Bei der Autosuggestion erfolgt die Beeinflussung auf ähnliche Weise durch eine Art Selbstinduktion.

Da auch im Hypnozustand das Unbewußte voll aktiviert ist, wird es niemals zu Handlungen kommen, die allgemein geltenden moralischen und ethischen Regeln zuwiderlaufen, es sei denn, der Proband wäre schon von Natur aus bösartig oder gar kriminell veranlagt.

Indem Hypnose von Ängsten und Alltagsproblemen freimacht, wird ein tranceähnlicher Zustand erreicht, der durch weitere Vertiefung und besondere Anweisungen des Hypnotiseurs in einen echten, tiefen Schlaf übergehen kann. So kommt es, besonders wenn entsprechende suggestive Befehle vorliegen, selbst dann zu einer merklichen Entspannung und Kräftigung des Organismus, wenn die Schlafdauer nur wenige Minuten beträgt. Die Hypnose ist somit ein Führungs- und Steuerungselement; sie funktioniert, ohne die elektrischen Gehirnaktivitäten selbst zu beeinflussen.

Bei allen diesen Vorgängen spielt, wie bereits erwähnt, der *Hypothalamus* als Auslöser für geistige und physische Prozesse, als Brücke zwischen dem Feinstofflichen und dem Materiellen, eine wichtige Rolle.

Die Einleitung des hypnotischen Zustandes – die Induktion – erfolgt nach unterschiedlichen Techniken und Taktiken. Der erfahrene Hypnotiseur wird die Methode aussuchen, die dem jeweiligen Subjekt am besten angepaßt ist. Die meisten Induktionsmethoden beruhen auf Verbalsuggestion und irgendeiner Art der Augenfixierung.

In den USA und in den sogenannten GUS-Staaten hat man schon vor Jahren »Hypnoseautomaten« (Blinklichtsysteme) entwickelt, die bereits nach wenigen Minuten, auch ohne weitere Fremdeinwirkung, »hypnotische Zustände« herbeiführen sollen. Hierbei dürfte es sich um die Beeinflussung des eigenen Feinstoffkörpers, also um eine Art Autosuggestion handeln.

Hypnotischer Schlaf wird unter anderem zur Heilung bestimmter Krankheiten angewendet. So versucht man z. B. Patienten mit Bronchialasthma während des Hypnoschlafes die Zuversicht in die eigenen physischen Energien zu steigern, um auf diese Weise körperimmanente Abwehr- und Heilkräfte zu mobilisieren. Ferner wird nach dieser Methode der Einfluß von Gerüchen und Wetterumschwung auf den Atmungsrhythmus beseitigt. In den meisten Fällen soll eine langanhaltende Besserung der Leiden beobachtet worden sein.

Der Schlaf birgt nicht nur medizinische Aspekte, sondern er fördert auch gewisse paranormale Fähigkeiten, von denen einige im Wachzustand nur selten auftreten. Gemeint sind vor allem die Wahrnehmung zukünftiger Ereignisse (Präkognition) durch sogenannte prospektive oder Hellträume, verstärkte telepathische Kontakte, Hellsehen, Hellhören und außerkörperliche Erlebnisse (Astralexkursionen, AE). In der Literatur finden sich viele gut dokumentierte Beispiele für diese Phänomene, deren Echtheit kaum angezweifelt werden kann.

Psi-Signale, gleich welcher Art – und wir dürfen im Falle paranormaler Phänomene offenbar solche biologischen Ursprungs (Biosignale) vermuten – schlagen aller Wahrscheinlichkeit nach den direkten »Weg« über den zuvor postulierten »Hyperraum« ein. Der beste Beweis für die Richtigkeit dieser Theorie ist wohl die Tatsache, daß Telepathie- und Psychokineseversuche auch dann noch gelingen, wenn sich das Medium in einem Faradayschen Käfig aufhält, der bekanntlich für elektromagnetische Wellen im Prinzip undurchlässig ist. Die oben erwähnten Psi-Signale müssen also unmittelbar *bei* ihrer Erzeugung auf einer höherdimensionale »Ebene« – besagten Hyperraum – transportiert und, da es »Zeit«, wie wir sie kennen, dort nicht gibt, ohne zeitlichen Verzug zum Zielort »weitergeleitet« werden.

Diese Vorgänge, ganz gleich, ob es sich hierbei um bioenergetische Informationsimpulse (Telepathie) oder um funktionsenergetische Signale (Psychokinese) zur Herbeiführung eines Kollapses der Wahrscheinlichkeitsfunktion materieller Systeme handelt, schließen ein »Weiterleiten« im üblichen Sinne aus. Wir finden für diese Simultanaktion einfach keinen passenden Ausdruck. Wo der Begriff »Zeit« ausscheidet, kann eine »Weiterleitung« normalerweise nicht stattfinden, da dann jeder Vorgang ganz einfach »ist«. Mit anderen Worten: Vergangenheit, Gegenwart und Zukunft existieren gleichzeitig – schwer vorstellbar, aber offenbar doch völlig real. Daher muß das Biosignal, vernachlässigt man körperspezifische Verzögerungen, unmittelbar *bei* seiner Entstehung (bei der Präkognition sogar noch »zuvor«) am Zielort eintreffen, vor allem dann, wenn das »Ziel«, wie bei der Prophetie, nach unseren Begriffen nur fiktiv ist. Telepathiesendungen würden demnach in Nullzeit erfolgen – ein ideales Nachrichtensystem, wenn gleichbleibend zuverlässiger Empfang möglich wäre.

Gerald Feinberg hat aufgrund mathematischer Ableitungen die Existenz überlichtschneller Teilchen – sogenannter Tachyonen – postuliert. Diese würden also schon vor ihrer Emission beim Empfänger eintreffen. Physik verkehrt? Nein, Feinbergs Postulat bedeutet lediglich eine Erweiterung unseres bisherigen naturwissenschaftlichen Weltbildes. Es dürfte sogar Einsteins Relativitätstheorien sinnvoll ergänzen.

Zwei australische Naturwissenschaftler, R. W. Clay und P. C. Crouch, wollen bereits Teilchen entdeckt haben, die möglicherweise mit Feinbergs Tachyonen identisch sind. Es ist schon von einer »sonst unerklärbaren Gesetzmäßigkeit, die dem Eintreffen kosmischer Strahlung vorausgeht«, die Rede.

Sobald erst einmal das Unbewußte mit Hilfe unseres feinstofflichen Körpers diese höherdimensionalen Ebenen erreicht hat, können paranormale Wahrnehmungskanäle angezapft werden, vermögen wir – vor allem im Schlaf – in den »kosmischen Funkverkehr« auf Hyperfrequenzen hineinzuhören, um Kunde von Ereignissen zu erlangen, die unter Umständen erst in ferner Zukunft stattfinden. Es hat den Anschein, als ob es für jedes Geschehen in unserer materiellen Welt nahezu oder überhaupt unendlich viele »zukünftige« Muster gibt. Aus allen diesen präformierten Mustern kristallisiert sich durch einen vom Autor angenommenen komplizierten »Pendelvorgang«, ähnlich wie bei einem Hochfrequenz-Schwingkreis, die Realzukunft heraus. Alle anderen Muster werden dann zu Pseudozukünften, in denen sich gelegentlich der Träumende »bewegt«.

Eine ähnliche Theorie, bei der die Zeit allerdings auf nur zwei Richtungen beschränkt bleibt, äußerte bereits 1931 Dr. G. Lewis von der University of California während eines Festvortrages zur Verleihung eines ihm zugedachten Ehrenpreises. So könnten seiner Ansicht nach gegenwärtige Ereignisse z. B. Julius Cäsar vor etwa 2000 Jahren dazu veranlaßt haben, den Rubikon zu überqueren. Vergangenheit und Zukunft würden somit eine unauflösliche Schicksalseinheit bilden; alles wäre quasi-vorprogrammiert, und wir operierten nur als Statisten. Von einer höherdimensionalen Warte aus gesehen, könnte dies durchaus zutreffen. Unter diesem Aspekt werden jetzt auch Präkognition und prophetische Träume verständlicher. Im Schlaf können sich beim Helltraum Szenen oder ganze Abschnitte der Realzukunft herausschälen, wodurch prophetische Aussagen möglich werden. So haben berühmte Seher, wie z. B. Emanuel Swedenborg (1688–1772), Edgar Cayce (1877–1945), und viele andere Medien unserer Tage zutreffende oder doch zumindest hochsignifikante Vorhersagen gemacht. Meist werden nur kleine Erlebnisabschnitte, keine endlosen Zusammenhänge vorausgesehen.

Beim Sterben und im Verlaufe von Katastrophen kommt es zur Freisetzung großer Quanten psychischer Energie, so daß gerade derartige Ereignisse präkognitionsfördernd sein dürften. Exakte Angaben über den zeitlichen Eintritt solcher Ereignisse sind indes nur selten möglich. Die Genauigkeit nimmt jedoch offenbar mit dem näherrückenden Ereignistermin zu, ein Faktum, das vor allem beim Tode von John F. Kennedy beobachtet wurde. Mit dem näherkommenden Eintritt des Ereignisses gibt es sicher günstigere Orientierungsmöglichkeiten. Dies würde die vom Autor postulierte und in einem späteren Kapitel näher erläuterte »Pendelhypothese«, nach der sich entsprechend einer bis jetzt noch völlig unbekannten Gesetzmäßigkeit »gegenwärtige« und zukünftige Vorgänge gegenseitig beeinflussen, nur noch weiter erhärten. Wir müßten nach dieser Hypothese das, was wir als Vergangenheit, Gegenwart und Zukunft bezeichnen, als eine kompakte Einheit betrachten. Die Endsituation liegt in einem solchen geschlossenen System unabänderlich fest; Mensch und Schicksalsdrift befinden lediglich über die grobe Gestaltung des Geschehensablaufes. Wir sprechen vom sogenannten »freien Willen«.

Alle Menschen vermögen zukünftige Dinge vorauszuträumen. Einige wenige aber besitzen die besondere Gabe, Traumfetzen, wie sie während des zweiten Schlafstadiums auftreten, von echten Hellträumen, auf die später noch näher eingegangen werden soll, d. h. Fiktivbilder von Realinformationen, zu unterscheiden. Sie schielen gewissermaßen mit ihrem Feinstoffkörper um die Zeitkrümmung in die bereits ausgeformte Zukunft oder erhaschen doch wenigstens die Eintrittstendenz. Nebenstehende Skizze *(Bild 2)* soll dies veranschaulichen.

Im Traum werden mittels psychischer Energie für uns nicht vorstellbare »Felder«, sogenannte Transport-Blasen erzeugt, die im Sinne einer erweiterten Physik durchaus Realitätsanspruch haben könnten. In einer solchen Blase würde Nullzeit herrschen. Das Unbewußte, das sich mit dem feinstofflichen Körper im Kanal der Realzukunft bewegt, durchbricht die erstarrte Raumzeit-Wand unseres vierdimensionalen Universums und nimmt dadurch den Eintritt echter zukünftiger Ereignisse wahr. Es bedarf hierzu eines »Lifts« – möglicherweise mittels fünfdimensionaler Energien – in eine noch höhere Dimensionalität, um von dort den Endstand bei vorläufiger Beendigung des Auspendelvorganges von Gegenwart und Zukunft zu erkennen. Aufgrund der zeitfreien Konfigu-

ration übergeordneter »Räume« müßte die Ausspähung zukünftiger Ereignisse in Nullzeit erfolgen.

**Das Bewußtsein horcht während des Schlafs
in die Zukunft**

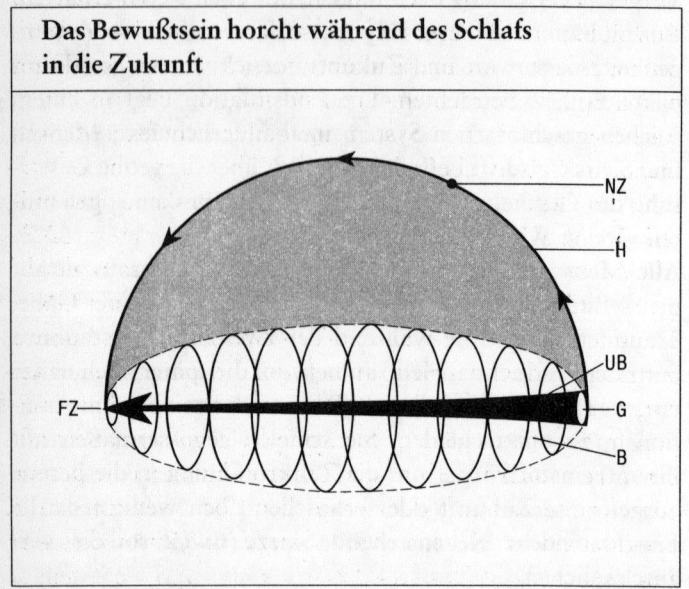

Bild 2: *Mögliches Zustandekommen der Hellträume durch »Ausflüge«
unseres Feinstoffkörpers (Bewußtsein + Unbewußtes UB) von der Gegenwart (G) durch höherdimensionale Transport-Blase (B) über den Raum-
zeit-Horizont (H) hinaus in eine ferne Zukunft (FZ) (»Zielort« liegt
Wochen, Monate oder Jahre entfernt). NZ bedeutet »nahe Zukunft«
(z. B. morgen). Der Pfeil zeigt die Zeitrichtung an.*

Über telepathische Kontakte während des Schlafs liegen bereits umfangreiche Untersuchungsergebnisse vor. Mit diesem
Phänomen hat sich vor allem Professor M. Ullman vom
»Traumlaboratorium« des Maimonides Medical Center in
Brooklyn (USA) befaßt. Die Versuchspersonen mußten sich
auf Reizbilder konzentrieren und die bildspezifischen Eindrücke beschreiben. Die im Nachbarraum schlafenden Ver-

suchspersonen (Empfänger) wurden nach der Traumphase (REM-Phase) aufgefordert, über ihre emotionell gefärbten, bildhaften Träume zu berichten. Bei der Auswertung dieser Berichte ließen sich zweifelsfrei echte Beziehungen zwischen Reizbildern und Traumerlebnissen nachweisen. Dabei waren mit männlichen Versuchspersonen bessere Ergebnisse als mit weiblichen Probanden zu verzeichnen.

Eines der umstrittensten, aber auch interessantesten Phänomene, das sich vor allem während der sogenannten Vorschlafphase einstellt, ist das außerkörperliche Erlebnis (AKE), auch Aussendung des Astralkörpers genannt. AKE-Effekte werden leider noch häufig Traumerlebnissen gleichgesetzt, obgleich vieles gegen diese Behauptung spricht. Nur wer sich selbst schon wiederholt in einem solchen Zustand der Losgelöstheit vom eigenen materiellen Körper befunden hat, weiß mehr und wird die Berichte von Personen mit AKE-Erfahrungen nicht gleich als Hirn- oder Traumgespinste abtun. Hier zählen ausschließlich Eigenerlebnisse, die sich vorzugsweise dann einstellen, wenn der Körper durch starke Ermüdung oder Krankheit geschwächt ist. Man wähnt sich zunächst noch im Zustand des Wachseins und weiß genau, was sich in der Folge sogar willentlich ereignen wird. Körperlich wahrnehmbare Vibrationen setzen ein. Sie erstrecken sich in der Regel zunächst vom Nabelchakra zum Kopf und dann von dort bis zu den Fußzehen. Wenn diese »Schwingungen« Maximalstärke erreicht haben, was sich durch Flattern im Ohr und/oder para-akustische Wahrnehmungen bemerkbar macht, »kippt« der psychische (feinstoffliche) Leib meist seitlich aus dem ruhenden materiellen Körper heraus, um dann »über dem Boden schwebend« langsam oder schnell auf ein anvisiertes Objekt hinzugleiten. Zu Angstempfindungen kommt es dabei selten, da man sich stets dieses besonderen Zustandes bewußt ist und auf Wunsch sofort wieder in den materiellen Körper zurückkehren kann.

Treten derartige Erlebnisse mehrere Tage hintereinander auf, lassen sie sich bewußt oder willentlich induzieren und beenden, dann kann man wohl kaum noch von Traumerlebnissen sprechen. Auch psychische Störungen im Sinne von Geistesverwirrung oder Schlimmerem scheiden aus, wenn die betroffenen Personen zu anderen Zeiten qualifizierte Arbeiten verrichten können.

Interessant und für die Realität dieses Zustandes sprechend erscheint die Tatsache, daß im Verlauf solcher Austritte häufig Fremdgeräusche (Glocken, Flugzeuge, Bahnverkehr usw.) wahrgenommen werden, die auch nach plötzlichem, vollem Erwachen nicht abklingen, d. h. real sind. Es hat den Anschein, als ob während solcher Austritte zumindest ein Teil des Bewußtseins mit den Sinnesorganen des materiellen Leibes verbunden bliebe. Anders können die beschriebenen Sinneswahrnehmungen wohl nicht erklärt werden. Dabei stellt sich die Frage, ob die willentliche Steuerung des feinstofflichen Körpers durch das Unbewußte oder über eine »Spezialschaltung« mehr durch das normale Bewußtsein erfolgt.

Auch bei Bewußtlosigkeit (z. B. bei Unfällen) kommt es gelegentlich zu paranormalen Wahrnehmungen dieser Art. So wurde z. B. ein Kraftfahrer beim Aufprall auf ein Hindernis aus dem Wagen geschleudert und dadurch bewußtlos. Er »sah« plötzlich die ganze Unfallszene »von oben«: den Menschenauflauf, den Notarzt und dessen Wiederbelebungsversuche. Später, als er wieder »zu sich kam«, konnte er über diese Vorgänge detailliert berichten. Hier dürfte, wenn auch zwangsläufig, gleichfalls eine Austrittssituation vorgelegen haben. In diesem Zustand handelt der ausgetretene feinstoffliche Körper des Verunglückten autonom als Beobachter von einer höheren Warte (sprich: Dimensionalität) aus. Die Reihe solcher Beispiele ließe sich beliebig fortsetzen.

Traumvorgänge sind, elektrophysiologisch gesehen, nur durch besondere Muster der Gehirnaktionsströme erkennbar. Ihre Ursachen sind, ähnlich wie die des Schlafes, für Mediziner und Psychologen der alten Schule einstweilen noch ein Buch mit sieben Siegeln. Bereits zuvor wurden parapsychologische Erklärungen für das Phänomen »Traum« angeboten, so daß wir hieran anknüpfen können.

Über die Bedeutung des Traumes wurden schon im Altertum Betrachtungen und Mutmaßungen angestellt. Nach Meinung des Philosophen und Altphilologen Frederic William Henry Myers (1843–1901) sollen sie beweisen, »daß der Mensch sowohl ein irdisches Wesen wie ein kosmischer Geist ist, der gleichzeitig einer geistigen und irdischen Welt angehört«.

Gustav Theodor Fechner und Professor J. Grasset kontern: »Es gibt nichts Dümmeres und Unlogischeres als die Mehrzahl der Träume, als ob die psychologische Tätigkeit aus dem Gehirn eines Vernünftigen in das eines Narren übersiedele.«

Zwischen diesen Extremen stehen Sigmund Freud (1856–1939) und seine Anhänger. Zwar wird der göttliche Einfluß bestritten, der tiefere, symbolische Gehalt dagegen anerkannt. Freud meint: »Der Traum ist ein vollwichtiger psychischer Akt, eine höchst komplizierte und fast mit allen Mitteln des seelischen Apparates arbeitende ›intellektuelle Leistung‹, so daß sich jeder Traum als ein sinnvolles, psychisches Gebilde herausstellt, welches an angebbarer Stelle in das seelische Getriebe des Wachens einzureihen ist.«

Neuere Forschungen widerlegen Freud in der Beziehung, daß der Mensch nur in dem Maße träumt, in dem er, meist unbewußt, Gefühlsprobleme zu verarbeiten hat. Fest steht dagegen, daß wir vor allem deswegen träumen, weil bestimmte Gehirnaktivitäten schon aus rein physiologischen

Gründen den Traum brauchen, von psychischen Aspekten einmal ganz abgesehen. Der Mensch kann erwiesenermaßen längere Zeit ohne Schlaf, nicht dagegen ohne Träume auskommen. Schon Gottfried Wilhelm Leibniz (1646–1716) erklärte in Übereinstimmung mit René Descartes (1596–1650) unter anderem: »...Kein Moment unseres schlafenden Lebens ist ohne Traumgedanken oder Empfindungen.« Es gibt also praktisch keinen Traummangel; wenn sich jemand an seine Träume nicht erinnern kann, so ist dies darauf zurückzuführen, daß er sich meist im Tiefschlaf befindet und ihm die Erinnerung an das Erlebte fehlt.

Alle zuvor geäußerten Ansichten über Träume lassen sich gut miteinander verbinden, wenn man zwischen Traumerlebnissen während des tiefen und flachen Schlafes unterscheidet. Während des flachen Schlafes (Leichtschlafstadium) kommt es zu unlogischen, flüchtigen und wirren Träumen, eben einem Gemisch aus Bewußtem und Unbewußtem. Beim tiefen Schlaf (REM-Stadium: Traumphase) geht dagegen die Beziehung zum Wachbewußtsein verloren, und der Inhalt der in diesem paradoxen Schlafstadium erlebten Träume kann etwa mit der Geistestätigkeit im wachen Zustand verglichen werden; während dieser Phase wird unser Unbewußtes in Bereiche angehoben, die echte Hellträume ermöglichen.

In Schlaflaboratorien will man festgestellt haben, daß Versuchspersonen bereits zehn Minuten nach Schlafunterbrechung normalerweise bis zu 95 % aller Träume vollständig vergessen haben. Hiervon unterscheiden sich die sogenannten Hellträume dadurch, daß man sich seines Traumes bewußt ist, obgleich das Wissen darum in den Bewußtseinshintergrund verdrängt wird.

Man erinnert sich des Helltraumes oft so, als würde man die wahrgenommenen Handlungen im Wachbewußtsein erleben. Interessant ist, daß verschiedene Menschen während

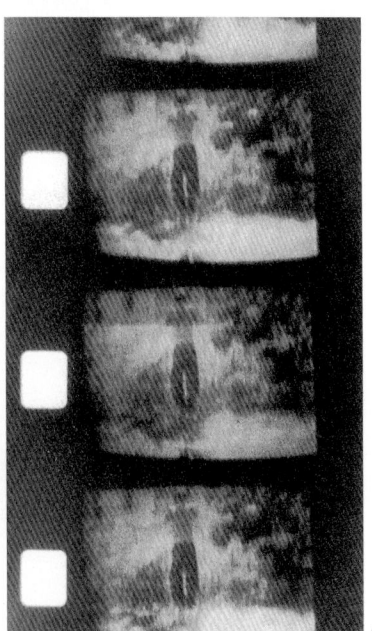

6b)

8

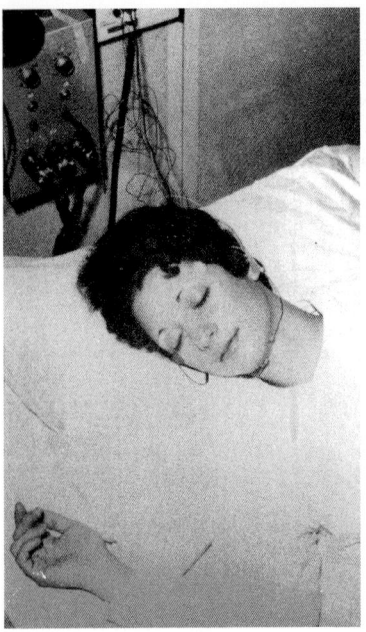
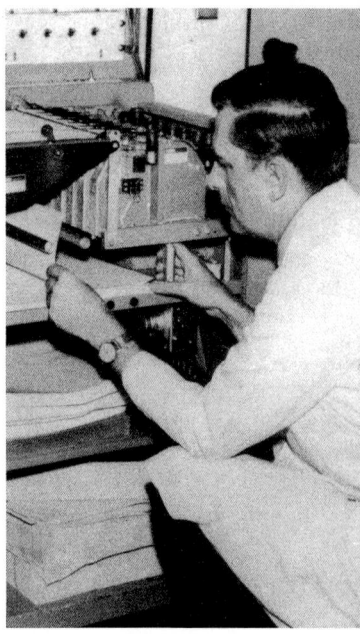

12

6a) b)   Peter Sugleris, ein Amerikaner aus New Brunswick, New Jersey (USA), hebt 1981 im Hinterhof des elterlichen Anwesens zweimal acht Sekunden lang etwa 35 Zentimeter vom Boden ab. Im Februar 1986 levitierte er in der hellerleuchteten Küche 47 Sekunden lang bis zu einer Höhe von 40 Zentimetern. Hierüber gibt es eidesstattliche Aussagen von Zeugen sowie Videoaufzeichnungen.

7   Darstellung einer Total-Levitation des berühmten schottischen Mediums Daniel Dunglas Home (1833–1886) vor Zeugen. Er brillierte mit erstaunlichen psychokinetischen Leistungen häufig vor hochstehenden Zeitgenossen und konnte nie betrügerischer Machenschaften überführt werden.

8   Eine der bestdokumentierten Levitationen überhaupt: Im Jahre 1938 schwebte das englische Trance-Medium Collin Evans im Londoner Rochester-Square-Garden vor etwa 300 Zuschauern längere Zeit etwa einen Meter über dem Boden. Die nächsten Zuschauer waren nur zwei Meter von ihm entfernt.

9, 10, 11   Die berühmte amerikanische Hellseherin Jeane Dixon (10) sagte bereits sieben Jahre vor dem Attentat auf US-Präsident John F. Kennedy (9) voraus, daß ein demokratischer Staatschef noch während seiner Amtszeit getötet werden würde. Kurz vor Kennedys Ermordung am 22. November 1963 in Dallas/Texas (11) wurden ihre Aussagen immer präziser. Ihre Warnungen vermochten den schicksalhaften Ereignisablauf jedoch nicht aufzuhalten.

12   Experiment im Traumlabor des Maimonides-Hospitals in Brooklyn, New York. Der Versuchsperson sind an Stirn, Kopfhaut und Schläfen Elektroden angelegt worden, um Hirn- und Augenmuskel-Aktionsströme zu registrieren.

13   Institutsdirektor Dr. Stanley Krippner überwacht das Traumexperiment. Sobald die sogenannte REM-Phase (Rapid Eye Movement = schnelle Bewegung der Augäpfel; sie signalisiert die Traumphase) registriert wird, versucht man den Traum der Versuchsperson telepathisch zu beeinflussen.

Hellträumen über große Teile ihres normalen Gedächtnisses verfügen, nur das Tagesgedächtnis bleibt inaktiv.

Während Normalträume meist Phantasiegebilde sind, ohne jeden logisch erkennbaren Zusammenhang, verlaufen und enden Hellträume meist konsequent. Bei letzteren ist das Kritikvermögen des Träumers stark ausgeprägt und die Traumhandlung außerordentlich realistisch. In ihrem Verlauf werden oft, wie im Wachzustand, Überlegungen angestellt, wie kritische Traumsituationen abgewendet werden können, ohne die Regeln der physischen und physikalischen Welt wesentlich zu verletzen – »Sandkastenspiele« im Transzendenten. Sobald derartige Träume ins Phantastisch-Absurde abgedrängt werden, gelten die Gesetze des Normaltraumes; häufig erwacht dann der Schlafende mit einem Gefühl der Unsicherheit um die Echtheit des eben Erlebten.

Gelingt es jemandem, den im Helltraum erreichbaren höheren Bewußtseinszustand zu erkennen, ihn willentlich herbeizuführen und die Traumsituation richtig einzuschätzen, so vermag er gelegentlich erstaunliche hellseherische Leistungen zu erbringen.

Ganz allgemein kann festgestellt werden, daß der Helltraum dazu angetan ist, dem Menschen neue, zusätzliche Erkenntnisebenen höherdimensionaler Art zu erschließen, über deren Realität heute wohl kaum noch Zweifel bestehen kann. Die Zahl der Wissenschaftler von Rang und Namen, die sich eingehend und emotionslos mit dieser Materie befassen, ist beachtlich; es darf nicht ausgeschlossen werden, daß schon in naher Zukunft eine Ergänzung des bisher mit stupidem Eifer dogmatisierten Wissensstandes notwendig werden wird, um die Bedeutung von Schlaf und Traum richtig einzuschätzen.

Sicher kann ein großer Teil des Traumgeschehens als »eine Überleistung des Unbewußten« (F. Moser) gewertet werden; alle übrigen Phänomene sollten jedoch unter Einbeziehung grenzwissenschaftlicher Erkenntnisse überprüft werden.

VI

Präkognition – Informationen aus der Zukunft

> *Die Unwahrscheinlichkeiten von heute sind die*
> *elementaren Wahrheiten von morgen*
> Charles Richet (1850–1935)

1 Überwindung der Zeitbarriere

Leonardo da Vinci (1452–1519) – Maler, Musiker, Bildhauer, Architekt, Naturforscher und Ingenieur – träumte zeit seines erfahrungsreichen Lebens von Erfindungen, deren Funktion und Nutzen nur wenige seiner Zeitgenossen erkannt haben dürften. Um 1500 erforschte er den Vogelflug, über den er zahlreiche Abhandlungen verfaßte. Er entwarf unter anderem Modelle für Segelflugkörper, Helikopter und Propellerflugzeuge, ohne jedoch die hierfür in Frage kommenden Antriebssysteme beschreiben zu können. Doch selbst angefertigte Segelflugmodelle, die er mit Erfolg von Brücken und Türmen startete, bestätigten schon damals im Prinzip seine kühne Prognose, daß der Mensch eines Tages den Luftraum beherrschen werde. Mit Recht gilt daher da Vinci auch auf dem Gebiet der Luftfahrt als theoretischer Pionier, als Einzelgänger, der seiner Zeit um Jahrhunderte voraus war, dessen Ideen noch viele Generationen nach ihm beschäftigen sollten. Mehr noch. Vor nahezu 500 Jahren konstruierte er ein Unterseeboot, dessen Pläne er mit dem Ausspruch vernichtet haben soll: »Ich gebe dies nicht preis, weil die Natur des Menschen so böse ist.« Es scheint, als habe da Vinci auch in der Beurteilung der moralischen Qualiäten seiner Nachfahren recht behalten. Erstaunt fragt man sich, auf welche Weise da Vinci zu solch genialen, für die damalige Zeit wohl als phantastisch geltenden Erkenntnissen gelangte, was ihn in die Lage versetzte, Jahrhunderte mühsamen Lernens, Simulierens und Praktizierens innerhalb weniger Monate und Jahre zu überspringen. War dieser da Vinci ein Sensitiver, ein mit außergewöhnlich präkognitiven Fähigkeiten ausgestatteter Mensch, der hervorragendes Beobachtungsvermögen mit einem hohen Maß an Intuition und Vorauswissen geschickt oder auch unbewußt zu kombinieren vermochte? Zapften er und die vielen anderen Erfinder vor und nach ihm womöglich einen aus der Zukunft in die Vergangenheit, also akausal gerichteten Informationsfluß an? Konnte er weit im voraus Dinge schauen (und auch verstehen), deren eigentliche »Erfindung« dem 19. und 20. Jahrhundert vorbehalten war?

Könnte es nicht so sein, daß die Genies der Antike und des Mittelalters mit ihrem raumzeitfreien Geist Jahrhunderte oder gar Jahrtausende »kurzzuschließen« vermochten, daß sie das intuitiv gewonnene Wissensgut mit dem Erkenntnisstand ihrer Epoche vermischten oder daß sie es ganz einfach in für die damalige Zeit verständliche und/oder nützliche Anwendungsformen transformierten? War da gelegentlich in die Zukunft gerichtete Hellsichtigkeit – Präkognition – im Spiel?

Der Begriff »Präkognition« ist klar umrissen. Bonin definiert ihn eindeutig als »das Erfahren eines zukünftigen Sachverhaltes oder Ereignisses, das nicht erwartet und nicht erschlossen werden kann«. Weiter heißt es hier: »Die besondere Schwierigkeit dieses Phänomens für das Denken besteht darin, daß die Kausalität aufgehoben ist, wenn die Erfahrung dem Reiz vorausgeht.«

Unter Präkognition versteht man somit einen rein hellseherischen Akt, der zukünftiges Geschehen zum Inhalt hat. Echte

Präkognition schließt Vorauswissen über zukünftige Ereignisse aufgrund erkennbarer Trends (logische Schlußfolgerungen), willkürlichen Erratens (sogenannte Zufallstreffer) sowie Manipulationen zum zwangsweisen Herbeiführen scheinbar »vorausgesagter« Ereigniseintritte absolut aus.

Bonin grenzt trotz übereinstimmender Merkmale die Prophetie von der Präkognition dadurch ab, daß er sie als »Präkognition innerhalb eines religiösen Bezugsrahmens« bezeichnet.

Fanny Moser, die Präkognition und Prophezeiungen noch gleichwertig behandelte, unterscheidet vielmehr zwischen 1. persönlichen Prophezeiungen, bei denen der einzelne Mensch und dessen Schicksal im Mittelpunkt der Voraussage stehen, und 2. über- bzw. außerpersönlichen Prophezeiungen, d. h. auf psychischem Wege erlangte Vorabinformationen über kommerzielle, politische und kosmische Ereignisse. Beide Informationskategorien sind bei der Suche nach Erklärungsmöglichkeiten für präkognitiv empfangene Impulse gleich wichtig.

Wie schon angedeutet, lassen sich zahlreiche zukünftige Geschehnisse oft Tage oder gar Monate vor ihrem tatsächlichem Eintritt durch Weiterverfolgen gewisser Trends, die man unschwer durch routinemäßiges Beobachten über lange Zeiträume und Hineinvertiefen in vorgegebene Situationen annähernd erkennen kann, auch nichtpräkognitiv voraussagen. Es sind dies auf logischen Schußfolgerungen aufbauende, methodische Vorhersagen, wie sie z. B. von Meinungsforschungsinstituten und Marktforschern angewendet werden, um den Ausgang von Wahlen im voraus annähernd zu bestimmen oder um die Reaktion eines Marktes auf ein bestimmtes, noch im Entwicklungsstadium befindliches Produkt abzutasten. Alle diese künstlichen, auf Trendbeobachtungen beruhenden Voraussagen haben mit unbewußt empfangenen Vorabinformationen präkognitiver Art nichts gemein, obgleich in solche Untersuchungen durchaus auch intuitive Elemente einfließen können. Umgekehrt lebt auch der präkognitiv Veranlagte, der Sensitive, keinesfalls in einem Vakuum. Er nimmt vielmehr direkt am Alltagsgeschehen teil und wird somit, wenn auch unbeabsichtigt, von äußeren Einflüssen »geprägt« und manipuliert. Auch er unterliegt bis zu einem gewissen Grad der Beeinflussung durch vorhersehbare Trends, was dann (durch »Zufall«) zu richtigen, aber auch zu falschen Voraussagen führen kann. Umstritten ist noch die Hypothese von der Erfüllungsprophetie. Sie beinhaltet – wendet man sie z. B. auf die Ermordung des früheren amerikanischen Präsidenten John F. Kennedy an – eben jene fatalen Schicksalskreisläufe, bei denen niemand so recht zu sagen weiß, wer der eigentliche Auslöser des Geschehens war: der Prophet selbst oder die agierende Person, der Täter.

2   Ein Mord wird programmiert – Medien unter Zugzwang

Als Dr. Martin Luther King im April 1967 vor möglichen neuen Rassenunruhen und gewalttätigen Ausschreitungen während des Sommers warnte, machten sich sofort zahlreiche Bewohner des New Yorker Farbigenwohnviertels Harlem die verhängnisvolle Wechselbeziehung zwischen Voraussage und Ereignis zunutze. John D. Silvera – ein prominenter New Yorker –, der die damaligen Zusammenhänge offenbar richtig einzuschätzen wußte, meinte in einem Interview mit Journalisten der amerikanischen Zeitschrift *New Amsterdam,* erschienen am 22. April 1967: »Es ist gefährlich, solche Voraussagen zu machen, weil diese selbst bei potentiellen Unruhestiftern vielleicht erst ein entsprechendes Bewußtsein für Aufruhr und kriminelle Handlungen schaffen.« Ein anderer Einwohner Harlems, Will George, bezeichnete Kings Warnung als »eine jener Prophezeiungen, die schon ihre Selbsterfüllung in sich tragen«.

Vielleicht bewirken manche warnenden Voraussagen gerade das Gegenteil von dem, was eigentlich beabsichtigt war, vielleicht bilden Prophezeiungen erst den Keim, um den sich dann in unaufhaltsamer Folge unheilvolles Geschehen auskristallisiert. Es wäre somit durchaus denkbar, daß Martin Luther King durch die öffentliche Preisgabe einer von ihm präkognitiv empfangenen Botschaft selbst zum Auslöser seiner eigenen Ermordung wurde: Prophet und Opfer zugleich.

Im Falle des am 22. November 1963 in Dallas, Texas, ermordeten US-Präsidenten John F. Kennedy könnte es ähnlich gewesen sein. Nach Meinung eines Mr. W. H. W. Sabine aus Hollis, New York, dessen Hypothese seinerzeit im *Journal of the American Society for Psychical Research* als Leserbrief veröffentlicht wurde, habe Kennedys Mörder Lee Harvey Oswald – oder wer nach neueren Theorien auch immer hinter diesem Mord gesteckt haben mag – in einer in Louisiana erscheinenden Zeitung lange vor diesem Ereignis eine jener zahlreichen Prophezeiungen der amerikanischen Sensitiven Jeane Dixon gelesen, die die bevorstehende Ermordung des Präsidenten und hiermit verbundene Warnungen zum Inhalt hatte. Der oder die Attentäter seien eigentlich erst durch diese Veröffentlichung motiviert worden.

Die Verantwortung der amerikanischen Starprophetin Jeane Dixon und auch die anderer Sensitiver erscheint unter dem Gesichtspunkt der eventuellen Auslösung tragischer Ereignisse besonders groß.

Wesentliches Indiz für das Vorliegen echter Präkognition ist nicht so sehr die genaue Übereinstimmung einer Prophezeiung mit der späteren Realität, sondern die zeitliche Koinzidenz, die möglichst präzise Vorhersage des Eintrittszeitpunktes. Hier aber ist die »Trefferquote« mithin am niedrigsten. Es scheint, als ob unser auf dreidimensionale Verhältnisse abgerichtetes Bewußtsein beim Überspringen der Zeithürde sein Zeitgefühl verlieren würde. Vielleicht ist gerade dadurch die Unabwendbarkeit des Schicksalsverlaufs sichergestellt. Wenn aber das potentielle zukünftige Ereignis durch Veröffentlichungen präkognitiv empfangener Informationen indirekt ausgelöst wird, könnte man dann nicht sagen, daß in solchen Fällen die Zukunft (dargestellt am prophetischen Fiktivbild) rückwärts wirkend gegenwärtiges Geschehen bestimmt, das andererseits wiederum zum Eintritt zukünftiger Ereignisse beiträgt? Dieser Schicksals-Einpendelvorgang bis zum unvermeidlichen Ereigniseintritt, der gewisse Analogien zur Funktion eines elektromagnetischen Schwingkreises aufweist, soll gesondert erörtert werden.

3 Der Fall Ellen Pierce

Im Jahre 1979 berichtete das US-Magazin *Fate* über einen interessanten Fall spontaner Prophetie, einer präkognitiven Aussage, deren Richtigkeit sich erst nach 46 Jahren herausstellen sollte.
An einem Frühlingstag des Jahres 1932 fuhren Ellen W. Pierce und ihre Schwägerin Muriel aus Rosemead, Kalifornien, mit dem Auto ins benachbarte Los Angeles, um dort einige Besorgungen zu machen.
Trotz der damaligen Wirtschaftskrise schoben sich Massen kauflustiger Menschen lärmend und lachend durch die Geschäftsstraßen der Innenstadt, um nach preisgünstigen Angeboten Ausschau zu halten. Während sich die beiden Frauen ihren Weg durch die Menschenmassen bahnten, spürte Frau Pierce plötzlich eine Hand auf ihrer Schulter. Eine Frau

sprach sie an: »Entschuldigen Sie bitte, aber ich habe Ihnen eine Botschaft zu übermitteln. Ihr großer Sohn ging hinter Ihnen die Straße entlang. Er hat braune Augen und braune Haare. Er wird es im Rechtswesen dieses Landes weit bringen.«

Frau Pierce wollte erwidern, daß sie zwar eine zweijährige Tochter, jedoch keinen Sohn habe. Die merkwürdige Fremde aber war gleich nach Übermittlung der Botschaft in der Menge untergetaucht. Lachend setzten die beiden Frauen ihren Weg fort.

Nach ein paar Tagen schien dieser kleine Vorfall endgültig vergessen zu sein. Zu groß war ihre Sorge darüber, daß ihr Mann Fred schon lange Zeit keine Beschäftigung mehr hatte. Im Jahre 1933 zogen die Pierces nach Spokane, ihrem früheren Wohnort, wo Fred dann endlich in einem Sägewerk Arbeit fand. Schon ein Jahr später, am 14. Juni 1934, brachte Ellen einen Sohn zur Welt, der nach seinem Vater Fred genannt wurde. Der Junge hatte braune Augen und braune Haare. Die Eltern und ihre jetzt vierjährige Tochter waren überglücklich. Der Junge wuchs heran. Nach Beendigung der Highschool im Jahre 1952 erhielt Fred ein auf vier Jahre befristetes Stipendium an der University of South California. Dort bereitete er sich auf den Lehrerberuf an der Elementarschule vor. Als er nach etwa einem Jahr umschwenkte und Vorlesungen über öffentliche Verwaltung und Recht belegte, wurde seine Mutter stutzig. Sie erinnerte sich des sonderbaren Vorfalls in Los Angeles, der nunmehr 22 Jahre zurücklag.

Die weitere Karriere des Fred Pierce schien entsprechend der damaligen »Prophezeiung« klar vorgezeichnet zu sein. Nach Beendigung seines Studiums und Absolvieren einer zweijährigen Dienstzeit beim Militär erhielt Fred zunächst eine Stelle als Polizeioffizier. Danach avancierte er zum Überwachungsbeamten beim US-Bewährungsdepartment für Straffällige in Long Beach, wo er dann in gehobener Position einer verantwortungsvollen Tätigkeit nachging.

Präkognition oder blanker Zufall? Ein bißchen viel Zufall, möchte man meinen.

4   Glück oder mehr?

Es war im Frühjahr 1947. Wir standen unmittelbar vor der mündlichen Abiturprüfung in Latein. Am nächsten Tag sollten wir einen uns vom Bevollmächtigten des Regierungspräsidenten zugewiesenen Abschnitt aus Julius Cäsars *De Bello Gallico* übersetzen und grammatikalisch analysieren. Der Gebrauch von Wörterbüchern und sonstigen Hilfsmitteln war damals untersagt. Da wir bis dahin nur etwa 20 % des Gesamtwerkes behandelt und uns mehr mit Ovids Metamorphosen beschäftigt hatten, schien jegliche Art der Vorbereitung auf die Prüfung am kommenden Tag ein aussichtsloses Unterfangen zu sein. Dennoch übersetzten wir, wohl mehr aus Verzweiflung, zu zweit etwa eine halbe Seite aus dem bis dahin noch nicht behandelten Teil des Buches, der wohl mehr als 100 Seiten umfaßt haben mußte. Die Auswahl des Textes erfolgte »blind«, d. h., indem ich mit verbundenen Augen eine Postkarte in das geschlossene, von meinem Freund gehaltene Buch steckte.

Da Latein nicht gerade unsere Stärke war, sahen wir den kommenden Ereignissen mit gemischten Gefühlen entgegen. Die Prüfung begann, wie üblich, damit, daß unser Lateinprofessor auf Geheiß des anwesenden Regierungsinspektors den Kandidaten die ihnen zugedachten Abschnitte aus *De Bello Gallico* zuwies. Wir hatten, wie sich sofort herausstellte, unbeschreibliches Glück ... oder war es mehr als das? Der uns zur Bearbeitung überlassene Abschnitt war mit dem von uns am Vortage willkürlich ausgewählten und übersetzten Stück absolut identisch. Wir bestanden die Prüfung schlecht und recht. Wer möchte da bestreiten, daß hier Präkognition, möglicherweise verbunden mit ein wenig Psychokinese, im Spiel war?

Der französische Arzt und Parapsychologe Eugène Osty (1874–1939), der sich in der Zeit nach der Jahrhundertwende eingehend mit Präkognitionsphänomenen befaßte, konnte durch Beobachtungen feststellen, daß präkognitive Wahrnehmungen um so deutlicher und detaillierter ausfallen, je mehr sich diese ihrer Erfüllung nähern. Um dies zu veranschaulichen, zitierte er folgendes Beispiel: »Die Hellseherin de Berley sagte einmal zu mir: ›Oh, in welcher Lebensgefahr werden Sie sich eines Tages befinden! Vielleicht ein Unfall... Aber Sie werden wohlbehalten durchkommen, und Ihr Leben wird weitergehen.‹ Eineinhalb Jahre später, im März 1911, gab sie nähere Einzelheiten an: ›Seien Sie vorsichtig. Sie werden bald einen ernsten Unfall haben... Ich höre ein scharfes Krachen... einen großen Lärm... Sie sind in Gefahr, das Leben zu verlieren... Aber, welch ein Glück! Sie werden ohne Schaden davonkommen... Ich sehe einen Mann auf dem Boden liegen, blutend und stöhnend... um ihn herum liegen Gegenstände verstreut, die ich nicht näher beschreiben kann.‹

Fünf Monate später, am 15. August 1911, ereignete sich folgender Unfall: Der Pferdewagen eines betrunkenen Bäckers stieß mit Ostys Wagen so heftig zusammen, daß die Deichsel des Bäckerwagens an der Karosserie von Ostys Wagen zersplitterte, der schwer beschädigt wurde. Das Pferd riß sich los und rannte davon, und der Bäckerwagen blieb auf der Seite im Graben liegen. Mitten auf der Straße lag der Bäcker, blutend und stöhnend, und rund um ihn zehn Laib Brot, die aus dem Wagen gefallen waren.« Osty und sein Begleiter waren nicht einmal verletzt.

Bestimmte Ereignisse werden eben nur symbolisch verzerrt, visionär wahrgenommen. Solche Symboliken ermöglichen jedoch mitunter auch die zeitliche »Lokalisierung« von Ereigniseintritten.

Madame Morel, eine Hellseherin, mit der E. Osty arbeitete, erblickte im hypnotischen Zustand zukünftige Ereignisse so, als ob sie sich räumlich vor ihren Augen abspielten. Aus den räumlichen Abständen der Visionen konnte sie gelegentlich auch auf die »zeitlichen Entfernungen« der vorhergesagten Ereignisse schließen.

5   Kleine Ursachen – schlimme Auswirkungen

Außersinnliche Wahrnehmungen sind offenbar gewissen Beschränkungen unterworfen. So vermögen z. B. präkognitiv veranlagte Menschen nur selten ihre eigene Zukunft – vor allem ihren eigenen Tod – vorauszusehen. Dennoch gibt es einige gut dokumentierte Fälle, die beweisen, daß unmittelbar bevorstehende Krisensituationen – trotz ihrer Unabwendbarkeit – den »Blick« für ein eintretendes letales Ereignis schärfen können. Der bekannte Parapsychologe und Schriftsteller Dr. rer. nat. Milan Rýzl berichtet in seinem Buch *Parapsychologie* über einen solchen Fall: »Mr. B. Morris, Agent einer Schiffahrtsgesellschaft, fuhr auf einem Schiff. In der Nacht vor der Landung träumte er, ein Splitter von einer zu seinen Ehren abgefeuerten Geschützladung werde ihn schwer verwunden ... Der Traum erschreckte ihn, und er befahl dem Kapitän, diesmal keinen Begrüßungsschuß abzugeben. Später überlegte er es sich noch einmal und gestattete den Schuß, machte aber zur Bedingung, daß dieser erst abgefeuert werden dürfe, wenn er nach Erreichen eines sicheren Platzes dem Kapitän den Befehl dazu geben werde, der seinerseits das Signal zum Abfeuern durch Erheben seines Armes weitergeben sollte.

Im kritischen Augenblick setzte sich eine Fliege auf die Nase des Kapitäns. Die Handbewegung, mit der er sie verjagte, wurde als Feuerbefehl aufgefaßt. Ein Splitter der Ladung traf Mr. Morris und verwundete ihn so schwer, daß er einige Tage später starb.«

6   Bischof Lanyis Wahrtraum

Am Morgen des 28. Juni 1914, gegen 3.30 Uhr, hatte Bischof Dr. Josef Lanyi in Großwardein (heute rumänische Provinzhauptstadt im Osten der ungarischen Tiefebene) einen schrecklichen Traum, eine Vision, die wenige Stunden später schon selbst in wesentlichen Details blutige Realität werden sollte: die Ermordung des österreichischen Thronfolgers Erzherzog Franz Ferdinand und seiner Gemahlin in der damals bosnischen Hauptstadt Sarajewo durch den serbischen Nationalisten Gavrilo Princip, die dann in letzter Konsequenz den Ersten Weltkrieg auslöste. Dieser von der Zeitschrift *Balkanstimme* veröffentlichte Traum des Bischofs, über dessen Authentizität aufgrund zuverlässiger Zeugenaussagen kein Zweifel herrscht, erlangte später weltgeschichtliche Bedeutung. Dr. Lanyi, der Franz Ferdinand die ungarische Sprache gelehrt hatte und der zu diesem enge freundschaftliche Beziehungen unterhielt, schilderte seinen Traum, dessen sofortige Protokollierung und Bezeugung durch Dritte, außerordentlich plastisch: »Am 28. Juni 1914, ¼4 Uhr früh, erwachte ich aus einem schrecklichen Traum. Mir träumte, daß ich in den Morgenstunden an meinen Schreibtisch ging, um die eingelangte Post durchzusehen. Ganz oben lag ein Brief mit schwarzen Rändern, schwarzem Siegel und dem Wappen des Erzherzogs. Sofort erkannte ich dessen Schrift. Ich öffnete und sah am Kopf des Briefpapiers in himmelblauem Ton ein Bild, wie auf Ansichtskarten, welches eine Straße und eine enge Gasse darstellte. Die Hoheiten saßen in einem Automobil; ihnen gegenüber ein General, neben dem Chauffeur ein Offizier. Auf beiden Seiten der Straße eine Menschenmenge.

Zwei junge Burschen springen hervor und schießen auf die Hoheiten. Der Text des Briefes ist wörtlich derselbe, wie ich ihn im Traum gesehen: ›Euer bischöfliche Gnaden! Lieber Doktor Lanyi! Teile Ihnen mit, daß ich heute mit meiner Frau in Sarajewo als Opfer eines Meuchelmordes falle. Wir empfehlen uns Ihren frommen Gebeten ... Herzlichst grüßt Sie Ihr Erzherzog Franz. Sarajewo, 28. Juni, ¼ 4 Uhr morgens.‹

Zitternd und in Tränen aufgelöst, sprang ich aus dem Bett, sah auf die Uhr, die ¼ 4 Uhr zeigte. Ich eilte sofort zum Schreibtisch, schrieb nieder, was ich im Traum gelesen und gesehen hatte. Beim Niederschreiben behielt ich sogar die Form einiger Buchstaben, wie sie vom Erzherzog niedergeschrieben waren, bei. Mein Diener trat denselben Morgen um ¾ 6 Uhr in mein Arbeitszimmer ein, sah mich blaß dasitzen und den Rosenkranz beten. Er fragte, ob ich krank sei. Ich sagte: ›Rufen Sie sofort meine Mutter und den Gast, ich will gleich die Messe für die Hoheiten lesen, denn ich hatte einen schrecklichen Traum.‹ Mutter und Gast kamen um ¾ 7 Uhr. Ich erzählte ihr in Anwesenheit des Gasts und des Dieners den Traum. Dann ging ich mit ihnen in die Hauskapelle. Der Tag verging in Angst und Bangen, bis ein Telegramm um ½ 4 Uhr [nachmittags] die Nachricht von der Ermordung brachte.«

War Lanyis Vision lediglich ein Angsttraum, Ausfluß allgemeiner Befürchtungen, die auch die Erzherzogin bewogen hatte, ihren Mann zu begleiten? Schließlich lag das drohende Unheil – genau wie im Fall Kennedy – in der Luft, und die Regierungsstellen in Wien waren schon Wochen zuvor vor etwaigen Attentaten gewarnt worden. Oder handelt es sich hier doch mehr um einen telepathischen Traum, ausgelöst durch vorbereitende Aktionen der Attentäter? Nach Auffassung von Fanny Moser, die diesen Fall in ihrem Standardwerk *Das große Buch des Okkultismus* gründlich durchleuchtet, sind verschiedene Details des Traumes so klar und bestimmt, daß »die Deutung ›Hellsehen in der Zukunft‹ [also Präkognition] als die allein berechtigte erscheint«. Wörtlich führt Moser aus:

»Um darüber [daß Präkognition gegeben war] ins klare zu kommen, muß man sich vergegenwärtigen, unter wieviel Formen das Attentat hätte ausgeführt werden können: unterwegs nach Sarajewo, auf der Rathaustreppe, vier Personen statt drei, ein Opfer statt zwei usw.«

Blanker Zufall, werden manche entgegenhalten. Was aber ist dann *Zufall*? Diese Frage erscheint durchaus berechtigt, zumal, wenn durch ihn möglicherweise weltweite Konflikte ausgelöst werden. Ist das, was wir als »Zufall« bezeichnen, vielleicht ein »akausales Ordnungsprinzip« mit vorherbestimmten (vorprogrammierten) Auswirkungen – das *Schicksal* schlechthin?

7 Das Interventionsparadox

Immer wieder taucht die Frage nach der Abwendbarkeit präkognitiv wahrgenommener, bedrohlicher Ereignisse auf. Gibt es Möglichkeiten des Intervenierens? Müßte man in solchen Fällen nicht geradezu ein *Interventionsparadox* (J. B. Priestley) heraufbeschwören, eine Art Scheinpräkognition? Handelt es sich, falls wir durch Befolgen einer visionären Wahrnehmung eben jenes vorab angekündigte Unglück verhindern, nicht eher um eine Art Angsttraum (gibt es so etwas überhaupt?), um eine vom Unbewußten empfangene Wahrnehmung vor tragischem Gschehen, vor Ereignissen, die ohnehin »in der Luft« zu liegen scheinen? Wenn Hellseher ihren Klienten Warnungen übermitteln und diese sie befolgen (oder auch nicht beachten), so handeln jene Sensitive durchaus im Auftrag einer »übergeordneten Instanz«, d. h. einer »Programmierung«. Auf diese Weise kann und muß es sogar zu »Falschaussagen« kommen, für die der Sensitive letztlich allerdings nicht verantwortlich ist. Warnt er beispielsweise jemanden davor, einen bestimmten Flug zu buchen, befolgt die betreffende Person diesen Rat und stürzt die ohne diesen in Anspruch genommene Maschine ab, dann hätten Warnung und Verhinderung sicher genau dem vorgegebenen Schicksalsverlauf des Gewarnten entsprochen.

Ebenso wäre die Schicksalslinie des Betroffenen auch dann eingehalten worden, wenn der Hellseher aufgrund irgendwelcher äußeren Einflüsse das bevorstehende Unglück »übersehen« hätte (Warnung wäre unterblieben), wenn die informierte Person, evtl. auch gezwungenermaßen, geflogen und tödlich verunglückt wäre, wenn sie das Desaster (vielleicht sogar als einzige) überlebt hätte usf. Der Kombinationsmöglichkeiten gibt es viele, und man könnte aus diesen Darlegungen folgern, daß echte Verhinderungen trotz Vorliegens hellseherischer Informationen gar nicht möglich sind. Indes hält die Diskussion über den Wert oder Unwert der Präkognition weiter an, und es werden immer wieder interessante Beispiele zitiert, die die eine oder andere Hypothese erhärten sollen. Natürlich lassen sich die hier aufgezeigten komplizierten Zusammenhänge zwischen Voraussage und endgültigem Ereigniseintritt – die Unabwendbarkeit schicksalhafter Prozesse – nur schwer verständlich machen. Die einschlägige Literatur kennt zahllose Fälle vermeintlicher Unfallverhinderungen, und kommerzielle Sensitive verweisen unermüdlich auf ihre hohen Erfolgsquoten. Indes läßt es sich nicht leugnen, daß auch sie nur das voraussagen können, was ihnen vom Schicksal aufgetragen wurde.

Der amerikanische Psychologe Stanley Krippner berichtet über einen Fall, der auf echte Präkognition hinzudeuten scheint: »Eine Frau weckte eines Nachts ihren Mann und erzählte ihm einen schrecklichen Traum. Sie sah, wie der große Kronleuchter über dem Bett ihres Kindes herabfiel und das Kind erschlug. Die geträumte Uhr im Kinderzimmer zeigte 4.35 Uhr. Der Mann lachte über die Ängstlichkeit seiner Frau, als sie das Kind zu sich ins Bett nahm. Ihm verging das Lachen, als zwei Stunden später aus dem Kinderzimmer ein lautes Krachen und Klirren zu vernehmen war. Es war genau 4.35 Uhr. Der Kronleuchter war heruntergefallen und lag in dem leeren Kinderbett.«

A. C. Garnett stellt sich ein »Medium« oder ein »Feld« vor, das alle Ereignisse – psychische oder materielle – miteinander verbindet. Ein solches Feld könnte oder müßte sogar »Programme« für künftige Ereignisse enthalten. Im vorliegenden Fall enthielt Garnetts »Feld« ein Modell für den künftigen Zustand des Kronleuchters.

N.-O. Jacobson, der die Garnettsche Hypothese weiterverfolgt, meint hierzu: »Da das Feld sowohl geistige wie materielle Aspekte umfaßt, erlaubt es Assoziationen zwischen dem Herabfallen des Leuchters und der geistigen Verfassung der Mutter, die zu dem Traum führte. Da diese Assoziation der Mutter bewußt wurde, konnte sie eingreifen und ein ›Detail‹ des Modells ändern, nämlich den Tod des Kindes, der sonst die Folge des Herabfallens des Kronleuchters gewesen wäre.«

Der Psychologe P. Fischer interpretiert diesen Fall als ein »Mischphänomen«, als »Teilpräkognition«. Bei ihm heißt es: »Die Präkognition dieses Traumes bezieht sich lediglich auf die Tatsache, daß ein Kronleuchter um 4.35 Uhr von der Decke herabstürzt. Von dieser Tatsache nimmt die Mutter im Traum Kenntnis. Nun beginnen Mutterliebe und Phantasie im

Traum zu arbeiten, was eine zu erwartende Denknotwendigkeit ist. Die Mutter weiß, daß der Kronleuchter über dem Kinderbett hängt; wenn er stürzt, wird das Kind erschlagen. Diese Gedanken ergänzen die durch den Traum übermittelte Nachricht um die durch die Muttersorge geformten zu erwartenden Folgen: Das Kind wird erschlagen, wenn der Kronleuchter stürzt. Dieser Teil des Traums ist *nicht Bestandteil der Präkognition,* sondern ganz im Gegenteil eine aus der übermittelten Nachricht gezogene *Schlußfolgerung.*«

Zusammenfassend meinte Fischer: »Eine präkognitive Vorschau ist unabänderlich, sonst müßten wir aufhören, von Präkognition zu sprechen, denn eine Präkognition, die nicht eintrifft, ist keine. Die Schwierigkeit besteht darin, zu erkennen, wo die Präkognition aufhört und das eigene Gedankenspiel anfängt.«

Diese seltsame Mischung aus Präkognition und »Zutaten« (so Fischer) erscheint in letzter Konsequenz unlogisch. Denn wenn durch eben dieses »eigene Gedankenspiel«, d. h. durch Überlegung und den sogenannten »freien Willen«, abträgliches Geschehen verhindert werden könnte, läge ebenfalls keine echte Präkognition vor, hätte nichts verhindert werden müssen. Wer aber kann schon wissen, in welchem Fall es sich um echte Präkognition handelt und wann nicht? Würde man aus einer warnenden visionären Information überhaupt keine logischen Schlußfolgerungen ziehen (d. h. die Verhinderung eines Eintritts anstreben) oder diese nur als Angstpsychosen deuten, und würde gerade daraufhin das »wahrgenommene« Ereignis eintreten, so müßten wir unsere Vision als *echte Präkognition* werten. Diese Feststellung nutzt einem dann aber nichts mehr, weil es für die Verhinderung bereits zu spät wäre ... die paranormal empfangene Botschaft ist mittlerweile Realität geworden. Die Verhinderung ist (bei echter Präkognition) schon deshalb unmöglich, weil – zur Erfüllung des vorgegebenen Schicksalsverlaufs – das avisierte Ereignis auch auf »Umwegen« sein »Opfer« erreichen würde. Jemand, der z. B. aufgrund einschlägiger Visionen (hier: Flugzeugkatastrophe, bei der man selbst umkommt) aus Angst das Fliegen generell meidet, könnte in einer Krisensituation – z. B. bei einer lebensgefährlichen Erkrankung am Urlaubsort, die nur in der Heimat des Betroffenen ordnungsgemäß behandelt werden kann – durchaus genötigt sein, ausnahmsweise ein Flugzeug zu benutzen. Stürzt dieses Flugzeug ab, kommt er dabei ums Leben, so wäre die präkognitiv empfangene Information in Erfüllung gegangen. Hätte er auf die Behandlung im Heimatland verzichtet, so wäre er möglicherweise kurze Zeit darauf aufgrund unzureichender klinischer Behandlung am Urlaubsort gestorben. Zwar wäre dann das Fliegen selbst nicht direkt, aber doch zumindest indirekt (Angst vor dem Fliegen) Ursache seines Todes gewesen. Visionen erreichen uns ohnehin verschlüsselt. Sollte man daraus nicht folgern, daß die Befragung von Hellsehern und die Befolgung eigener präkognitiver Wahrnehmungen vollkommen sinnlos ist? Ist es überhaupt sinnvoll, sich Monate oder gar Jahre vor Eintreffen eines von Fremden vorausgesagten verhängnisvollen Schicksalseintritts, sozusagen »prophylaktisch« mit Sorgen zu belasten, wenn wir offensichtlich gegen unsere Bestimmung, gegen den »programmierten« Schicksalsablauf, ohnehin nichts auszurichten vermögen?

9 Schicksalsspiele

Die zahlreichen Fehlprognosen hellseherisch begabter Medien, offenbar »Betriebspannen«, zwingen zum Nachdenken. Was wohl könnten die wichtigsten Gründe für ihr Versagen sein, sofern absichtlicher Betrug ausscheidet?
Möglicherweise war das in Anspruch genommene kommer-

zielle Medium zum Zeitpunkt der Sitzung gerade irgendwie indisponiert, möglicherweise (fast möchte man sagen mit höchster Wahrscheinlichkeit) handelte es mit seiner echten oder auch mit seiner falschen Prognose unbewußt »im Auftrag« des Schicksals. Vielleicht »präparierte« gerade der Hellsichtige mit seiner ihm vom Schicksal zugespielten Information – ob richtig oder falsch – den Angesprochenen so, daß dadurch, von einem späteren Zeitpunkt aus rückwärts berachtet, dieses oder jenes erst eintreten konnte. Der Sensitive als Exekutive, als ausführendes Organ des Schicksals? Sollte man nun darüber lachen oder weinen?

In einigen Großstädten der Welt, so vor allem in London, New York und Toronto, gibt es schon seit langem Organisationen, die Vorahnungen »sammeln«. Die Central Premonitions Registry in New York erhält fast täglich einschlägige Mitteilungen sowohl von Medien als auch von Menschen, die bislang noch keine Psi-Erlebnisse hatten. Alle diese präkognitiven Wahrnehmungen werden gesammelt und katalogisiert. Sollten gleich mehrere »Propheten« über ein angebliches bevorstehendes Unglück gleichlautende Angaben machen, so könnte man, nach Meinung der Organisatoren dieser Schicksalsdatenbank, entsprechende Warnungen veröffentlichen. Diese Warnungen ergäben, nach Meinung des Autors, aber nur dann einen Sinn, wenn sie »im Rahmen der Schicksalsprogrammierung« lägen. Anders ausgedrückt: Die »Programmierung« würde in solchen Fällen darauf abzielen, durch »Scheinpräkognition« (die zuvor erwähnten Organisationen würden sie unwissend als echt werten) eine Warnung abzugeben, Aktivitäten zur Verhinderung des Ereigniseintritts zu entfalten... und dadurch – wie eigentlich »geplant« – ein Ereignis erst gar nicht eintreten zu lassen. Unverständlich zwar, aber dennoch denkbar. Ein kleines Spielchen... vielleicht, um uns hin und wieder an unsere wahren Aufgaben und Rollen auf Erden zu erinnern, um der Welt zu zeigen, daß wir alle, auch die Mächtigsten dieser Welt, letztlich nur Marionetten des Schicksals sind. Wer möchte dies angesichts der weltweiten Krisensituationen noch länger bezweifeln? In den USA versuchen dennoch seit geraumer Zeit einige Beraterorganisationen mit Hilfe hochkarätiger Präkognitionsmedien Börsenverläufe vorauszubestimmen. Dadurch, daß man mit mehreren Medien zugleich arbeitet und deren Aussagen mittelt, sollen auf dem Silbermarkt bereits beträchtliche Gewinne erzielt worden sein. Trotzdem darf man auch hier Intuition und Trendverfolgung nicht ausschließen, denn niemand vermag sich von äußeren Einflüssen völlig freizumachen. Es darf als eine Fügung einer »übergeordneten Instanz« angesehen werden, daß wir normalerweise über unser zukünftiges Schicksal im voraus nichts oder doch zumindest nichts Genaues, d. h. Endgültiges, erfahren. Gäbe es echte Präkognition für jedermann, wüßten wir auf empirischem Wege, daß gehabte Visionen nahezu routinemäßig in Erfüllung gingen, d. h. Realität werden würden, so wäre das Leben in dieser Welt bald unerträglich. Wir müßten ständig in Angst und Schrekken, in Furcht vor bevorstehenden Krankheiten, Kriegen und Katastrophen, im Wissen um den genauen Tag unseres Ablebens dahinvegetieren... in einer Welt, die letztlich im Chaos oder auch in Lethargie erstarren würde. Davor scheinen wir in unserem derzeitigen Zustand gottlob bewahrt zu sein.

Bekanntlich gibt es nur wenige Berufsmedien mit relativ hohen »Trefferquoten«. Echte visionäre Qualitäten scheinen rar zu sein. Es gibt sie, aber sie lassen sich nicht erzwingen, automatisieren, computerisieren oder gar künstlich herbeiführen. Das »Schicksal« – welches Prinzip sich hinter ihm auch immer verbergen mag – läßt sich von uns nicht austricksen. Selbst Medien dürften im wahrsten Sinne des Wortes nur »Handlungsbevollmächtigte« sein, verlängerte Arme des Schicksals, Auslöser gerade des Geschehens, das sie durch ihre Informationen eigentlich unterbinden möchten.

Viele Spieler glauben an die Existenz sogenannter Glückszahlen oder -farben, die sie durch Beobachten nach Hunderten oder Tausenden von Einsätzen – gelegentlich wohl auch auf präkognitivem Wege – ermittelt haben wollen. Praktisch müßte es dann für jeden ganz spezifische Zahlen und Farben geben, mit denen er beim Spiel sein privates Glück manipulieren, d. h. seine Gewinnchancen verbessern kann. Ob aber beim erfolgreichen Systemspiel präkognitive oder rein mechanische Faktoren (Trends), vielleicht auch psychokinetische Momente, den Ausschlag geben, ist nie mit letzter Sicherheit zu sagen. Möglicherweise handelt es sich bei »Glücksträhnen« ganz einfach um Mischphänomene. Präkognitive Erfahrungen dürften sich mehr gefühlsmäßig-spontan als durch das Beobachten des Spielverlaufs unter Berücksichtigung von »Umweltfaktoren« (Trefferfolge und -häufigkeit, Tischgeometrie, Kugelcharakteristika, Eigenarten des Croupiers, Einfluß der Mitspieler beim Roulette usw.) äußern. Aber auch hier halten sich im Normalfall letztlich Glück und Pech die Waage, es sei denn, daß einem Spieler gegenüber seinen Kontrahenten bestimmungsgemäß bessere Chancen zugedacht sind. Es ist allerdings fraglich, ob der durch bessere Chancen erzielte Gewinnn für den Gewinner in letzter Konsequenz tatsächlich von Vorteil ist. Wie oft haben »Glücksträhnen« einen Menschen so verändert, daß er bleibende psychische Schäden davontrug, weil er sein »Glück« nicht verkraften konnte. Zu einem Ausgleich zwischen positiven und negativen Momenten kann es durchaus auch in völlig differenten Lebensbereichen kommen, und dies meist unerwartet.

Um das akausale Prinzip der Präkognition verstehen und möglicherweise physikalische oder doch wenigstens mathematische Modelle für ihr Zustandekommen entwickeln zu können, wurden schon viele interessante (meist nicht konsequent durchdachte) Hypothesen aufgestellt. Untersuchen wir zunächst das Kausalitätsprinzip ein wenig näher.

11 Dr. Musès »Vorläuferwelle«

Der in den USA mithin bekannteste theoretische Physiker Dr. Charles A. Musès versucht die Präkognition elektromagnetisch zu erklären. Dabei greift er auf ein aus der Strahlenphysik bekanntes Phänomen zurück: »Wenn ein elektromagnetischer Vorgang plötzlich drastisch gestört wird, z. B. durch Abschalten, gehen dem Abschaltsignal zwei ›Vorläufersignale‹ voraus. Die eine Vorläuferwelle erreicht Lichtgeschwindigkeit, die andere breitet sich etwas langsamer aus, da sie von dem Medium, in dem sie sich bewegt, verzögert wird. Nach den beiden Vorläuferwellen tritt dann das Ereignis ein.« Musès vermutet nun, man könne den Vorläuferwellen Informationen über das noch in der Zukunft liegende Ereignis entnehmen, bevor dieses wirklich eintritt. Mehr noch: Man könne diese Informationen sogar empfangen, wenn das Ereignis selbst abgelenkt wird und sich nie tatsächlich manifestiert. Er entwirft das Bild von einem Pfeil, der mittels eines Bogens abgeschossen wurde und auf ein bestimmtes Ziel zufliegt. Die Vorläuferwellen (der Schall), die ihm vorausgehen, erreichen das Ziel. Irgend etwas lenkt jedoch den Pfeil mitten im Fluge ab. Die Wellen kommen dann zwar mit der Information »Pfeil erreicht Ziel« durch, das Ereignis selbst tritt aber dennoch nicht ein.

Dieses Modell umgeht nach Musès Auffassung »die unzulängliche Voraussetzung, daß die Zukunft ebenso feststeht wie die Vergangenheit«. Daß sich diese originelle und auf den ersten Blick durchaus vernünftig erscheinende Hypothese bei näherer Betrachtung trotzdem als Trugschluß erweist, daß sich die elektromagnetische Deutung letztlich nicht aufrechterhalten läßt, hat man später im Rahmen gut abgesicherter Telepathie- und Hellsehversuche in sogenannten Faradayschen Käfigen feststellen können. ASW-Signale, auch solche präkognitiver Art, kamen trotz perfekter Abschirmung gegen elektromagnetische Wellen durch, was eindeutig gegen Musès' »Vorläuferwellen«-Hypothese spricht.

Da die Präkognition das Ursache-Wirkungs-Prinzip scheinbar völlig umkehrt, stellt sich sofort die Frage, ob wir überhaupt immer in dieser für uns logischen Kategorie denken müssen. Wir fragen uns: Besteht denn irgendeine Möglichkeit, offenbar zeitlich unabhängig voneinander existierende Ereignisse miteinander zu verbinden? Transkausal etwa?

12 Synchronizität – die Jung-Pauli-Lösung

Viele bedeutende Philosophen, die sich mit der Präkognition befaßten, haben im Hinblick auf das Kausalitätsdilemma in der Parapsychologie interessante Theorien aufgestellt. Eine der bekanntesten findet in dem Begriff der Synchronizität oder Gleichzeitigkeit ihren Ausdruck, den der Psychoanalytiker C. G. Jung und der Physiker Wolfgang Pauli (1900 bis 1958) einführten. Jung stellte fest, daß dieser Begriff einen Standpunkt diametral zur Kausalität einnimmt, und meint: »Meine Beschäftigung mit der Psychologie unbewußter Vorgänge hat mich schon vor vielen Jahren genötigt, mich nach einem anderen Erklärungsprinzip umzusehen, weil das Kausalitätsprinzip mir ungenügend erschien, gewisse merkwürdige Erscheinungen der unbewußten Psychologie zu erklären. Ich fand nämlich zuerst, daß es psychologische Parallelerscheinungen gibt, die sich kausal schlechterdings nicht aufeinander beziehen lassen, sondern in einem anderen Geschehenszusammenhang stehen müssen. Dieser Zusammenhang erschien mir wesentlich in der Tatsache der relativen Gleichzeitigkeit gegeben, daher der Ausdruck ›synchronistisch‹. Es scheint nämlich, als ob die Zeit nichts weniger als ein Abstraktum, sondern vielmehr ein konkretes Kontinuum sei, welches Qualitäten oder Grundbedingungen enthält, die sich in relativer Gleichzeitigkeit an verschiedenen Orten in kausal nicht zu erklärendem Parallelismus manifestieren können, wie z. B. in Fällen von gleichzeitigem Erscheinen von identischen Gedanken, Symbolen oder psychischen Zuständen.«

Das kausale oder Ursache-Wirkung-Prinzip beinhaltet die Folge von Ereignissen als lineare Progression. Bei synchronistischen Ereignissen erleben wir hingegen eine viel umfassendere Schau mit diversen äußeren und inneren Vorgängen, die durch ihre Charakteristika miteinander verbunden sind und Muster der gleichen Momentansituation zeigen. Jung und seine Anhänger rechneten daher die Präkognition der akausalen Kategorie zu, einem Kontinuum, das sie »unus mundus« (*eine* Welt) nannten. Die Synchronizität behandelt strukturelle Realitätsmuster, die sich in ganz bestimmten, (allerdings nur scheinbar) akausalen Ereignissen manifestieren.

Dr. Milan Rýzl sieht die Präkognition nicht grundsätzlich im Widerspruch zur Kausalität und zum freien Willen. Unter Anspielung auf unsere verzerrte Vorstellung von Raum und Zeit meint er, daß ein Widerspruch zur Idee des freien Willens nur in dem Fall gegeben sei, in dem eine umfassende und absolut perfekte Fähigkeit der Voraussicht angenommen wird. Tatsächlich aber könnten die Parapsychologen bestenfalls das Vorhandensein einer Präkognition sehr unvollkommener Art behaupten, die in einer wenig zuverlässigen Form nur eine geringe Informationsmenge übermittele. Was den scheinbaren Widerspruch zur Idee der Kausalität anbetrifft, so müßten wir vielmehr schließen, daß ein Beweis der Möglichkeit, Informationen auch in der Zeitrichtung zu übermitteln, uns zwingen würde, in bestimmten Sonderfällen unsere Grundvorstellungen über die Metrik des Raumzeit-Kontinuums zu korrigieren. In einem solchen Fall könnte es sogar notwendig werden, daß wir unsere Vorstellungen von der Zeit änderten, vermutlich in dem Sinne, daß die Zeit kein in einer Richtung verlaufender beständiger und gleichförmiger »Strom« sei, der alle Vorgänge im Universum einhülle.

In der modernen theoretischen Physik habe die Spezielle Relativitätstheorie bereits die Notwendigkeit einer gewissen Lockerung des ursprünglich starren Newtonschen Zeitbegriffs erwiesen.

Erläuternd verweist Rýzl dann noch auf eine theoretische Spekulation des russischen Physikers K. V. Nikolsky, der es für möglich hielt, daß in bestimmten Gebieten des Universums die Zeit auch in umgekehrter Richtung flösse.

13   Schleichwege ins Paranormale

In der Newtonschen Mechanik konnte man aus der Kenntnis der Ausgangsbedingungen eines Systems und der sie kontrollierenden Gesetze auf weitere, zukünftige Zustände und Ereignisse schließen. In diesem deterministischen System herrschte Kausalität, das Prinzip von Ursache und genau umrissener Wirkung. Die Kopenhagener Auslegung der Heisenbergschen Quantentheorie räumte mit den über Jahrhunderte sorgsam gehegten Idealvorstellungen der klassischen Physik gründlich auf. Sie verdrängte diese zwar nicht, ließ aber eine erweiterte, der modernen Atomphysik gerecht werdende, differenziertere Interpretation zu. Sie enthält zwar keine subjektiven Züge, beginnt aber – und dies ist das

Sensationelle an ihr – mit der Einteilung des Universums in den »beobachteten Gegenstand« und die restliche Welt. Heisenberg meinte hierzu auch vorsichtig, daß die Quantentheorie »nicht vollständig objektiv« sei.

Das Fundamentale an der Quantenphysik war die Einführung der *Wahrscheinlichkeit* als neue physikalische Kategorie. Sie läßt nicht einen, sondern unendlich viele Zustände *nebeneinander* zu, ein Postulat, das grundsätzlich mit der vom Autor aufgestellten Hyperraumhypothese übereinstimmt. Ihre Summe drückt sich in der Wahrscheinlichkeitsfunktion der Quantenmechanik (ψ = Psi) aus, die alle Zustände beschreibt, welche ein System aufweisen kann. Mit anderen Worten: Das System befindet sich *stets* in allen Zuständen *gleichzeitig*. Nur wenn man beobachtet und/oder mißt, findet es der Observierende in einem einzigen Zustand. Der Physiker spricht in diesem Fall von Unschärferelation.

Nach Einführung der Quantentheorie fehlte es nicht an Versuchen, bislang noch nicht definierte Bewußtseinszustände mit dem Unmeßbaren, eben jenen nicht greifbaren Quantenprozessen, in Übereinstimmung zu bringen. Einmal waren es hypothetische, ein anderes Mal reale Teilchen, die man für paranormale Phänomene verantwortlich machte. Waren es vor etwa 20 Jahren noch das Neutrino und etwas später das von Ting und Burton unabhängig voneinander entdeckte J/ψ-Teilchen, so sind es heute mehr Tachyonen bzw. irgendwelche virtuellen, d. h. nicht materiell anwesenden Korpuskeln, deren Nachweis aufgrund ihrer offenbar anderen Dimensionalität physikalisch nur indirekt oder ausschließlich mathematisch möglich ist.

Der österreichische Wissenschaftsjournalist Paul Uccusic verschafft sich über einschlägige Psi-Theorien, die natürlich auch Präkognitionseffekte miteinschließen, einen Überblick, indem er diese in drei Kategorien zusammenfaßt: energetische, Feld- und quantenmechanische Theorien.

Der energetischen Theorie liegt die Annahme zugrunde, daß außersinnliche Wahrnehmungen auf das Vorhandensein einer bislang unbekannten Energie zurückzuführen sind. Uccusic zitiert einen englischen Wissenschaftler, dessen energetische Interpretation hier auszugshalber wiedergegeben werden soll:

● Der Geist muß aus Energie bestehen. Die Energie muß so beschaffen sein, daß sie direkt oder indirekt mit den Molekülen der Gehirnzellen in Wechselwirkung treten kann. Die Art der Wirkung muß elektromagnetisch sein.

● Die Energien müssen in ihrer Ausrichtung leicht veränderlich sein. Eine bestimmte Energieausrichtung heißt Bewußtsein. Wenn die Ausrichtung unwirksam ist oder zwischen den Energien des Geistes und des Gehirns keine Wechselwirkung besteht, gibt es auch kein Bewußtsein.

● Die Energien müssen von solcher Struktur sein, daß sie die sichtbaren Frequenzen des elektromagnetischen Spektrums nicht reflektieren und diese auch nicht selbst aussenden.

● Den Energiesystemen ist die Eigenschaft immanent, vor der Geburt und nach dem Tod zu existieren. Sie machen real jenen Teil der Natur des Menschen aus, der »Seele« oder »Geist« genannt wird. Diese Energien scheinen ewig zu sein – »Zeit« ist keine der zu ihrer Existenz notwendigen Bedingungen. Möglicherweise werden Untersuchungen ergeben, daß Zeit nur innerhalb einer gewissen Bandbreite des elektromagnetischen Spektrums vorkommt.

Von anderen Forschern werden Psi-Phänomene mit der Existenz eines hypothetischen Psi-Feldes erklärt. Wenn auch enge Beziehungen zur energetischen Theorie nicht geleugnet werden können (zum Aufbau eines Feldes wird Energie benötigt), so muß man den Feldtheorien – sofern es sich hierbei um Aktivitäten *höherdimensionaler* Psi-Felder handelt – einen differenten Status zubilligen. Solche Felder wären nämlich aufgrund ihres andersphysikalischen Charakters mit normalen Meßinstrumenten nicht meßbar; ihre Wirkung käme sage und schreibe aus dem Nichts.

Bliebe noch die quantenmechanische Theorie. Sie baut, wie bereits erwähnt, auf der statistischen Wahrscheinlichkeit, der Probabilität auf. Nach Uccusic gehören die Jung-Pauli-Synchronizität und Paul Kammerers (1880–1926) Serialität hierher.

Erläuternd heißt es bei Uccusic: »Im Augenblick der Beobachtung eines Quantenprozesses wählen die Beobachter einen von vielen möglichen Zuständen durch ihren Willen aus... Beobachter, Quantenprozeß und endgültiger (beobachteter) Zustand hängen innigst zusammen. Der Zusammenhang wird allerdings nur beim Beobachtungsvorgang ersichtlich – vorher und nachher sind Beobachter, Quantenprozeß und Endzustand [den es ja ›noch‹ nicht gibt] voneinander unabhängig. Das heißt, daß außerhalb der Beobachtung Bewußtsein und Unterbewußtsein der Beoachter unabhängig voneinander funktionieren. Zur Kopplung der Systeme kommt es erst im Augenblick der Beobachtung.«

Könnte es nicht so sein, daß bei präkognitiven Wahrnehmungen unser höherdimensional strukturiertes Bewußtsein, ähnlich wie bei quantenhaften Vorgängen, im Traum oder in Trance, einen von vielen möglichen in der Zukunft existierenden Zuständen auswählt (vielleicht auch den tatsächlich eintreffenden), daß es durch Überspringen der Zeitbarriere in Nullzeit rückwärts verlaufend Informationen hierüber in unserer Gegenwart meldet? Im primären Zustand (Wachposition) wären Gegenwart und Zukunft wieder fein säuberlich voneinander getrennt, und Informationen über zukünftiges Geschehen ließen sich dann nur auf logischem Wege (z. B. durch Trendbeobachtung) einholen. Den Transport der im Zeitfeld und der in den hiermit verwobenen, ausgefächerten Bestimmungskanälen eingelagerten Informationsmuster könnten sehr wohl die derzeit noch hypothetischen, überlichtschnellen und daher aus der Zukunft kommenden Tachyonen übernehmen. Möglicherweise kommen diese Blitzkontakte zwischen der Zukunft und unserer fließenden Gegenwart, zwischen einer imaginären und unserer jetzigen Welt auch durch Mittler- oder Übergangsteilchen zustande. Da diese hypothetischen Zwitterteilchen zunächst in einer noch imaginären, zukünftigen, für einen Betrachter zu einem späteren Zeitpunkt jedoch ganz realen Welt vorkommen, ist anzunehmen, daß sich auch die möglichen »Modell-Welten« auf einem dimensionalen Niveau außerhalb unseres Raumzeit-Kontinuums befinden. So könnten z. B. durch überlichtschnelle Teilchen übermittelte Informationen aus der Zukunft während des Schlafs oder in Trance von dem höherdimensionalen Bewußtsein leicht angezapft werden und vom Unbewußten ins Tagesbewußtsein vordringen. Daß es dabei oft zu bildhaften, allegorischen Umsetzungen kommt, schmälert nicht den Wert präkognitiv empfangener Botschaften.

14 Dobbs' 5D-Universum

Der britische Mathematiker und Physiker Adrian Dobbs, seinerzeit Dozent an der Universität Cambridge, suchte ebenfalls nach einleuchtenden physikalischen Erklärungen für Telepathie und Präkognition. Er postulierte ein fünfdimensionales Universum mit drei räumlichen und zwei zeitlichen Dimensionen (ähnlich wie zuvor schon Sir Arthur Eddington), um Präkognition erklären zu können. Nach Dobbs bewegt sich der »Pfeil der Zeit« entlang der zweiten Zeitdimension nicht durch eine deterministische, sondern durch eine wahrscheinliche Welt. In dieser zweiten Zeitdimension sind die objektiven Wahrscheinlichkeiten zukünftiger Ereignisse »gleichzeitig-gegenwärtig« existierende dispositionelle Faktoren, welche die Zukunft geneigt machen oder disponieren, in einer bestimmten spezifischen Weise einzutreten.

Durch diese Hypothese versucht Dobbs etwa auftretende Paradoxa zu vermeiden. Informationen über die von ihm als »Vorentwürfe« bezeichneten Wahrnehmungen der Wahrscheinlichkeitsfaktoren sieht er durch sogenannte »Psitronen« übermittelt, die in der zweiten Zeitdimension in Erscheinung treten sollen. Nach Meinung des verstorbenen Schriftstellers Arthur Koestler, der sich ein Leben lang mit Psi-Phänomenen befaßte, stellt Dobbs' Konzept des Psitrons »in der Tat eine Zusammenschau der gegenwärtigen Tendenzen in der Quantentheorie und der Hirnforschung dar. Es [das Psitron] hat imaginäre Masse und kann sich somit nach der Relativitätstheorie ohne Verlust an seiner (imaginären) Energie schneller als mit Lichtgeschwindigkeit fortbewegen«. Wer wäre nicht sofort an G. Feinbergs Tachyonen erinnert, denen man genau diese Eigenschaften zuspricht?

Ein Dr. W. Sellnik meinte vor einiger Zeit, daß der die Zukunft Voraussehende allein die Rolle des Senders *und* Empfängers der prophetischen Botschaft *in einer Person* verkörpere. Wörtlich: »Denn erst das, was er [der ›Informierte‹] in der Zukunft erfahren wird, weiß er bereits zuvor, weil anzunehmen ist, daß sich ein psycho-physikalisches Feld in seiner Psyche ausgespannt hat, das einen in der Zeit gerichteten, mit der Botschaft besetzten Impuls trägt, um den Inhalt in einem dafür geeigneten seelischen Stimmungszustand bewußt werden zu lassen. Das Ganze ist nur denkbar, wenn wir dafür einen kurzen Durchgang durch die vierte Dimension annehmen können, bei dem zwangsläufig alle Symmetrieprinzipien umgekehrt werden.«

Die Hypothese erfährt dadurch eine interessante Weiterung, daß Sellnik, ähnlich wie der Autor in seinem Buch *Der Überraum,* einen zeitlich rückwärts gerichteten Informationsimpuls für das Präkognitionsphänomen verantwortlich macht. Unverständlich erscheint hingegen seine Behauptung, der Voraussehende allein stelle gleichzeitig Sender und Empfänger der präkognitiven Information dar. Denn wie ließe sich dies mit der Tatsache erklären, daß irgendwelche visionär begabten Sensitiven (z. B. Gérard Croiset †) präkognitiv empfangene Aussagen über für sie total unbekannte Personen machen? Wie könnten sie dann etwa Naturkatastrophen voraussagen, die ihren persönlichen Schicksalsverlauf kaum oder überhaupt nicht berühren? Kein auslösendes, in die Zukunft abgestrahltes (von *jedem* Sensitiven zu empfangendes) Schicksalssignal – dann auch kein rückwärts gerichteter präkognitiv zu empfangender Impuls aus der Zukunft!

Es scheint, als müßten wir griffigere Präkognitionstheorien auf einer etwas breiteren Basis entwickeln.

15 Kriterien für echte Präkognition

Für die Qualität präkognitiver Informationen dürften vor allem der zeitliche und dimensionale Abstand des Visionärs vom Ereignis ausschlaggebend sein. Aufgrund einschlägiger Erfahrungen mit Aussagen präkognitiv begabter Medien konnte man feststellen, daß deren Informationen mit dem Herannahen einschneidender Ereignisse immer präziser werden, daß sich auch der Eintrittszeitpunkt immer exakter bestimmen läßt. Es hat den Anschein, als ob sich die zum vorgegebenen Geschehen hinführenden, als Schwingungen gedachten positiven und negativen Schicksalsfaktoren erst auf das bevorstehende Ereignis einpendeln müßten. In größerer Entfernung vom Eintrittszeitpunkt, wenn also die Schwingungsamplituden noch sehr groß sind, wird der Sensitive das künftige Geschehen sehr vage, d. h. lediglich grob umrissen, wahrnehmen können. Unmittelbar vor dem Geschehenseintritt, wenn sich das Für und Wider zum »So kommt es!« stabilisiert – oft nur wenige Stunden, Minuten oder gar Sekunden zuvor –, kann das Medium ziemlich präzise den Zeitpunkt eines Ereigniseintritts nennen.

Im Zusammenhang hiermit erscheinen die Arbeiten der Physiker G. Feinberg und H. Puthoff/R. Targ höchst bemerkenswert. Diese Wissenschaftler gehen davon aus, daß eine Wellengleichung auch zeitlich stets zwei Lösungen aufweist. Bemerkt wird von uns meist nur die kausale (im Tagesbewußtsein), die andere dagegen weniger, d. h., sie wird häufig sogar unterdrückt.

Puthoff vermutet nun, daß die aus der Zukunft in die Gegenwart vordringende, informationsgeladene Welle offenbar sehr schnell gedämpft wird. Dies wäre mithin wohl ein Grund dafür, daß zukünftiges Geschehen um so besser vorausgesagt werden kann, je näher man an das Ereignis herankommt.

Die oben erwähnten Wissenschaftler wollen mittels elektronischer Meßgeräte festgestellt haben, daß sich innerhalb eines 0,2-Sekunden-Intervalls schon beachtlich exakte Vorhersagen erzielen lassen. Bei einigem Training ließe sich der Ereigniseintritt noch viel früher bestimmen, von spontanen Wahrnehmungen ganz zu schweigen.

Unter dem oben erwähnten »dimensionalen Abstand« vom Ereignis soll eine hypothetische »psychische Wahrnehmungshöhe« (Qualität der Information) verstanden werden, ein Bewußtseinsniveau jenseits unseres bekannten Raumzeit-Kontinuums, von dem aus sich aufgrund seiner erhabenen Position möglicherweise eine ganze Kausalkette von Ereignissen mehr oder weniger genau und vollständig überschauen läßt. Der Autor geht davon aus, daß die Qualität einer präkognitiven Erfahrung von immer »höheren« Seinsbereichen (Dimensionen) aus immer besser wird. Allerdings dürfte von sehr hohen dimensionalen Strukturen aus das Interesse des

Bewußtseins-»Scouts« an dem zu erforschenden irdischen Ereignis immer mehr abflachen und das für bislang noch nicht erfahrene Phänomene – in unserer Welt unbekannte, phantastische Faben, sphärische Klänge, bizarre Objekte, spontan erlebte Paraphänomene usw. – enorm zunehmen. Offenbar können sich in diesem für uns ungewöhnlichen Zustand nur erstklassige Medien auf das für uns Wesentliche (sprich: Irdische) konzentrieren und die sich ihnen darbietende »Gesamtschau« vorteilhaft nutzen. Aus dieser erhabenen Sicht erkennt der präkognitiv Veranlagte nicht nur die Zusammenhänge von Schicksalskausalketten, sondern möglicherweise auch Folgewirkungen und periphere Ereignisse. Der Autor vergleicht in seinen diversen Publikationen das Einpendeln schicksalsbestimmender Vorgänge bis hin zur Stabilisierung zum Geschehenszeitpunkt mit den Vorgängen im elektrischen Schwingkreis: »Grundsätzlich unterscheidet man beim elektrischen Schwingkreis zwischen ungedämpften und gedämpften Schwingungen *(Bild 3)*.

Gerade am Beispiel der gedämpften Schwingungen läßt sich gut darstellen, wie es zum Eintritt vorläufig endgültiger Ereignisse kommen könnte. Einflüsse aus der Zukunft und Vergangenheit wechseln einander ab und pendeln sich schließlich am vorläufigen Eintrittspunkt (E) auf der Schicksals-Eintrittslinie (EL) gegenseitig aus. Stillstand bedeutet vorläufiger Schicksalseintritt. Der Vergleich hinkt insofern, als daß Eintrittstendenzen keinesfalls mathematisch ›astreine‹ Wellenkurven produzieren. Einmal wird mehr die Vergangenheit, ein anderes Mal mehr die Zukunft ihren Einfluß geltend machen. Eine mathematische Erfassung dieser Vorgänge erscheint ohnehin illusorisch.

Im elektrischen Schwingkreis ergeben sich nun, analog zum ›Schicksals-Einpendelvorgang‹, bestimmte Schwingungs-, Auf- und Entladezustände. Der Schicksals-Einpendelvorgang entspricht mehr dem Verhalten eines Schwingkreises, in dem

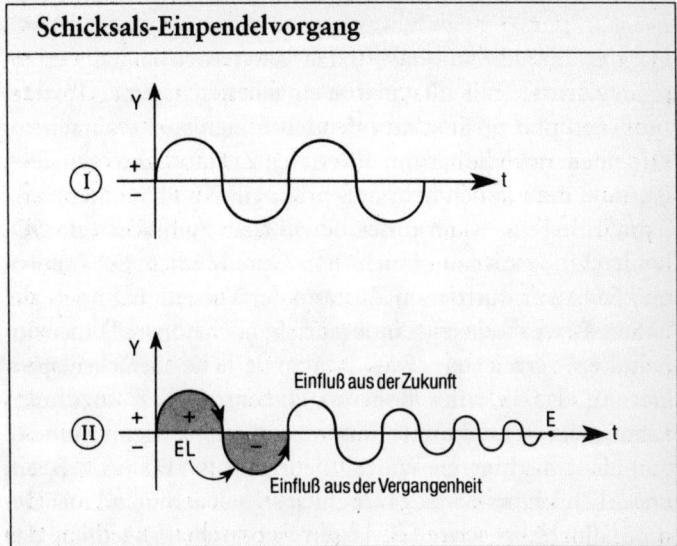

Bild 3: *Unser Schicksal wird nicht nur von der Vergangenheit, sondern auch von der Zukunft aus beeinflußt. Dies läßt sich am besten an elektrischen Schwingkreisen verdeutlichen: Kurve I: ungedämpfte Schwingungen; Kurve II: gedämpfte Schwingungen; EL: Schicksals-Eintrittskurve; E: Eintrittszeitpunkt; t = Zeit.*

gedämpfte Schwingungen erzeugt werden (II). Durch starkes Dämpfen (beim Schicksal: sogenannter ›freier Wille‹ und ›Schicksalsdrift‹) wird eine Tendenz stabilisiert, pendelt sich ein Vorgang langsam auf die Nullage, den Eintritt eines ›vorläufig endgültigen‹, in sich abgeschlossenen Ereignisses, ein.« Die Einflußnahme schicksalsbestimmender Faktoren aus Vergangenheit *und* Zukunft läßt sich noch am einfachsten an einer Waage demonstrieren. Um den Zeiger in Nullstellung zu halten, muß man *beidseitig* stets die gleichen Gewichte zulegen. Dieser grobe Vergleich mag ausreichen, um den äußerst komplizierten Vorgang des Ausformens von Ereignissen besser nachvollziehen zu können.

163

Da das omnidirektionale (nach allen Richtungen verlaufende) Zeitfeld mit allen in ihm eingebetteten, jemals stattgefundenen und noch stattfindenden Ereignissen wahrscheinlich einem noch höherdimensionalen Zustand untergeordnet
ist, muß man annehmen, daß präkognitive Phänomene erst
dann auftreten, wenn unser Bewußtsein zumindest ein 5D-
Beobachtungsniveau erreicht hat. Gute Medien, Schamanen
und Mystiker dürften im Zustand der Versenkung noch viel
höhere Bewußtseinszustände (sprich: noch höhere Dimensionalitäten) erreichen. Das unabänderliche Schicksalsprogramm, das in einer höheren Dimensionalität sozusagen
»eingraviert« ist, könnte uns nun durch »Scheinvisionen«
von einer niedrigeren Warte (niedriger als 5D) aus z. B. ein
angeblich bevorstehendes Unglück signalisieren und uns Gegenmaßnahmen ergreifen lassen, wodurch tatsächlich das
anderweitig real werdende Ereignis verhindert und die »echte
Vision« – das Nichtgeschehen – (evtl. eine 6D-Vision) in
letzter Konsequenz erfüllt werden würde. Von einer höheren
Warte aus hätte man jedoch – ohne den »Umweg« über die
niedrigere Dimensionalität – den Nichteintritt des Ereignisses direkt wahrnehmen können. Handelt es sich bei diesen
»umständlichen Schicksalsprogrammen« lediglich um eine
Art »Erziehungsmaßnahme«, um Prüfungen, oder soll uns
auf diese Weise das Vorhandensein eines »freien Willens«
vorgegaukelt werden, um uns nicht in Frustration und Verzweiflung versinken zu lassen? Umgekehrt hätte durch raffiniertes »Austricksen« des Visionärs auf einer niederdimensionalen Wahrnehmungsebene auch gerade das Gegenteil
eintreten können: die Realisierung eines nicht echt wahrgenommenen und damit unvermuteten Ereignisses in der Zukunft. Dieses Ereignis hätte man ebenfalls von einer höheren
Dimensionalität aus »beobachten« können. Da dies nicht

zutraf, darf man vermuten, daß die Wahrnehmung hier in einem Bewußtseinszustand erfolgte, der einer niederen Dimensionalität zugeordnet war.

Scheinvisionen dieser Art verfolgen offenbar den Zweck, zur Verhütung von Paradoxa ein vorprogrammiertes, unabänderliches Ereignis *unbedingt* real werden zu lassen. Wendet die »Schicksalsprogrammierung« nicht eben solche Tricks an, so würden die durch allzu eindeutige (echte) präkognitive Informationen Vorgewarnten evtl. eine Abwendungstaktik betreiben, was Paradoxa (die es aber nicht geben kann, da diese sich selbst ad absurdum führen müßten) heraufbeschwören würde. Willentliches Herbeiführen oder Abwenden irgendwelcher Ereignisse, entsprechende Manipulationen entgegen der uns vom Schicksal zugedachten Leitlinie werden somit stets subjektive Beeinflussungsversuche sein. Anders ausgedrückt: jegliche Aktivitäten, die wir zeit unseres Lebens entfalten – seien sie noch so aufwendig und ehrgeizig – sind letzten Endes nichts anderes als eine Farce... reine »Beschäftigungstherapie«. Keiner ist von dieser Schicksalsregelung ausgenommen – weder die Armen noch die Mächtigen im Lande, weder die Bescheidenen noch die Habgierigen, auch nicht die Trotzigen, die mit ihrem unbeugsamen Willen und/oder Wissen alles, was sie sich vorgenommen haben, zustande bringen möchten. »Rien ne va plus«... nichts geht mehr, wenn das Schicksal anders disponiert hat.

Was man im Traum oder im somnambulen Zustand wahrnimmt, ist, wie *Bild 4* erkennen läßt, jeweils nur eine von vielen Pseudomöglichkeiten (hier durch die Zahlen 1, 2, 3, 4, 5...n angedeutet), die uns das Schicksal (scheinbar) läßt – »Möglichkeiten«, die durch das Zusammenspiel von sogenanntem »freien Willen« und äußeren schicksalhaften Einflüssen – der Schicksalsdrift – entstehen.

Der echte Ereigniseintritt erfolgt ausschließlich und unweigerlich bei Punkt E *(Bild 4)*. Je näher man sich auf den hier

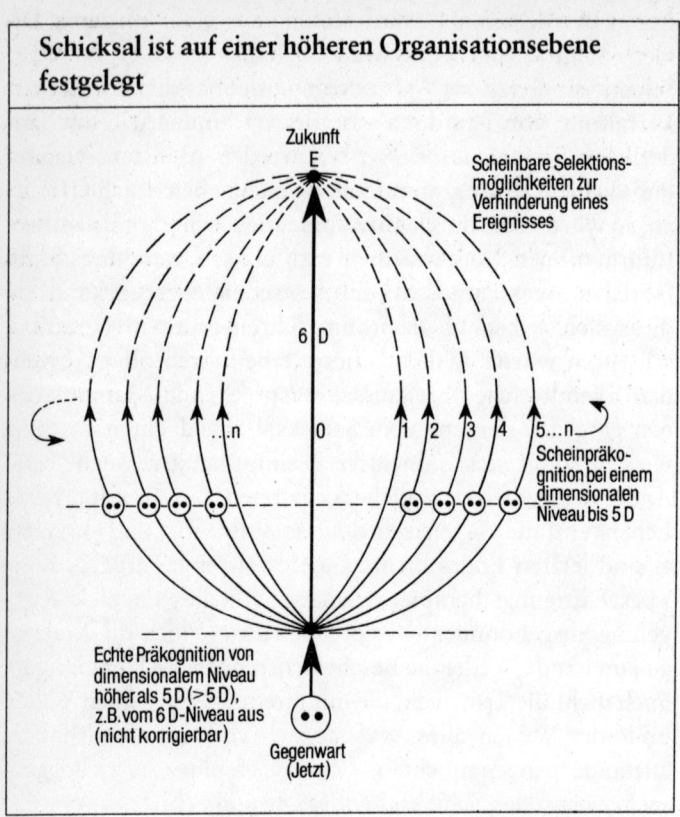

Schicksal ist auf einer höheren Organisationsebene festgelegt

Zukunft
E

Scheinbare Selektionsmöglichkeiten zur Verhinderung eines Ereignisses

6 D

...n   0   1 2 3 4 5...n

Scheinpräkognition bei einem dimensionalen Niveau bis 5 D

Echte Präkognition von dimensionalem Niveau höher als 5 D (>5 D), z.B. vom 6 D-Niveau aus (nicht korrigierbar)

Gegenwart
(Jetzt)

Bild 4: Einfache Darstellung von echter und Scheinpräkognition. Von einer höheren Dimensionalität (Organisationsebene) aus sind präkognitiv erfahrene Schicksale nicht korrigierbar, versagen Abwendungsmaßnahmen; der freie Wille ist ausgeschaltet.

sechsdimensionalen Zustand hinbewegt, desto wahrscheinlicher wird es, echte Präkognition zu erfahren. Von fünfdimensionaler oder einer niedrigeren Warte aus kann man im Prinzip nur die unterschiedlichen und unendlich vielen Pseudomöglichkeiten (Scheintrends) erkennen. Alle diese Kurven bewegen sich jedoch letztlich auf den Eintrittspunkt E zu, den man vom 6D-Niveau aus direkt, d. h. unverfälscht, erfaßt.

Bei keiner visionären Wahrnehmung kann also mit Sicherheit gesagt werden, von welchem dimensionalen Niveau (Bewußtseinsebene) aus die präkognitive Information eingeholt wurde. Gewißheit erhält man erst nach Eintritt oder auch Nichteintritt des »vorhergesehenen« Geschehens, dann also, wenn am Schicksalsverlauf ohnehin nichts mehr zu ändern ist, wenn die vorgegebenen Bedingungen erfüllt sind... ein perfekt funktionierender Automatismus, aus dem niemand von uns auszubrechen vermag, auch dann nicht, wenn er dies unter Aufbietung all seiner Kräfte zu können glaubt.

VII

Realitätswechsel

>»Es gibt keine ›andere Seite‹, nur Ebenen des Be-
greifens eines einzigen großen Universums.«
Arthur Ford

1 Wenn Dinge verschwinden

Daß Gegenstände, die wir tagtäglich benutzen, gelegentlich
verschwinden, daß wir verzweifelt nach ihnen suchen und sie
dann an irgendwelchen »unmöglichen« Stellen wiederfinden,
ist nichts Außergewöhnliches.

Bleibt dagegen die Suche erfolglos, haben wir die in Frage
kommenden Räume – auch »ausgefallene« Verstecke –
mehrmals und bis ins Detail durchkämmt, vergeblich darauf
gewartet, daß irgendein dummer Zufall das vermißte Objekt
plötzlich wieder zum Vorschein bringt, wächst nicht nur der
Unmut über den erlittenen Verlust. Manchen von uns drängt
sich in einer solchen Situation der Verdacht auf, daß hier
fremde, unkontrollierbare Kräfte am Werk seien, deren ganzes Streben darauf gerichtet ist, Verwirrung zu stiften und
unsere Hilflosigkeit gegenüber schicksalhaften Entwicklungen zu demonstrieren.

Bleiben vermißte Gegenstände verschwunden – scheiden
Diebstahl oder völlige Zerstörung (Auflösung) aufgrund äußerer Einwirkung aus –, fragen wir uns betroffen, welchen
Weg die verschwundenen Objekte wohl gegangen sein mögen. In vielen Fällen scheinen rationale Erklärungen ganz
einfach versagen zu wollen.

Vor etwa zehn Jahren erwarb eine Ida Feitelberg aus Lake Worth (USA) nach eigenen Angaben bei einem ortsansässigen Juwelier, Bill Swanson, zwei hübsche, handgefertigte Schmuckkreuze unterschiedlicher Größe samt der zugehörigen Halsketten. Kreuze dieser Art wurden von Mr. Swanson nur individuell anhand von Zeichnungsunterlagen angefertigt, um eine gewisse Exklusivität zu wahren.

Im Laufe der Zeit gewöhnte sich Mrs. Feitelberg daran, nur noch das größere der beiden Kreuze zu tragen. Sie legte es lediglich beim Baden ab und trug es, ähnlich einem Amulett, auch nachts.

In der Nacht vom 21. zum 22. Januar 1973 geschah etwas Unfaßbares: Das Kreuz verschwand von ihrem Hals, es löste sich auf mysteriöse Weise von einer am anderen Morgen noch völlig intakten Kette. Immer noch der Meinung, daß sich vielleicht das Verbindungsglied direkt am Kreuz gelockert habe, durchkämmte Mrs. Feitelberg die ganze Wohnung, ohne auch nur eine winzige Spur von dem vermißten Gegenstand zu entdecken.

Sieben Monate später, am 20. August 1973, tauchte das Kreuz unter ebenso geheimnisvollen Umständen wieder auf. Als Mrs. Feitelberg ihr Schlafzimmer betrat, lag es auf ihrem Bett, als sei es eben von unsichtbarer Hand dorthin gelegt worden.

Dieser Fall erscheint um so rätselhafter, wenn man bedenkt, daß besagte Dame jede Woche ihr Bett frisch bezieht und bei dieser Gelegenheit alle Matratzen wendet. Bettbezug und Matratzen mußten während dieses Zeitraumes demnach zumindest 28mal gewechselt worden sein, häufig genug, um ein nicht gerade winziges Schmuckkreuz auf normale Weise wieder auftauchen zu lassen.

Mrs. Feitelberg untersuchte das wiedergefundene Kreuz natürlich sehr gründlich, um das »Wie« des Verschwindens aufzuklären. Sie stellte dabei erstaunt fest, daß das Verbindungsglied am Kreuz, genau wie das an der Kette, keine Bruchstelle aufwies.

Man darf wohl fragen, wer oder was für die Entfernung des Kreuzes verantwortlich war, auf welche Weise dies geschah, wo sich der vermißte Gegenstand während besagter sieben Monate aufhielt und wie er schließlich, scheinbar ohne jeglichen logischen Zusammenhang, wieder in das Schlafzimmer von Ida Feitelberg zurückbefördert wurde.

Ähnliches muß sich Terry Semones, Lehrer an der Grundschule in Monroe, Michigan, gefragt haben, der Anfang Dezember 1968 ein Geschenkpaket an seine Zwillingsschwester, Mrs. Sherry Hostler in Grand Island, Nebraska, aufgegeben hatte. Jedes der Geschenke war von ihm liebevoll einzeln verpackt, in einem großen Karton sorgfältig verschnürt, zur Post gebracht worden.

Als Mrs. Hostler das Geschenkpaket öffnete, fiel ihr sofort ein hübscher goldener Ring auf, der unverpackt zwischen den anderen Gaben lag und offenbar gar nicht hierher gehörte. Als sie sich kurze Zeit darauf bei ihrem Bruder telefonisch für die schöne Geschenksendung bedankte, wollte sie wissen, warum er sie mit einem so wertvollen Schmuckstück bedacht habe. Natürlich wußte Semones nichts über diesen Ring.

Bedacht darauf, dem Geheimnis auf die Spur zu kommen, bat er um Überlassung des Ringes, in dessen Fassung die Initialen T. A. N. eingraviert waren. Auf dem oberen Bogen der Fassung, die einen runden Aquamarin hielt, fand Mr. Semones den ersten Hinweis auf die Herkunft des Ringes: Staunton Military Academy. Links war die Jahreszahl 1968, rechts die militärische Floskel »Truth, Duty, Honor« (Wahrhaftigkeit, Pflicht, Ehre) eingraviert.

Semones kannte eine Militärakademie dieses Namens nicht. Er mußte Nachschlagewerke bemühen, um festzustellen, daß sie sich in Virginia befindet. Anhand der Jahreszahl und der Initialen konnte man schließlich den Eigentümer dieses merkwürdigen Ringes ausfindig machen. Thomas A. Nugent (T. A. N.) war überrascht, als er sein teures Erinnerungsstück unverhofft zurückerhielt. Der Ring war ihm vor mehr als einem Jahr auf unerklärliche Weise abhanden gekommen, und er hatte schon längst alle Hoffnung aufgegeben, ihn je wiederzufinden.

2   Auf »Tauchstation« im Hyperraum

Wie jeder Vorgang in unserem Universum, setzt auch der des Verschwindens von Personen und Objekten zweierlei voraus: Raum und Zeit. Gäbe es sie nicht, so wäre die Existenz materieller Dinge, wie wir sie erleben, ohnehin undenkbar. Begriffe, wie »verlieren«, »verschwinden« und »wiederauftauchen« darf man als typische Attribute unserer materiellen Welt betrachten. Sie sind in einer raumzeitlosen, alles durchdringenden (und somit feinstofflichen) Wirklichkeit ebenso »fragwürdig«, wie es für uns etwa die Teleportation und andere paranormale Phänomene zu sein scheinen.

Raum und Zeit sind in unserem Universum normalerweise unauflösbar miteinander verbunden. Jeder Raum, jede räumliche Ausdehnung schlechthin, schließt zwangsläufig zeitliche Abläufe – die Zeit – mit ein.

Der russische Astrophysiker N. A. Kozyrew will festgestellt haben, daß die Zeit nicht nur einen Drehrichtungssinn, sondern auch energetische Qualitäten besitzt. Da die Beziehung zwischen Energie und Masse durch die Einsteinsche Gesamtenergieformel $E = mc^2$ eindeutig festlegt, darf man des weiteren auf Zusammenhänge zwischen Zeit und Materie schließen. Und diese Zusammenhänge könnten möglicherweise auch das plötzliche Verschwinden von Personen und Sachen erklären, Vorgänge, die unsere Schulphysik bis heute noch nicht zu deuten vermag. Gleich stellt sich die Frage, ob es etwa »Hilfsuniversen«, Durchgangswelten gibt, in denen die vermeintlich verlorenen Objekte vielleicht vorübergehend, sozusagen »auf Abruf«, vielleicht auch für immer, eingelagert sind. In solchen Welten müßte die Zeit neutralisiert, d. h. für unsere Begriffe aufgehoben sein. Das totale Verschwinden eines Objektes, das Herausbugsieren aus unserem Universum durch Eliminieren des Faktors »Zeit«, wäre erweitert-physikalisch durchaus denkbar.

3 »Fallout« aus anderen Dimensionen

Vor einigen Jahren regnete es über einer amerikanischen Kleinstadt Kunststoffknöpfe in solchen Mengen, daß diese ganze Straßenzüge bedeckten. An anderen Orten fielen zerfetzte Fischteile vom Himmel; sie sollen Flächen von mehreren Quadratkilometern bedeckt haben. Zu den Souvenirs, die plötzlich vom Himmel fallen (oder sollte man nicht besser »sich materialisieren« sagen?) gehören auch Frösche, Schlangen und Alligatoren. Die Fundorte, d. h. die Stellen, wo sich irgendwoanders abhandengekommene Objekte materialisierten, sind oft nicht minder originell.

Im Herbst 1972 zog George Dean aus Bacton, England, beim Fischen einen Dorsch an Land, in dessen Magen er eine uralte Bronzemünze fand. Archäologen einer nahegelegenen Universität, denen er später seinen seltsamen Fund präsentierte, hielten das Metallstück für eine römische Münze aus dem vierten Jahrhundert. Ihr Wert wurde damals auf über 200 £ geschätzt.

Wie aber gelangte diese wertvolle Münze in den Magen eines Fisches, der bis zu diesem Zeitpunkt höchstens einige wenige Jahre alt war, der seine Nahrung fast ausnahmslos an der

Wasseroberfläche aufstöbert? Daß er den Boden des Gewässers absucht, um sich eine dort seit mehr als 1600 Jahre im Schlick ruhende und für ihn völlig ungenießbare Münze einzuverleiben, erscheint höchst unwahrscheinlich. Gegenstände, die in freien Gewässern verlorengehen, sind zudem schon nach wenigen Jahren von allerlei Ablagerungen, wie Tang, Seepocken, Muscheln und Kleintierchen überwuchert.

Bleibt als einzige natürliche Erklärung scheinbar nur noch die Möglichkeit, daß ein hobbymüder Münzsammler seine Schätze zweckentfremdet dem Meer überantwortete und unser hungriger Dorsch eines der kostbaren Stücke rein zufällig aufschnappte. Ein paar Zufälle und Unwahrscheinlichkeiten zu viel, wird man zugeben müssen.

Gibt es möglicherweise noch eine andere Erklärung für diesen ungewöhnlichen Fund? Könnte es nicht so sein, daß die Münze einem feilschenden Händler während der Zeit des römischen Imperiums zufällig aus der Hand glitt, daß sie im wahrsten Sinne des Wortes »ins Bodenlose«, in ein »Nichts« fiel ... in eine Welt jenseits der unsrigen, um dann 1600 Jahre später wieder in unser Raumzeit-Kontinuum zurückgeschleudert zu werden, um sich letztendlich im 20. Jahrhundert im Magen eines Dorsches zu materialisieren?

Was wissen wir denn schon über die wahren Zusammenhänge zwischen unserer und einer übergeordneten Realität, über mögliche Schwachstellen und »natürliche« Transitkanäle im vierdimensionalen Universum?

In den sechziger Jahren wollen Eingeborene im dichtesten Urwald von Neuguinea ein Auto gesehen haben. Daraufhin unternahm eine Gruppe europäischer Wissenschaftler, die dort lebten, eine Expedition zum Fundort, um der ungewöhnlichen Sache auf den Grund zu gehen. Etwa 25 Kilometer von der Küste entfernt fand man, eingebettet in der ewigen Wildnis, umschlossen von einer grünen Mauer des Vergessens, tatsächlich die Überreste eines französischen Kraftfahrzeugmodells aus dem Jahre 1961. Kein Weg, keine Karte führt in diese grüne Hölle.

Dr. Per Windler, der diese Expedition anführte, wußte keine Erklärung dafür, wie ein noch verhältnismäßig neues Auto dorthin gelangen konnte. Selbst geländegängige Landrover versagen häufig beim Durchqueren weniger stark bewachsener Urwaldregionen.

Es drängt sich die Frage auf, ob vielleicht ein Transportflugzeug in einer Notsituation unnötigen Ballast abwarf, um wieder an Höhe zu gewinnen. Niemand wußte dies mit absoluter Sicherheit zu sagen. Entsprechende Meldungen von Flugzeugbesatzungen lagen jedenfalls nicht vor. Man hatte Erkundigungen eingezogen.

Warum aber sollte jemand ein Auto – ganz gleich, ob es sich hierbei um ein schrottreifes oder ein völlig neues Modell handelt – einfach über einem weglosen Urwaldgebiet abkippen? Nur so zum Spaß? Ein recht kostspieliger, wenn man den aufwendigen Lufttransport hinzurechnet.

Am 27. Oktober 1956 bescherte der *San Francisco Chronicle* seinen Lesern eine unglaubliche, provozierende Headline: »Wer schleudert Affen zur Erde?«

Mrs. Faye Swanson aus Broadmoor (Kalifornien) machte am Morgen des 26. Oktober, als sie den Hinterhof ihres Anwesens zum Wäscheeinholen betrat, eine grausige Entdeckung. Auf dem Boden hingetreckt lagen die kärglichen Überreste einer Affenleiche. Das arme Tier mußte in der Nacht mit aller Wucht auf die Wäschestütze geprallt sein, da der zur Befestigung der Leine errichtete, massive Pfosten vollkommen zersplittert war.

Findige Journalisten, die diesen Fund mit einer Panne im Luftfrachtsystem in Verbindung brachten, erkundigten sich bei den Aufsichtsbehörden des Internationalen Flughafens von San Francisco, ob sich in der Nacht zuvor an Bord irgendeines Flugzeuges, das diese Gegend überflogen habe, eine Ladung Affen befunden hätte. Man verneinte dies, und der Fall konnte nie aufgeklärt werden.

Eula B. Yonder lebte in ihrer Kindheit zusammen mit ihren Eltern auf einer abgelegenen Farm im Südwesten Oklahomas. Sie erinnert sich noch recht gut an jenen schrecklichen Wolkenbruch, der im Jahre 1910 weite Teile des Landes heimsuchte. Zusammen mit sintflutartigen Niederschlägen fielen seltsamerweise auch Fische, Frösche, Schlangen und Steinbrocken vom Himmel. Einige dieser Tiere hätten bei Bodenberührung sogar noch gelebt, seien aber bald darauf eingegangen. Sie wären fast alle farblos und bis zu einem gewissen Grad sogar durchsichtig – ähnlich wie »Götterspeise« – gewesen.

Handelte es sich hierbei vielleicht um Urformen der animalischen Evolution, um Opfer einer Raumzeit-Verschiebung, die sich erst im Jahre 1910 auswirkte? Stand ihr Erscheinen mit dem plötzlich hereinbrechenden Unwetter möglicherweise gar nicht in unmittelbarem Zusammenhang, war nicht eher das Gegenteil der Fall? Waren diese atmosphärischen Störungen vielleicht erst durch eben diese Bewirkungen aus anderen raumzeitlichen Realitäten hervorgerufen worden? Hatte man es bei den damals niedergegangenen Tieren unter Umständen mit Spezies zu tun, die vor Millionen von Jahren von ihren angestammten Brut- und Laichplätzen verschwunden waren, um dann unvermittelt, quasi übergangslos in der Jetztzeit (1910) aufzutauchen? Und haben wir es hier mit einer Art kosmischem »Fallout« zu tun, verursacht durch Umschichtungen oder Risse im Raumzeit-Gefüge?

Daß es solche Raumzeit-Strudel tatsächlich gibt, dürfte durch die Existenz sogenannter Schwarzer und Weißer Löcher – als Mini-»Ausgaben« auch in unserer unmittelbaren Umgebung – außer Frage stehen. Einmal von einem derartigen Strudel erfaßt, wären Nullzeitbewegungen durch den Hyperraum durchaus keine Utopie mehr. Unsere Gegenwart dürfte sowohl von der Vergangenheit als auch von der Zukunft öfter eingeholt werden, als wir dies für möglich halten.

4   Wie vom Boden verschluckt

Wenn es möglicherweise unendlich viele parallele Universen gibt, die mit dem unsrigen auf unvorstellbare Weise verschachtelt sind, sollte der Nachweis ihrer Existenz auch indirekt, durch das plötzliche Verschwinden von Personen und Sachen, d. h. durch raumzeitliche Versetzungen, möglich sein.

Versetzungen in Raum und Zeit gehen häufig mit tragischem Geschehen einher. So ereigneten sich in den vierziger Jahren in der Gegend des Mt. Glastonbury (US-Staat Vermont) zahlreiche unerklärliche Vorfälle, die in diesem Umfang als selten zu bezeichnen sind und daher Anlaß zu manchen Spekulationen geben. Sie dürften selbst Skeptiker der paranormalen Szene aufhorchen lassen. Die Serie von Fällen mysteriösen Verschwindens dort ansässiger Personen oder Besucher begann, als sich am 12. November 1975 der 75jährige Jagdbegleiter und Fremdenführer Middie Rivers, der eine Gruppe von Bergsteigern durch völlig erschlossenes Terrain führte und dabei stets nur wenige Meter von seinen Begleitern einherschritt, plötzlich in »Luft auflöste«. Rivers hinterließ nicht die geringste Spur. Obwohl Polizei und Hunderte von Freiwilligen nach ihm suchten, konnten nicht einmal Überbleibsel der von ihm mitgeführten Gegenstände gefunden werden.

Ein unternehmungslustiger Teenager namens Paula Weldon verschwand ein Jahr später in der gleichen Gegend ebenfalls auf bislang ungeklärte Weise. Mit der Absicht, ihren Pflichten im College zu entrinnen, machte sie sich per Autostopp und zu Fuß auf die Wanderschaft. Während ihres ziellosen Umherziehens wurde sie von zahlreichen Personen an unterschiedlichen Orten gesehen... bis sie von einem Tag zum anderen spurlos verschwand. Wieder traten Suchkommandos in Aktion, wieder beteiligten sich zahlreiche Zivilpersonen an der Suche. Vergeblich. Paula Weldon bieb verschwunden.

Etwa drei Jahre später beabsichtigte James Tetford die ebenfalls in der Nähe des Mt. Glastonbury gelegene Stadt Bennington zu besuchen. Er bestieg nach zuverlässigen Zeugenaussagen den richtigen Bus, ohne jedoch sein Ziel, die Stadt Bennington, je zu erreichen.

Brad Steiger, ein amerikanischer Autor, der sich mit diesem Fall ausführlich befaßte, rekapituliert: »Nachforschungen ergaben keine Anhaltspunkte für die eigentliche Ursache von Tetfords Verschwinden. Mehrere Leute wollen ihn im Bus gesehen haben, aber niemand beobachete, wie er ausstieg. Es dürfte wohl kaum möglich sein, einen fahrenden Bus zu verlassen, ohne von anderen Fahrgästen oder vom Fahrer selbst gesehen zu werden.«

Im Jahre 1950 ereignete sich in Bennington ein ähnlicher Fall. Ein Mr. Jepson ließ seinen achtjährigen Sohn Paul in der Fahrerkabine seines Lieferwagens zurück, um schnell einige Aufträge zu erledigen. Als er nach einer Weile zurückkam, war sein Sohn verschwunden. Die anschließend eingeleitete Suchaktion verlief wie gehabt: Polizei, zivile Suchtrupps, Bluthunde im Einsatz, ein paar Mutmaßungen... aus. Seltsam mutet es an, daß die Hunde in der gleichen Gegend, wo Paula Weldon zuletzt gesehen worden war, die bereits aufgenommene Spur endgültig verloren. Es war, als hätte sich der kleine Paul Jepson in Luft aufgelöst. Hatte er das? War er vielleicht aus unserem Raumzeit-Gefüge herausgekippt? Wo mag er sich jetzt befinden?

Sieht man von den Begleitumständen und Schrecken einer

erzwungenen raumzeitlichen Versetzung einmal ab, so gibt es auch Fälle, in denen Verschollene nach längerer Abwesenheit ganz plötzlich wieder auftauchten. Ein solches Abenteuer erlebte der neunzehnjährige Bruce Burkan, der am 24. Oktober 1967, ziemlich heruntergekommen, mit einem viel zu engen Anzug bekleidet und ganzen 7 Cents in der Tasche an einer Bushaltestelle in Newark (New Jersey, USA) herumstand. Er hatte nicht die geringste Ahnung, warum er dort stand, wie er dorthin gelangte und was in den letzten Wochen mit ihm geschehen war. Nachdem man ihn wieder seiner Familie zugeführt hatte, ließ sich dieser Fall, trotz großer Schwierigkeiten, zumindest bis zum Augenblick seines Verschwindens rekonstruieren. Folgendes war geschehen:

Am 22. August 1967 besuchte Burkan zusammen mit seiner Freundin einen jener einladenden Strände von New Jersey im Asbury Park. Irgendwann einmal während des Nachmittags ging er – nur mit einer Badehose bekleidet – zur Parkuhr, um dort ein paar Cents einzuwerfen. Als er nach geraumer Zeit nicht zurückgekommen war, hielt seine Freundin nach ihm Ausschau. Sie fand den Wagen verschlossen; von Burkan fehlte jedoch jede Spur. Von diesem Zeitpunkt an galt Bruce als verschollen. Burkans Familie setzte alle Hebel in Bewegung, um den Vermißten ausfindig zu machen. Nachdem deren Bemühungen, ihn wiederzufinden, gescheitert waren, glaubte man mit dem Schlimmsten rechnen zu müssen und hielt zu seinem Gedenken einen Trauergottesdienst ab.

Als Burkan dann am 24. Oktober ganz plötzlich wieder auftauchte, äußerte er sich gegenüber Reportern: »Da ist eine Sache, die mir echt Kopfzerbrechen bereitet. Ich besitze feuerrote Haare. Wo war ich denn nur, daß mich trotz dieses auffälligen körperlichen Merkmals niemand gesehen hat?«

Am 4. August 1968 spielte die elfjährige Graciela del Lourdes Gimenez außerhalb ihrer elterlichen Wohnung in Córdoba (Argentinien). Plötzlich sah sie sich von einer unheimlichen »Wolke« eingehüllt. Graciela: »Ich wollte eben in
unser Haus zurücklaufen, um mir eine Fernsehsendung anzuschauen. Gerade als ich mich umdrehte, sah ich eine
weiße ›Wolke‹ [Nebel] vor mir auf dem Gartenweg. Sie kam
allmählich auf mich zugekrochen, so daß ich die Nachbar-
häuser nicht mehr sehen, mich nicht bewegen oder meiner
Mutter rufen konnte. Was danach kam, weiß ich nicht
mehr. Plötzlich stand ich auf einem großen Platz, auf dem
eine Menge Leute waren.«
Geistesgegenwärtig klopfte Graciela an die Tür eines der
dortigen Häuser, um sich zu orientieren. Man brachte sie,
eine Entführung vermutend, zu einer nahegelegenen Polizei-
station. Dort stellte es sich heraus, daß sie, ohne zu wissen
wie, sozusagen in Nullzeit eine beachtliche Strecke »zurückgelegt« hatte. Sie befand sich, als sie wieder zu sich kam, etwa
mitten in der Stadt auf der Plaza España. Ihre elterliche
Wohnung aber liegt an der Peripherie der Stadt Córdoba,
etliche Kilometer von der Stadtmitte entfernt.
Was bedeuten diese seltsamen, rational kaum erklärbaren
Geschehnisse? Sie ausschließlich mit betrügerischen Machenschaften, Wichtigtuerei oder Hysterie abtun zu wollen,
wäre nur allzu bequem. Kein halbwegs normaler Mensch läßt
Polizei und hilfsbereite Mitmenschen tagelang verlassene
Winkel absuchen, läßt seine Angehörigen wochen- oder gar
monatelang im Ungewissen, um sich daran zu weiden oder
um billigen Rachegelüsten zu frönen.
Es soll keineswegs bestritten werden, daß das Verschwinden
von Personen meist ganz normale Ursachen hat, daß Menschen auch im Zustand fortgeschrittener Amnesie (Erinne-

rungsausfall) oft von zu Hause weglaufen, um später, vielleicht in einer ganz anderen Gegend, gelegentlich unter mysteriösen Umständen plötzlich wieder aufzutauchen. Sie vergessen hierbei nahezu alles, was während der Zeit ihres Untergetauchtseins mit ihnen geschah. Man spricht immerzu von »Gedächtnislücken« und macht es sich mit dieser Begründung jedoch oft nur allzu leicht. Ein Mensch verliert – meist in Streßsituationen – seine Persönlichkeit, er verläßt sein Heim, um sich, ohne später zu wissen, wie dies geschehen konnte, mit einem Mal in einer anderen Stadt wiederzufinden. Wer oder was trieb ihn nun wirklich dorthin?

Häufig gelingt es, die verschütteten Erinnerungen, das Geschehen »dazwischen« (während der Zeit des sogenannten Gedächtnisschwundes) durch hypnotische Regression zu ermitteln, da unser Unbewußtes bekanntlich alle uns betreffenden Vorgänge sorgfältig und klammheimlich registriert. Man kennt aber sehr hartnäckige Fälle, die sich nicht einfach mit Gedächtnisverlusten erklären lassen. Dies gilt z. B. für die zuvor geschilderten Ereignisse in der Gegend um Mt. Glastonbury sowie für unmittelbare »Versetzungen« – Fälle, denen mit normal-physikalischen Interpretationen ebensowenig wie mit »Amnesie« beizukommen ist.

Befassen wir uns nun etwas eingehender mit der Amnesie. Wie äußert sie sich im Detail, und welche Erklärungen haben die Mediziner für den zeitweiligen Verlust des Erinnerungsvermögens?

Nach deren Definition ist hierunter eine Gedächtnisstörung zu verstehen, die sich bei manchen Gehirnkranken zuerst als gestörte Merkfähigkeit äußert. Unfallopfer, die eine Gehirnerschütterung erlitten haben, sollen einen Erinnerungsausfall gerade an jene Ereignisse haben, die der »Bewußtlosigkeit« in einer Zeitspanne von 10 bis 30 Minuten vorausgegangen sind. Man bezeichnet diesen Zustand gewöhnlich als retrograde Amnesie. Glücklicherweise ist hiervon nur der sogenannte »Kurzzeitspeicher« im Gehirn betroffen. Irritationen dieses Speichers können jedoch oft über lange Perioden der Rekognosvaleszenz anhalten und viel Verdruß bereiten. Bislang konnte noch nicht geklärt werden, ob es zwischen den sogenannten »Gedächtnisleerräumen« und paranormalem Geschehen irgendwelche interessante und aufschlußreiche Zusammenhänge gibt, obwohl vieles darauf schließen läßt. Es müßte sie eigentlich geben, denn das Bewußtsein ist das bestimmende Element allen Seins. Ein »Ausfall« – gemeint ist das Abkoppeln des Bewußtseins von der Physis – wäre gleichbedeutend mit dem Ableben des hiervon Betroffenen, nicht aber mit einem ultimaten Nirwana, einem Endzustand, der allen Erhaltungssätzen in der Natur eindeutig widersprechen würde. Wo aber befinden wir uns nun wirklich, wenn – aus welchen Gründen auch immer – unser Gedächtnis einmal aussetzt, wenn Erinnerungslücken auftreten und wir über gewisse Geschehensabläufe zumindest vorübergehend nicht mehr Bescheid wissen?

6 Psycho-Double

In der Fachliteratur der Parapsychologen wird über Personen berichtet, die an zwei oder mehreren Orten gleichzeitig erschienen sind. Nicht immer waren es nur Heilige, die die Gabe der *Bilokation* – so die Bezeichnung für dieses Paraphänomen – besaßen. Auch im Profanen kam und kommt es bisweilen auch heute noch zu synchronem Geschehen, das offenbar allen Regeln der Kausalität zuwiderläuft. Durchforscht man einmal unseren Märchen- und Sagenschatz, so findet man auch hier mehr als nur eine Geschichte, in der die Bilokation im Mittelpunkt der Handlung steht.
Die Gebrüder Grimm zeigen uns mit ihrer Sage von der

Doppelten Gestalt, daß sich Menschen früherer Jahrhunderte viel intensiver mit der Bilokation beschäftigten, als wir dies heute tun – und was bezeichnend für deren Naturverbundenheit zu sein scheint – Phänomene wie diese offenbar als ganz natürlich empfanden. Geschah dies nur deshalb, weil sie mit ihrer kindlichen Naivität mehr in einer Märchen- und Sagenwelt verhaftet waren?

Viele Heilige standen im Geruch der »Gleichörtlichkeit« (Bilokation). So schreibt man Severin von Ravenna, Antonius von Padua, Alfons von Liguori, den heiligen Clemens und Ambrosius, aber auch vielen anderen, weniger bekannten Kirchenmännern (und -frauen) diese paranormale Gabe zu.

In jüngster Zeit war es vor allem der in aller Welt bekannte italienische Franziskanerpater Pio (bürgerlicher Name: Francesco Forgione), der gleichzeitig an ganz verschiedenen Orten den Gläubigen erschienen sein soll. Douglas Hunt, der sich in seinem Buch *Exploring the Occult (Die Erforschung des Okkulten)* ausführlich mit dem Phänomen »Pater Pio« auseinandersetzt, berichtet unter anderem von einem aus Uruguay stammenden General Cardona, der sich während des Ersten Weltkrieges, nachdem er in Italien eine schwere militärische Schlappe erlitten hatte, ernsthaft mit Selbstmordabsichten trug. Da sei bei ihm in der kritischen Nacht mit einem Mal ein ihm völlig unbekannter Mönch erschienen und habe ihn mit den Worten »Mein General, Sie werden doch nicht so etwas Unvernünftiges tun« von seinem Vorhaben abgebracht.

Erst nach Beendigung des Krieges erfuhr der General vom stillen Wirken des bescheidenen Paters Pio. Er suchte ihn in Foggia (Provinz Apulien) auf, um ihm seinen Dank für den in schwerer Stunde erteilten Rat abzustatten. Als ein junger Pater an ihm vorbeischritt, erkannte Cardona in ihm seinen ehemaligen Retter. Pater Pio, der den in Zivil gekleideten General offenbar sofort wiedererkannte, meinte, ohne diesen erst zu Wort kommen zu lassen, freundlich: »Da sind Sie ja noch einmal davongekommen, amico.«

Die einschlägige Literatur weiß über zahlreiche verifizierte Fälle zu berichten, in denen »Doppelgänger« von lebenden Personen gesehen wurden. In einigen seltenen Fällen sollen diese Doubles sogar materielle Objekte »bewegt« haben. Eileen Garrett (1893–1970), eine amerikanische Sensitive irischer Abstammung – sie war die Begründerin und Präsidentin der Parapsychology Foundation, New York –, will bei einem Aufenthalt in Grenoble (Frankreich) einmal ein solches Erlebnis gehabt haben. Eines Nachts träumte sie, daß sie aufstehe und nach einer Medizin suche, die auf dem Tisch im Ankleideraum ständ. Dann »erwachte« sie aus dem Traum und beobachtete, wie sie aus dem Bett stieg, in den Ankleideraum hinüberlief und in aller Ruhe unter den Toilettenfläschchen auf dem Tisch nach etwas suchte. Anscheinend fand sie das Gesuchte nicht. »Ich weiß nur«, so Eileen Garrett, »daß ich mich im Bett aufrichtete und mir beim Suchen zuschaute. Dieses Erlebnis brachte mich völlig durcheinander.« Sie schlief dann wieder ein, und als sie am Morgen erwachte, stand die Medizin in Reichweite auf ihrem Nachttischchen.

Man mag nun einwenden, daß Frau Garrett dies alles nur geträumt habe: nämlich, daß sie aus dem Traum erwacht sei und dann gesehen habe, wie sich ihr Double zum Ankleideraum bewegte, um dort nach etwas zu suchen, was am anderen Morgen unerklärlicherweise in greifbarer Nähe stand. Sie könnte in Wirklichkeit mit ihrem materiellen Körper aufgestanden sein und schlafwandlerisch das Gewünschte herbeigeholt haben – ein Vorgang, an den sie sich anderntags nicht mehr erinnerte. Die andere Version, ihr Feinstoffkörper habe das Objekt herbeigeschafft, ist ebenso denkbar. Da die Garrett ein hervorragendes Medium war – mit ihr experimentierten seinerzeit bedeutende Wissenschaftler, wie Professor William McDougall, Professor J. B. Rhine (Duke University), der englische Neurologe Grey Walter. Dr. Andrija H. Puharich und viele andere –, kann im vorliegenden Fall Psychokinese nicht ausgeschlossen werden.

Es gibt nicht wenige Berichte darüber, daß Menschen mit ihrem feinstofflichen Double – dem Bioplasmakörper samt dem steuernden Bewußtsein – von Personen, die sie besuchten, selbst im wachen Zustand wahrgenommen wurden. Ein Mr. W. P. Herbert will sich von England aus mit seinem »Astralkörper« in das Haus seines Brieffreundes in Nairobi (Kenia) versetzt haben. Dieses Haus war ihm, da er hiervon kein Foto besaß, völlig fremd; er war auch nie persönlich dort gewesen. Als er sich mit seinem Feinstoffkörper in diesem Anwesen aufhielt, »sahen« ihn die beiden kleinen Töchter seines Freundes. Herbert: »Als ich mich dorthin versetzt hatte, konnte ich das Haus und alles, was dort geschah, wahrnehmen.« Weiter heißt es hier: »Als die beiden Mädchen mich betrachteten, wurden sie von ihrer Mutter gerufen und gefragt, was sie so intensiv anstarrten. ›Wir sehen Nunkie zu‹, antworteten sie. Nunkie ist mein Spitzname. Und sie betrachteten mich tatsächlich, sie sahen mich direkt an. Anscheinend konnten sie nicht verstehen, wie ich in ihr Haus gekommen war. Als ich später meinem Freund wieder einmal schrieb, schilderte ich ihm sein Haus in allen Details, auch wie ich die beiden kleinen Mädchen gesehen hatte. Er antwortete mir, daß meine Beschreibung über die Gestaltung der Räume, die Anordnung der Fenster usw. sehr genau sei und schickte mir sogar ein Foto eines recht ungewöhnlichen Fensters über der Veranda, das ich auch so beschrieben hatte.«

In diesem Fall – sofern er richtig geschildert wurde – handelt es sich um ein beiderseitiges Erkennen von zwei stofflich unterschiedlichen Wesenheiten: den materiellen Kindern und dem Feinstoffkörper des Engländers. Zumindest läßt sich den beiden Kindern keine arglistige Täuschung unterstellen.

Allem Anschein nach stimmte die feinstoffliche »Schwingungsfrequenz« der Kinder während der Sichtung mit der des ausgetretenen Freundes überein.

Ein besonders merkwürdiger Sichtungsfall – er ereignete sich bereits im Jahre 1870 an Bord des englischen Dampfschiffs »Robert Lowe« – wirft die Frage auf, ob, immer wenn »Feinstoffkörper« von Personen wahrgenommen werden, auch tatsächlich Astralexkursionen mit im Spiel sind. Möglicherweise werden in bestimmten Krisensituationen feinstoffliche Doubles von Menschen, mit denen sich die Betroffenen eng verbunden fühlen, über den raumzeitfreien Hyperraum blitzschnell und automatisch herbeizitiert, gewissermaßen »herbeigedacht«. Vielleicht können Menschen in höchster Not oder in Bedrängnis andere entfernte Personen hellsichtig wahrnehmen und das von ihnen gewonnene Bild so plastisch in ihre unmittelbare Umgebung projizieren, daß selbst Umstehende solche Phantomgestalten sehen. Sie als Halluzinationen abtun zu wollen, wäre hier wohl nicht angemessen.

Wenn die Aussagen des Heizers D. Brown aus Plaistow (England) – einem kerngesunden Mann, der nie unter Halluzinationen litt – stimmen sollten, nahm dieser bei hellichtem Tage in der Koje eines sterbenden Kollegen das Double von dessen in England lebender Familie wahr. Der an Typhus erkrankte Ingenieur W. H. Pearce und Brown kannten sich gut. Ihre Familien waren miteinander befreundet. Deshalb sollte Brown dem Sterbenden auch Beistand leisten. Doch kam alles ganz anders. Brown berichtet: »Während ich versuchte, Pearce am Aufstehen zu hindern, sah ich plötzlich auf der gegenüberliegenden Seite der Koje seine Frau, seine zwei Kinder und Mutter, die ich alle sehr gut kenne und die alle noch leben. Sie schienen sehr in Sorge zu sein, sahen aber sonst wie ganz normale Menschen aus. Ich konnte nicht durch sie hindurchsehen ... Sie trugen normale Kleidung und schauten vielleicht etwas blasser als gewöhnlich aus.«

Dann nimmt Browns Bericht eine dramatische Wendung, indem zur para-optischen Wahrnehmung eine para-akustische – sogenanntes Hellhören – hinzukam: »Die Mutter sagte zu mir deutlich vernehmbar, ›er wird am Donnerstag um 12 Uhr beerdigt werden in einer Wassertiefe von 1400 Klaftern‹. Dann verschwanden sie alle unvermittelt, und ich sah sie nie wieder. Pearce konnte seine Familie offenbar nicht wahrnehmen, da er sich im Koma befand. Im Zustand höchster Erregung rannte ich aus der Koje und betrat diese erst wieder nach seinem Tod. Er starb am Dienstag, nicht am Donnerstag, und man bestattete ihn im Meer um 9 Uhr und nicht um 12 Uhr.«

Weiter heißt es bei Brown: »Für mich war es eine Überraschung, eine solche Erscheinung zu sehen. Ich hatte nie etwas dieser Art erwartet. Nie zuvor in meinem Leben hatte ich etwas Ähnliches beobachtet, und ich war stets bei bester Gesundheit.

Etwa fünf Minuten nach diesem Zwischenfall sagte ich zu Captain Blacklock, daß ich es bei dem Kranken nicht länger aushalte, verschwieg aber den Grund, da ich dachte, daß sonst niemand anders meine Stelle einnehmen würde.«

Der Kapitän bestätigte später Browns Worte und sein merkwürdiges Verhalten. Brown, der nicht länger zur Wache bei seinem sterbenden Kollegen zu bewegen war, soll danach sehr krank gewesen sein. Das Erlebte hatte ihn offenbar psychisch total überfordert. Wäre der Mann betrunken gewesen, hätte ihn Captain Brown kaum erneut aufgefordert, bei Pearce zu wachen. Wichtigtuerei scheidet nach allem Dafürhalten aus, da Brown nichts unternahm, um die falschen Vorhersagen des Phantoms in seinem Sinne zu korrigieren.

Aussagen wie diese können natürlich nicht als echte Beweise für das paranormale Erscheinen der Familie Pearce am Bett des Sterbenden gewertet werden. Fälle dieser Art lassen aber den Schluß zu, daß ein solches Phänomen tatsächlich existiert. Obwohl es mehr in den Bezugsrahmen paranormaler Erscheinungen hineinpaßt, läßt es sich vom Prinzip der Außerkörperlichkeit nicht völlig abkoppeln, da über sein Entstehen noch Unklarheit herrscht und daher alle denkbaren Theorien in Erwägung gezogen werden müssen.

VIII

Wege durchs Nichts

*»Wir müssen eine radikal andere Einstellung ge-
winnen und daran denken, daß dreidimensionaler
Raum, wie er uns geläufig ist, keine unmittelbare
Erfahrung darstellt, sondern das Ergebnis vorheriger Geistesarbeit und Vorbedingung dessen ist,
was wir vielleicht beobachten können.«*
Pascual Jordan (1902–1980) in *New Trends
in Physics; Proceedings of Four Conferences of
Parapsychological Studies,* New York 1957

1   Undichtes Raumzeit-Gefüge

Psi-Phänomene wie Apporte, Penetrationen und Teleportationen erlangen zu einer Zeit, in der Begriffe wie *Materie,
Raum, Zeit* und *Kausalität* durch die Entdeckung kern- und
astrophysikalischer Ungereimtheiten bzw. Singularitäten
stark ausgehöhlt und durch abstrakte Folgerungen aus entsprechenden Erkenntnissen mitunter ad absurdum geführt
werden, eine völlig neue Bedeutung.

Es hat mehr und mehr den Anschein, als ob sich die seit
Jahrhunderten bestaunten, von Skeptikern belächelten und
in Abrede gestellten paraphysikalischen Phänomene – dem
Dunstkreis des Okkulten entronnen – nun auf erweiterter
physikalischer Grundlage in größeren, verständlicheren Zusammenhängen deuten und somit in glaubhafter, nachprüf-
barer Weise darstellen lassen.

Mit der Aufklärung dieser, meist sporadisch auftretenden
paraphysikalischen Bewirkungen dürften sich derzeit mehr
Naturwissenschaftler – vorwiegend Physiker und Biologen –

als qualifizierte Parapsychologen befassen, ein Zustand, der deutlich macht, wie sehr sich die Situation auf diesem Gebiet seit der Jahrhundertwende doch geändert hat. Die epochalen Entdeckungen und Postulate naturwissenschaftlicher Bilderstürmer – unter ihnen Albert Einstein mit seiner Relativitätstheorie, Max Planck mit der Quantentheorie und Heisenberg mit seiner erst nach und nach vom Establishment akzeptierten Unschärferelation – ließen bei Praktikern und Theoretikern gleichermaßen ein beklemmendes Gefühl der Unsicherheit aufkommen, stellten alles seit Isaac Newton angesammelte Wissensgut innerhalb weniger Jahre in Zweifel. Erstmals machte sich die Nähe der transzendenten Wirklichkeit bemerkbar.

Unser naturwissenschaftlicher Nachwuchs ist heute nicht mehr bereit, doktrinäre Aussagen einer unter Erfolgszwang stehenden materialistischen Forschung blindlings und widerspruchslos hinzunehmen. In einigen Bereichen der Hochenergie- und Astrophysik bahnen sich unüberschaubare Entwicklungen an, die schon innerhalb weniger Jahrzehnte eine rigorose Umorientierung unseres gesamten naturwissenschaftlichen Denkens zur Folge haben könnten.

Wenn – nach neueren wissenschaftlichen Erkenntnissen – »Materie« in letzter Konsequenz nur noch mit Hilfe allesund nichtssagender, komplizierter Feldgleichungen beschrieben werden kann und »Zeit« als solche, von einer höherdimensionalen Warte aus, als eine unerhebliche Dimension unter unendlich vielen anzusehen ist, wenn Vergangenheit, Gegenwart und Zukunft nach der relativistischen Weltanschauung in einer für uns unbegreiflichen *Gleichzeitigkeit* zusammenfließen, wenn sich also liebgewordene Kriterien des menschlich-irdischen Daseins im Nichts, dem Unfaßbaren, verlieren und unser Universum zu einem bedeutungslosen Punkt im Kosmos der Dimensionen zusammenschnurrt... was bleibt uns dann eigentlich noch?

Stellt es sich folglich heraus, daß das von Einstein und Minkowski geschaffene, im Laufe der Zeit von allen Naturwissenschaftlern anerkannte Raumzeit-Modell zur Klärung paraphysikalischer Phänomene, d. h. »Wechselwirkungen zwischen geistigen und Quantenprozessen« (H. Schmidt, 1974), nicht mehr ausreicht, wäre es doch wohl angebracht, wenn man sich durch Einbeziehen extradimensionaler Fakten der veränderten Situation anpassen würde. In der Mathematik kennt man ohnehin schon seit mehr als 200 Jahren zahlreiche »vierdimensionale« Gebilde, d. h. ins Dreidimensionale projizierte materielle »Schatten« derselben, wie z. B. regelmäßige Polytope, zu denen ein Achtzell, der sogenannte Simplex und ein komplizierter Körper, der aus mehr als 600 Tetraedern besteht, gehören.

Mit Hilfe fortentwickelter Computerprogramme dürfte es nicht schwerfallen, Stereo-Modelle von weitaus komplizierteren, höherdimensionalen Strukturen in unsere 3D-Welt hineinzuprojizieren. Diese Modelle – mögen sie vorerst auch noch so abstrakt erscheinen (wer denkt hier nicht an den verwickelten Aufbau der DNS-Molekülstränge?) – müßten im Bereich des Feinstofflichen, im für uns scheinbar Immateriellen ihren Ursprung haben. Es sind dies Domänen des normal-physikalisch Unmöglichen, die wir ergründen sollten, um Phänomenen wie Apporten, Teleportationen, De- und Rematerialisationen usw. auf die Schliche zu kommen. Adrian Clark berichtet in seinem grenzwissenschaftlichen Thriller *Psychokinese* von einem Araber, dem der Apport eines Bildes über eine Strecke von mehreren tausend Kilometern gelungen sein soll. Der Psychokinet, dessen Name hier nicht genannt wird, soll ein Gemälde, das sich im Besitz eines in Nordafrika stationierten französischen Sanitätsoffiziers befand, von dessen Wohnung in Paris nach dort apportiert und 48 Stunden später auf gleichem Wege zurückbefördert haben. Zeugen behaupteten, daß Hauptmann Dubois das apportierte Bild genau geprüft und als echt erkannt habe. Das Bild war, wie französische Zeitungen und die *Times* seinerzeit zu berichten wußten, der Pariser Polizei als »vermißt« gemeldet worden.

Apporte lösen hin und wieder groteske Situationen aus. Am 24. Juli 1973, gegen 16.15 Uhr Ortszeit, trat ein Mr. Hill, Besitzer einer privaten Rundfunkstation in North Greenbush (New York) vor die Tür seines Sendegebäudes, um ein wenig frische Luft zu schnappen, als er in einiger Entfernung etwas vom Himmel fallen sah. Die Sicht war hervorragend. Mit seinem Fernglas verfolgte Hill das Niedergehen des Objektes, das etwa 45 Minuten in Anspruch nahm. Er erreichte die »Landungsstelle« gerade rechtzeitig, um den Gegenstand seiner Beobachtung von anderen unbemerkt in Empfang nehmen zu können: ein dickes Bündel Papiere, die komplizierte mathematische Formeln enthielten... Absender unbekannt.

Das Rätsel um die Herkunft der wissenschaftlichen Papiere ließ Hill keine Ruhe. Er bat mehrere Universitätsdozenten und einen seiner Freunde – einen Atomphysiker – um eine plausible Stellungnahme zu diesem Fund. Ihm wurde schließlich bedeutet, daß in den Ausarbeitungen von »Licht« die Rede sei, das »außer Phase gebracht werden und sich dadurch selbst auslöschen soll...«. Geheimnisvolle Forschungsunterlagen, herabgeweht aus dem Nichts, niedergegangen auf einem Brachfeld außerhalb der Stadt, woher stammten sie?

Hill befragte auch die Bundesverwaltung für Luftfahrt, den Nationalen Wetterdienst, das FBI und das Personal des Kontrollturmes auf dem Flugplatz von Albany. Niemand vermochte ihm auch nur den kleinsten Hinweis zu geben, niemand schien auf diese mysteriösen wissenschaftlichen Papiere Anspruch zu erheben. Weshalb gingen sie ausgerechnet in dieser gottverlassenen Gegend nieder? Stammten sie etwa

14b)

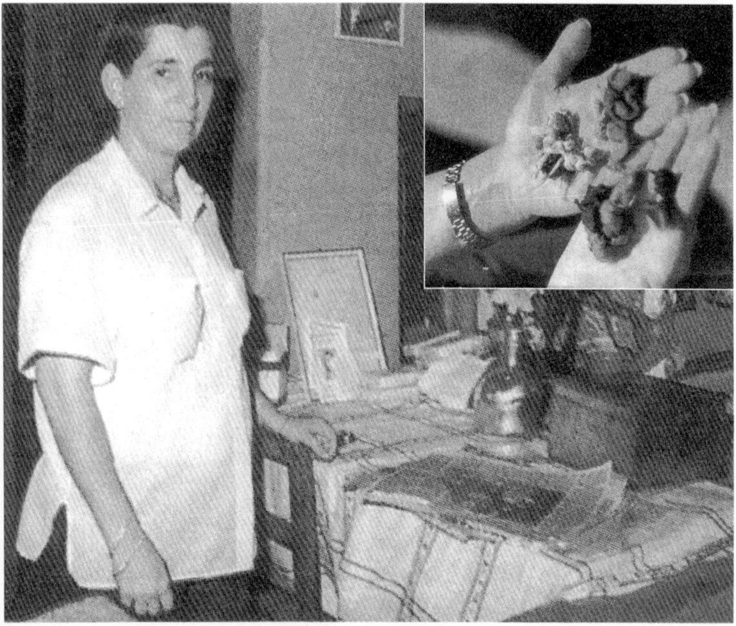

15b)

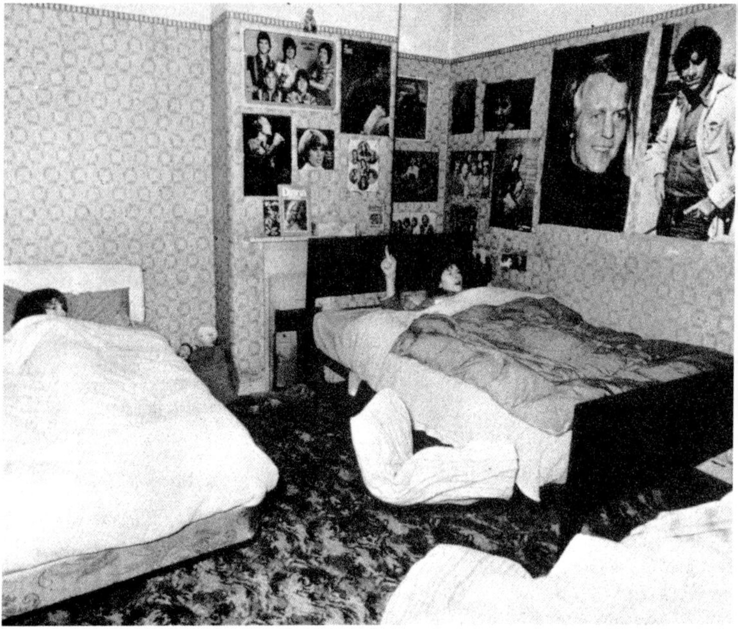

16

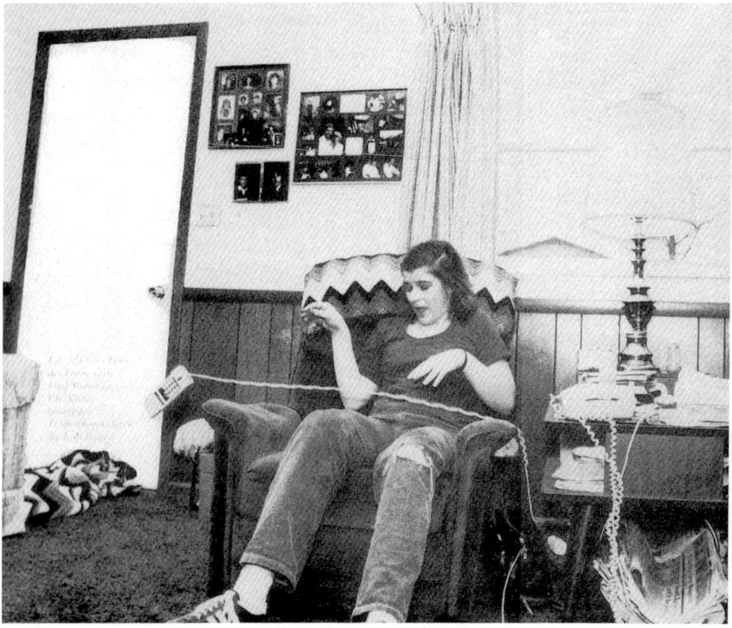

17

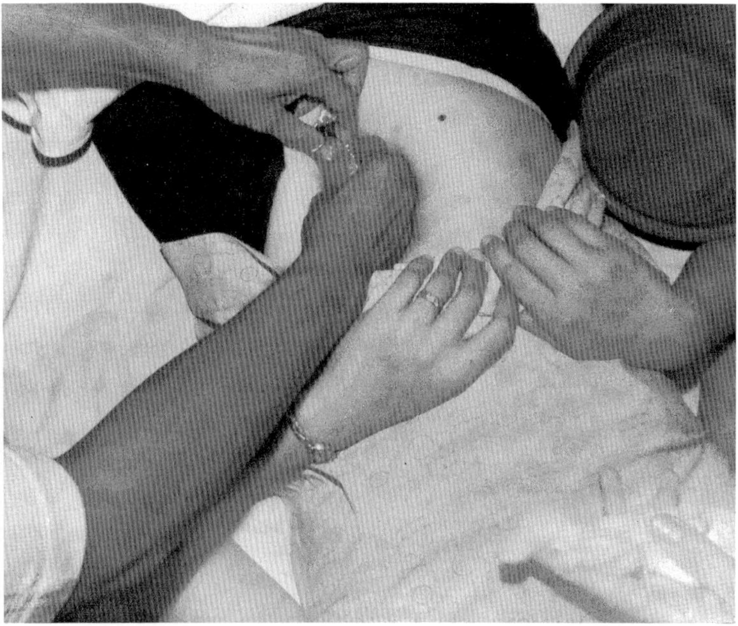

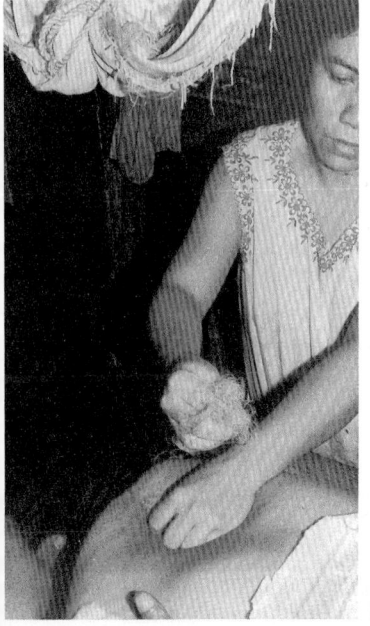

21

14a) b)   Den Einfluß des Bewußtseins auf den gleichzeitigen Fall von 9000 Kunststoff-Kugeln untersuchen seit etwa 15 Jahren der Princeton-Professor Robert Jahn und seine Mitarbeiterin Brenda Dunne (a) mit einer mechanischen Zufallswurfmaschine (RMC-Apparat, b). Bei Nichtbeeinflussung müßten die Kugeln in ihrer Gesamtheit die Form einer Gaußschen Verteilungskurve annehmen. Abweichungen deuten auf eine psychokinetische Beeinflussung hin.

15a) b)   Die brasilianische Heilerin Dona Edelarzil materialisiert aus feuchter Watte Glassplitter, Knochen, Metallstücke usw. Der deutsche Psi-Forscher Klaus Schubert durfte den Materialisationsvorgang nicht nur filmen, sondern in Anwesenheit des Mediums selbst solche Objekte materialisieren.

16   Einer von zahlreichen Spukfällen im Haus der Familie H. in Enfield bei London (1977/78): Im Schlafzimmer der Töchter schwebt ein Kopfkissen frei durch die Luft und faltet sich von selbst, wobei es etwa 30 Zentimeter über dem Boden verharrt.

17   Der Spuk von Columbus, Ohio (1984): Dieser einzigartige Schnappschuß von einem teleportierten Telefonhörer gelang dem Fotografen Fred Shannon. Als Auslöserin dieser und anderer psychokinetischer Manifestationen gilt die damals 14jährige Adoptivtochter der Familie Resch, Tina.

18   Der philippinische Heiler Virgilio Gutierres aus Quezon-City (Manila) öffnet durch Dematerialisation den Körper des Patienten und entfernt krankes Gewebe.

19   Josefine Seson († 1990) entfernt aus geringer Tiefe unter der Bauchdecke gelbe, kunststoffartige Fasern und Wattestückchen.

20   Die von Josefine Seson herausoperierten, d.h. materialisierten Objekte sind deutlich zu erkennen. Nach Meinung einheimischer Patienten handelt es sich hierbei um »Verhexungen«.

21   Der berühmte holländische »Magier« Mirin Dajo (†) ließ sich in Anwesenheit von Zeugen mehrfach mit einem scharfen Degen durchbohren, wobei auch lebenswichtige Organe durchstochen wurden, ohne ihn dadurch ernsthaft zu verletzen. In diesem Zustand beobachteten ihn 1947 Dutzende Schweizer Fachärzte des Zürcher Kantonsspitals vor dem Röntgenschirm.

aus einer »anderen Zeit«, wurden sie Hill von irgend jemand aus der Zukunft zugespielt?

2 Experimente mit dem Unfaßbaren

Es wäre ein großer Fehler, wollte man hinreichend protokollierte Fälle von Apporten, Penetrationen und Teleportationen totschweigen, sie pauschal als Halluzinationen, bewußte Irreführung oder gar als aktualisierte Science-fiction abtun. Da sich diese Phänomene nur selten unter kontrollierbaren Laborbedingungen nachvollziehen und untersuchen lassen – die meisten PK-Effekte entziehen sich ohnehin der exakten Observation, was auf eine gewisse Ähnlichkeit mit Quantenprozessen schließen läßt –, wird die Glaubwürdigkeit einschlägiger Fallschilderungen häufig angezweifelt. Durch Experimentieren mit besser erfaßbaren Paraphänomenen – Telepathie, Hellsehen, Psychokinese, paraphysikalischen Vorgängen bei logurgischen Eingriffen usw. –, aber auch durch mathematisch-abstrakte Darstellungen des Hyperraumes werden Zusammenhänge erkennbar, die an der Echtheit vieler Schilderungen dieser Art kaum noch Zweifel aufkommen lassen.

Über ein interessantes Teleportationsexperiment berichtet Paul Uccusic in *PSI-Resümee*: »Während seines Besuches in Austin, Texas, am 21. und 22. Juli 1973 soll Uri Geller einen 1338,12 g schweren Meteoriten aus dem Besitz Ray Stanfords von dessen Schlafraum in ein mehrere Meter entferntes Wohnzimmer teleportiert haben. Der Pyrex-Behälter war immer gut verschlossen; auch nach dem Verschwinden des Meteoriten daraus war er nicht geöffnet. Das Gewicht betrug nach der ›Übertragung‹ nur noch 1199,7 g, was einem Masseverlust von 10,3 % entspricht.«

Machen sich bei Apporten und Teleportationen etwa Massendefekte, ähnlich wie in der Atomphysik bemerkbar? Im Physikunterricht lernten wir, daß die Masse eines Atomkerns stets kleiner als die Summe der Massen der Protonen und Neutronen im Kern ist. Diese Differenz, die man als Massendefekt bezeichnet, stellt ein unmittelbares Maß für die Bindungsenergie dar.

Wenn Stanfords Bericht auf Tatsachen beruht, muß man sich fragen, wo die fehlenden 138,2 g des teleportierten Meteoriten geblieben sind. Befindet sich dieser Teil des Meteoriten nach dessen Dematerialisation immer noch im Hyperraum oder ist er irgendwo in unserem Universum zur gleichen oder irgendeiner anderen Zeit erneut in Erscheinung getreten? Ist durch diesen Masseverlust die Bindung des Meteoritentorsos an höherdimensionale Universen unter Umständen noch enger geworden und hat sich das Meteoritenmaterial aufgrund des psychokinetischen Eingriffs evtl. in feinstoffliche »Bindungsenergie« verflüchtigt?

Wäre es nicht denkbar, daß belebte Systeme ebenfalls unter Einbuße von Eigensubstanz bewußt stärkere Bindungen zum Höherdimensionalen erlangen können? Die an PK-Medien ermittelten Gewichtsverluste — bei der verstorbenen russischen Sensitiven Nina Kulagina betrugen sie nach 30 Minuten bis zu einem Kilogramm — müssen nicht ausschließlich auf physische Anstrengungen während der Experimente, d. h. auf die Verdunstung von Körperflüssigkeit zurückzuführen sein.

Der bekannte deutsche Physiker und Astronom Professor Johann Karl Friedrich Zöllner (1834–1882), Begründer der Astrophysik, benutzte als erster den Begriff der vierten Dimension zur Erklärung von De- und Rematerialisationsphänomenen. Zöllners Schachtelexperimente mit dem englischen Medium Slade gelten heute noch — rund 100 Jahre danach — als klassischer Beweis für das Vorhandensein einer vierten Dimension, von höherdimensionalen Strukturen überhaupt.

Das bekannteste Experiment fand am 5. Mai 1878 im Beisein eines Zeugen namens von Hoffmann in Zöllners Wohnung statt und dauerte nur knapp zehn Minuten. Der Versuch wurde nach Zöllners Angaben »bei hellem Sonnenlicht« durchgeführt. Zöllner verfaßte hierüber ein höchst aufschlußreiches Protokoll: »Auf dem Sitzungstisch befanden sich zwei kleine Pappschachteln, eine runde und eine rechteckige. In diese hatte ich bereits im Dezember 1877 einige Geldstücke gelegt und sie dann durch Papierstreifen mit Leim sorgfältig und fest verklebt. Benutzt wurden sie damals nicht. Die runde enthielt eine große, die eckige zwei kleine Münzen. Welche es waren, hatte ich inzwischen ›vollkommen vergessen‹, und ich konnte nur durch Schütteln ihr Vorhandensein feststellen. Sie sollten nun aus den verschlossenen Schachteln entfernt werden. Nachdem wir am erwähnten Tag am Spieltisch Platz genommen hatten, ergriff ich die rechte Schachtel und überzeugte mich durch Schütteln vom Vorhandensein des Geldstückes. Das gleiche taten von Hoffmann und schließlich Slade, indem letzterer fragte, für welchen Zweck ich die Schachtel bestimmt hätte. Ich erläuterte mit wenigen Worten meine Absicht und äußerte gleichzeitig, daß es eine der schönsten Bestätigungen für die Realität der vierten Dimension sein würde, wenn es ihm gelänge, jenes Geldstück ohne Öffnen der Schachtel zu entfernen... Die verklebten Schachteln befanden sich unberührt in der Mitte des Tisches. Es mochten wohl einige Minuten vergangen sein, ohne daß sich irgend etwas ereignete, als Slade starr nach einer bestimmten Richtung in der Ecke des Zimmers blickte und hierbei ganz überrascht langsam die einzelnen Worte nacheinander mit Wiederholungen aussprach: ›I see-see funf and eighteen hundred seventy-six.‹ Weder Slade noch wir wußten, was das bedeuten sollte, und ich machte fast gleichzeitig mit von Hoffmann die Bemerkung, daß ›funf‹ jedenfalls fünf heißen sollte und die Auflösung des Additionsexempels 5 +

1876 = 1881 mache. Während ich diese Bemerkung noch halb scherzend hinwarf, hörte man plötzlich auf die Tafel [eine Schiefertafel], welche Slade die ganze Zeit mit seiner Rechten unter dem Tisch gehalten hatte, wobei die Linke vor uns auf dem Tisch lag, einen harten Gegenstand fallen. Sie wurde sogleich hervorgezogen, und auf derselben befand sich das reproduzierte Fünfmarkstück mit der Jahreszahl 1876. Natürlich griff ich sofort nach der vor mir stehenden und während des ganzen Vorganges von niemand berührten [eckigen] Pappschachtel, um durch Schütteln die Anwesenheit des während eines halben Jahres darin befindlichen Geldstückes zu konstatieren – und siehe da, es war alles leer und still.«

3 Spieltrieb des Bewußtseins

Eine deutsche Sprachlehrerin, H. Kohn, die sich längere Zeit bei ihrer Schwester in Poona (Indien) aufgehalten hatte, berichtete über Apporte, die im Zusammenhang mit einem von ihrer Familie adoptierten neunjährigen Jungen auftraten. So sollen vor allem Arzneien, Desinfektionsmittel, Tinte und Saccharin Zielscheibe dieses Spuks gewesen sein. Neugierig geworden, versuchte Frau Kohn, mit Hilfe eines von ihr erdachten Experimentes dem Treiben der »Geister« auf die Schliche zu kommen.

Beim Verlassen ihrer Wohnung hinterließ sie an gut sichtbarer Stelle einen fest zugeschraubten Aluminiumbehälter, in dem sich ein gefülltes Tintenfaß befand. Sie wollte nämlich wissen, ob die unsichtbaren Hausgäste auch in der Lage wären, sich des Behälterinhaltes zu bemächtigen.

Als sie ihre Wohnung etwa 1½ Stunden später wieder betrat, mußte sie entsetzt feststellen, daß offenbar kurz zuvor im gesamten Raum Tinte verspritzt worden war. Mehr im

Scherz rief sie aus: »Ich hoffe, der Geist gibt mir den Behälter zurück; er hat mich eine Rupie und acht Anna gekostet.« Wie auf Kommando materialisierte sich der verschwundene Behälter direkt vor ihren Augen, etwa 15 Zentimeter unterhalb der Zimmerdecke, um dann auf ein dort aufgestelltes Bett zu fallen. Er war noch genauso fest verschraubt wie zuvor. Ein Teil der hierin enthaltenen Tinte mußte die Behälterwandung auf mysteriöse Weise durchdrungen und sich außerhalb des Gefäßes wieder verstofflicht haben. Die Wucht des Wiedereintritts in unser Universum könnte die Tinte explosionsartig über den Teppich verspritzt haben.

Der Junge, den man für dieses Poltergeistphänomen – ein häufig durch pubertierende Jugendliche ausgelöster spontaner Spuk – verantwortlich machte, war zu diesem Zeitpunkt nicht anwesend. Unvoreingenommenen muß der Automatismus, mit dem derartige Vorgänge ablaufen, unheimlich und grotesk vorkommen.

Von rätselhaften »Steinwürfen« – Apporten mit Steinen – wurde schon wiederholt aus Sumatra und Australien berichtet. Der durch zahlreiche wissenschaftliche Publikationen bekanntgewordene und inzwischen verstorbene amerikanische Naturforscher Professor Ivan T. Sanderson wurde vor vielen Jahren während eines Besuches bei Freunden auf Sumatra mit diesem Phänomen konfrontiert. Als er sich eines Abends auf der Veranda des geräumigen Landhauses seiner Gastgeber angeregt mit diesen unterhielt, wurde die kleine Gesellschaft plötzlich mit Steinen unterschiedlicher Größe bombardiert. Zunächst glaubte man an einen üblen Scherz jugendlicher Missetäter und suchte die gesamte Umgebung sorgfältig nach eventuellen Spuren ab. Da die Suchaktion erfolglos verlief, setzte man die abendliche Unterhaltung fort. Kurz darauf begann erneut eine Serie rücksichtsloser Steinwürfe. Sanderson – neugierig geworden – markierte einige dieser Steine mit Kreidestrichen und schleuderte sie mit aller

Wucht über den Lichtkreis des Anwesens hinaus ins Dunkel der Nacht zurück. Zur größten Verblüffung der Anwesenden wurden die markierten Steine bereits nach wenigen Augenblicken »zurückgeworfen« – »re-apportiert« wäre hier wohl die angemessenere Bezeichnung, denn wer vermag schon bei Dunkelheit im Umkreis bis zu 50 Meter dürftig markierte Steine zu erkennen und zu ergreifen, um sie mit unwahrscheinlicher Geschicklichkeit unverzüglich zum Ausgangsort zurückzuschleudern?

Im Mai 1955 wurde in der Nähe von Perth (Australien) die dort ansässige Landarbeiterfamilie Smith tagelang von rätselhaften Steinattacken heimgesucht. Sie begannen genau am 17. Mai, als die Smiths in der Nähe ihrer Behausung Brennholz sammelten und hierbei, ohne Vorwarnung, mit gezielten Steinwürfen belegt wurden. Nachdem sie sich verängstigt in ihre Hütte zurückgezogen hatten, kam es auch hier zu höchst sonderbaren Vorfällen, die sich noch am ehesten mit Spukphänomenen (Poltergeistaktivitäten) bezeichnen lassen. Ein alter Golfball, Hausrat und Kinderspielzeug machten sich selbständig, schwebten durch den Wohnraum und prallten gegen die Wand.

Eilig herbeigeholte Nachbarn konnten sich von diesem mysteriösen Steinbombardement, das offenbar von keinem menschlichen Wesen ausgelöst wurde, mit eigenen Augen überzeugen.

Bedrohlich wurde die Situation erst, als die Steine dann auch in Smiths Wohnzimmer erschienen. Sie nahmen nicht etwa den »natürlichen« Weg durch Türen und Fenster, sondern materialisierten sich mitten im Zimmer, um dann, dem Graviationsgesetz folgend, dort zu Boden zu fallen.

Eine interessante Wendung trat ein, als nach tagelangem Bombardement des Smithschen Anwesens dieses Phänomen in leicht abgewandelter Version auch bei einem Nachbarn namens Alf Krakour auftrat. In diesem Fall handelte es sich mehr um kleinere Steine, die im rotglühenden Zustand die Hauswände zu durchdringen schienen, ohne sie auch nur im geringsten Maße zu beschädigen. Für Schaulustige und Reporter, die aus allen Himmelsrichtungen herbeigeeilt kamen, bot sich hier praktischer Anschauungsunterricht in Paraphysik. Bei dieser Gelegenheit soll ein etwa 20 kg schwerer Gesteinsbrocken leicht wie eine Feder auf das Dach des Wohnhauses herab»geschwebt« sein, ohne dort auch nur einen Kratzer zu hinterlassen. Plötzlich – von einem Tag zum anderen – war der Spuk zu Ende.

Wurde durch irgendwelche unerklärlichen Phänomene der immaterielle Transitkanal durch den Hyperraum, der sich offenbar für einige Zeit in diesem unbedeutenden Distrikt Australiens stabilisiert hatte, wieder geschlossen? Oder hatte er sich vorübergehend an einen anderen Ort verlagert? Sind dies alles nur Launen der Natur, über die unsere Wissenschaftler nicht gern sprechen?

Während spiritistischer Sitzungen sowie bei schamanistischen Heilungen und logurgischen Eingriffen kommt es häufig zu spontanen Apporten. Ernesto Bozzano (1862–1943), ein bekannter italienischer Parapsychologe, stellte im Jahre 1904 einem mit ihm befreundeten Medium namens Peretti während einer Séance die Aufgabe, einen Pyritblock, der in zwei Kilometer Entfernung in seiner Wohnung auf dem Schreibtisch stand, zu apportieren. Der »Kontrollgeist« des Mediums, d. h. sein Geistführer, ließ nach mehreren Versuchen verlauten, daß seine Energie zur Rematerialisation des Objektes erschöpft sei. Als man Licht machte, zeigte es sich, daß Möbel und Boden mit einer staubförmigen Pyritschicht bedeckt waren. Bozzano kontrollierte zu Hause den zu apportierenden Pyritblock und stellte fest, daß etwa zwei Drittel desselben verschwunden waren.

Hatte es vielleicht bei der Nullzeit-»Übertragung« des entstofflichten Pyrits, d. h. bei seinem Wiedereintritt in unser

Raumzeit-Kontinuum, irgendwelche »Umdruckfehler« gegeben? War die Informationsmatrize höherdimensionaler Ordnung, die bei der Rematerialisation des Pyritblocks als »Kondensationskern« diente, etwa unvollständig gewesen?

Solche Pannen bieten dem Forscher die Möglichkeit, den Ursachen paraphysikalischer Effekte näher auf den Grund zu gehen. Mehr noch: Teilmaterialisationen, wie im vorliegenden Fall, dürften nachgerade der beste Beweis für die Echtheit solcher Phänomene – für Objektversetzungen in Nullzeit – sein.

4 Welt ohne Hindernisse

Teleportationsphänomene scheinen sich auf das Erinnerungsvermögen von Ortsversetzten unterschiedlich auszuwirken. Während die einen beim Versetzungsakt einen Schock erleiden, der sie bis zum »Ziel« in einer wohltuenden Benommenheit verweilen läßt, gib es Schilderungen anderer teleportierter Personen, die diesen Vorgang offenbar bei vollem Bewußtsein – in einer Art »Zeitlupe« – erlebten. Von »erleben« im eigentlichen Sinne kann hier sicher nicht die Rede sein, da Teleportationen, wie bereits festgestellt, zeitneutral verlaufen. Es könnte also sein, daß die Betroffenen während ihrer Versetzung möglicherweise subjektiv, also nach irdischen Zeitmaßstäben empfinden, was, gemessen am Gleichzeitigkeitscharakter unserer Welt vom Hyperraum aus, einer Zeitdehnung gleichkäme. Natürlich bestünde theoretisch auch die Möglichkeit des echten »Verweilens« in diesem übergeordneten Universum, das sich genaugenommen aus unendlich vielen berührungslos miteinander verschachtelten Welten und Realitäten zusammensetzt. Das amerikanische Psi-Magazin *Fate* berichtete vor einiger Zeit über eine Kurzstrecken-Teleportation, die sich in den fünfziger Jahren in Amerika zugetragen haben soll. Die damals 16 Jahre alte Sonette Taggart war mit Einkaufstaschen schwer beladen vor den Augen ihrer Mutter durch die verschlossene Tür ihres Hauses teleportiert.

Ihre Mutter, die sich das damalige Geschehen partout nicht erklären konnte, schilderte das Ereignis recht anschaulich: Sonette wäre nach einem Einkaufsbummel schwerbepackt als erste aus dem Wagen gestiegen und sei die Treppe zur Eingangstür ihres Hauses hinaufgerannt. Gerade als sie (Frau Taggart) das Auto verlassen hätte, habe sie die entsetzten Schreie ihrer Tochter aus dem Inneren des Hauses vernommen. Als sie daraufhin ihr Haus betreten wollte, habe sie feststellen müssen, daß die Tür immer noch fest verschlossen war. Unmittelbar nach dem Öffnen der Tür habe sie ihre Tochter völlig fassungslos und weinend in der Diele stehen sehen. Das zu Tode erschrockene Mädchen wußte nicht zu sagen, wie sie in das Haus hineingelangt war. Die ersten Treppenstufen mußten offenbar die Funktion eines »Sesam-öffne-dich« ausgeübt haben. Gerade als sie diese betreten habe, wäre sie – so ihre Darstellung – auch schon im Inneren des Hauses gewesen. Fixe Ideen einer jungen Dame, die mit einer »selbstgebastelten« Geschichte das Interesse der Öffentlichkeit auf sich lenken wollte? Schon gut möglich ... wäre da nicht die Sache mit der verschlossenen Tür gewesen. Und den Haustürschlüssel besaß nur die Mutter! Anfang der zwanziger Jahre brillierte ein Captain Cecil Carstair mit gelungenen Levitationen und Teleportationen vor anspruchsvollem Publikum, so unter anderem auch vor dem Prince of Wales. Im Hause des Sir Edward Berry in der Londoner Albany Street soll ihm 1919 unter strengster Bewachung die Teleportation aus einem kleinen Schlafzimmer im zweiten Stock zum parterre gelegenen Salon gelungen sein. Er benötigte hierfür nicht mehr als eine Minute. Als er 1928 in Tanger (Marokko) starb, nahm er sein Geheimnis mit ins Grab.

Noch unverständlicher als der zuvor geschilderte Fall erscheint eine beinahe stattgefundene Teleportation, ein Ereignis, das sich am 20. September 1971 auf einer Landstraße nahe Objebyn (Schweden) zugetragen haben soll. Ein schwedischer Ingenieur, Sten Sture Ceder, der mit seinem Volvo unterwegs war, bemerkte plötzlich, wie er von einem »schwarzen Objekt« blitzschnell überholt wurde. Nur wenige Minuten danach war sein Wagen in gleißendes Licht getaucht, das von oben zu kommen schien. Er fühlte mit einem Mal das Wirken unnatürlicher Kräfte, die seinen Wagen ohne sein Zutun beschleunigten. Obgleich Ceder sofort das Bremspedal betätigte, rollte das Fahrzeug unaufhaltsam weiter, bis es in eine »zähe, dichte Masse« geriet, die eine entfernte Ähnlichkeit mit »schwarzem Rauch« besessen und das Licht seiner Scheinwerfer völlig verschluckt haben soll.

Als nach kurzem Verweilen in diesem ungewöhnlichen Zustand für ihn alles wieder »normal« wurde, bemerkte er gerade noch, wie sich ein »drachenförmiges Objekt« unmittelbar vor seinem Wagen mit ungeheurer Geschwindigkeit von ihm entfernte.

Sollte Ceder über eine größere Strecke teleportiert werden? Mißlang dieser Versuch aufgrund unvorhersehbarer Ereignisse, oder geriet er womöglich in den Sog eines sich re- und dann wieder dematerialisierenden Zeittunnels?

Interessant erscheint Ceders Feststellung, daß die Strahlenbündel seiner Scheinwerfer von der hier nicht näher definierten Masse völlig absorbiert wurden. Analogien drängen sich auf. Am Rande eines »Schwarzen Lochs« wird bekanntlich die Gravitation so groß (vermutlich unendlich groß), daß kein Lichtquant – es besitzt ebenfalls Masse und unterliegt der Schwerkraft – das aus einem kollabierten Stern entstandene monströse Gebilde verlassen kann. Über die in unmittelbarer Nähe eines solchen Schwarzen Lochs herrschenden extremen Verhältnisse heißt es bei Professor Taylor: »Hier eröffnet sich uns ein erster kurzer Blick auf die Zeitmaschine der Zukunft. Ein Leben am Rande der Ergosphäre birgt nicht die Gefahren in sich, die mit dem Ereignishorizont verbunden sind, statt dessen aber alle Vorteile einer Zeitkontrolle ... Die Ergosphäre eines großen rotierenden Schwarzen Lochs ist also der Ort, an dem man eine Zeitlang verweilen solle, wenn man einige tausend (oder Millionen) Jahre in die Zukunft reisen will. Je weiter man in der Zeit reisen möchte, um so näher müßte man der Oberfläche der Ergosphäre kommen – um so schwerer ist es dann aber auch, der Anziehung des Schwarzen Lochs zu entfliehen und wieder in die normale Welt der niedrigen Schwerkraft zurückzukehren. Je weiter man also in die Zukunft reisen will, um so höher werden die Kosten sein – doch das war ja nicht anders zu erwarten.« Vielleicht verfügen unsere Nachnachfahren einmal über Mittel und Wege, auch auf der Erde bzw. im erdnahen Weltraum Verhältnisse ähnlich denen an den Schwarzen Löchern zu schaffen – künstliche Öffnungen zum zeitneutralisierenden Hyperraum, der Objektversetzungen innerhalb unseres Universums erlaubt.

6   Außenseiter der Gesellschaft

Ein Teleportationsfall, in den ebenfalls ein Auto verwickelt war, wird aus Japan gemeldet. Wie die bekannte japanische Zeitung *Mainishi* seinerzeit zu berichten wußte, fuhr der stellvertretende Direktor der Fuji-Bank (Tokio) zusammen mit einem Herrn Saito, dem Vizedirektor der Zweigniederlassung in Kashira, und einem Kunden die Fujishiro-Nebenstraße entlang, um sich zu einem Golfplatz wenige Kilometer nördlich von Tokio zu begeben. Etwa 40 Meter vor ihnen fuhr ein Wagen, der ein Zulassungsschild der Stadt Tokio trug. In ihm war außer dem Chauffeur nur noch ein schwarzgekleideter älterer Herr zu sehen, der offenbar in einer Zeitung blätterte.

Die Bankmanager waren überrascht, als plötzlich in unmittelbarer Nähe des fremden Fahrzeuges eine weiße Rauchwolke aus dem Nichts erschien, die besagte Limousine ganze fünf Sekunden lang einhüllte. Als sie sich verzogen hatte, war der Wagen verschwunden, wie vom Boden verschluckt. Die Zeugen dieses sonderbaren Vorfalls hatten sich die Zulassungsnummer des fremden Wagens gemerkt und stellten später Nachforschungen über dessen Verbleib an. Sie führten allerdings zu keinem Ergebnis ... niemand konnte ihnen über den Wagen und seine Insassen irgendwelche Angaben machen.

Daß drei nüchtern denkende, paranormalen Phänomenen sicher skeptisch gegenüberstehende Geschäftsleute alle gleichzeitig einer Sinnestäuschung erlegen gewesen sein sollen, ist sehr unwahrscheinlich. Die Frage erscheint berechtigt, ob es sich in diesem Fall um eine zufällige, vorübergehende Ortsversetzung zweier real existierender Personen oder mehr um eine gewollte, außerordentlich plastisch erscheinende Projektion aus dem Hyperraum, aus einer anderen Realität gehandelt hat. Die Unauffindbarkeit des Fahrzeuges und seines Inhabers sprechen mehr für die Erscheinungshypothese. Es könnte sich aber auch genausogut um eine Versetzung des Fremdwagens »in der Zeit« gehandelt haben.

Teleportationen in der Zeit über Jahrzehnte oder gar über Jahrhunderte hinweg erscheinen in Anbetracht der Existenz des Hyperraumes gar nicht so abwegig.

Vor einigen Jahren berichtete die amerikanische Zeitschrift *Collier* über einen Engländer, der im Jahre 1879 während eines Spaziergangs auf mysteriöse Weise verschwunden war, so als ob er sich in Luft aufgelöst habe, als ob er von einem

Moment zum anderen aus seiner Zeit »herausgefallen« sei. Genau 71 Jahre später (1950) kam es am Londoner Times Square zu einem tragischen Verkehrsunfall. Ein Mann in altmodischer Montur, der offenbar hilf- und ziellos im permanenten Verkehrstrubel der Londoner Innenstadt umhertappte, war von einem Taxi erfaßt und zu Boden geschleudert worden. Bevor er starb, konnte er gerade noch seine Identität preisgeben ... die jenes Mannes, den die englische Polizei im Jahre 1879 auf die Vermißtenliste gesetzt hatte. Die Zukunft hatte ihn im wahrsten Sinne des Wortes »überrollt«.

Wie bereits erwähnt, werden paraphysikalische Phänomene, wie Apporte, Penetrationen und Teleportationen erst durch die Existenz des allgegenwärtigen Hyperraumes verständlich. Wie aber muß *Materie* beschaffen sein, die sich in Nullzeit über Hunderte, ja Tausende von Kilometern, über Jahrhunderte oder gar Jahrtausende »hinweg« transportieren läßt? Vermag sie diesen Bewegungen überhaupt zu folgen, wird sie dabei umgewandelt oder bleibt sie unberührt?

7   Materie, die es gar nicht gibt

Um die Jahrhundertwende war man sich im Lager der Naturwissenschaftler über den eigentlichen Aufbau unserer Welt noch ziemlich uneinig, war der Begriff »Dualismus« von Welle und Korpuskel – der Doppelnatur der Materie – noch verhältnismäßig unbekannt.

Erst allmählich gelang es den Physikern, die Realität der Atome und ihrer Bausteine zu veranschaulichen – ein Zustand, der zwar heute immer noch anhält, der aber langsam wieder ins Irreale abzugleiten droht. Ganz zu Anfang wußte man noch streng zwischen *Materie* (materiellen Körpern), d. h. Teilchen, und *Feldern* – von denen lediglich das elektromagnetische und das Gravitationsfeld bekannt waren – zu unterscheiden.

Materielle Körper bzw. Teilchen, so argumentierte man seinerzeit, zeichnen sich dadurch aus, daß sie bei Bewegungen alle ihre physikalischen und chemischen Eigenschaften mit sich führen. Sie waren dem »Gesetz der Erhaltung der Masse« unterworfen. Der Gegensatz zwischen Teilchen und Feld wurde durch die Entdeckung des »Dualismus« völlig verwischt. Dieser besagt, daß – in Abhängigkeit vom jeweiligen Experiment – Teilchen auch Feld- und Felder auch Teilcheneigenschaften aufweisen.

Der Welle-Teilchen-Dualismus stellt eine fundamentale Erkenntnis der Planckschen Quantentheorie dar. Er fand in der Entdeckung der Paarerzeugung und -vernichtung – der Umwandlung von γ-Quanten, also von elektromagnetischer Energie in Elektronenpaare und umgekehrt – seine Bestätigung.

Materie läßt sich infolgedessen nur noch als eine bestimmte Form der Energie definieren, und das »Gesetz von der Erhaltung der Masse« ist jetzt Teil des »Gesetzes von der Erhaltung der Energie«. Der Dualismus verursacht für die kausal ausgerichtete, »streng logische« Denkweise erhebliche Schwierigkeiten. Für uns sind Teilchen stets genau zu lokalisierende Gebilde, die sich nur an einem bestimmten Ort aufhalten und – wenn überhaupt – mit einer bestimmten Geschwindigkeit in einer definierten Richtung bewegen (Elektronenbahnvorstellung bei Atomen). Ein Wellenfeld muß uns dagegen stets räumlich ausgedehnt erscheinen; es entspricht keinesfalls der Teilchen-»Bahnvorstellung«.

Dieses zwitterhafte Verhalten von Elementarteilchen wurde im Experiment (mit Photonen, d. h. Lichtquanten) bestätigt; es stellt seitdem einen Teil unseres klassischen physikalischen Weltbildes dar. Man wird daher von Elementarteilchen nicht mehr behaupten dürfen, sie wären Teilchen *oder* Felder; diese

Zustände sind in einem ineinanderfließenden einheitlichen Modell auf normal-physikalischem Wege kaum darstellbar. Eine absolute Realität – das »Ding an sich« – ist physikalisch gesehen nicht denkbar. Dieses »Ding an sich« muß aber nicht zwangsläufig Bestandteil unseres bekannten Universums sein.

Im Bereich des Subatomaren scheinen sich Vorgänge abzuspielen, die jenseits unseres Vorstellungsvermögens liegen, die offenbar mehr im Grenzwissenschaftlichen angesiedelt sind. Auch besteht zwischen dem Makro- und dem Mikrokosmos eine unverkennbare Analogie. Der englische Astrophysiker Sir James Jeans (1877–1946) meinte einmal – um einen Größenvergleich zu geben –, daß, wenn man sich die Sterne als Schiffe in einem unermeßlich großen Ozean vorstellen würde, jedes dieser Schiffe durchschnittlich mehr als 1,5 Millionen Kilometer von seinem unmittelbaren Nachbarn entfernt wäre. Lyall Watson, ein britischer Naturwissenschaftler, beschreibt die Welt des Kleinen, des Mikrokosmos, ähnlich anschaulich: »Könnte man ein Atom aufblasen, bis es ein Olympiastadion ausfüllt, so läge dieser Kern [gemeint ist der Atomkern] so groß wie eine Erbse mitten im Feld. Das heißt, daß ein Atom proportional ebensoviel leeren Raum enthält wie das Weltall. So ist jede Materie beschaffen. Wenn man einen Menschen nehmen und alle leeren Räume in ihm zusammenpressen könnte wie die Löcher in einem Schwamm – es bliebe als feste Substanz nur ein winziges Häufchen übrig, nicht größer als ein Stückchen Fliegendreck. Wir sind hohl, und unsere substanzlosen Körper werden zusammengehalten durch elektromagnetische und nukleare Kräfte, die nur die Illusion der Materie schaffen.«

Daß selbst dieser »Fliegendreck« noch in Frage gestellt ist, zeigen paranormale Vorkommnisse täglich neu. Dinge materialisieren sich scheinbar aus einem »Nichts«, das es physikalisch strenggenommen gar nicht geben darf, brechen mit

Tabelle 2: Unterschiedliche Zustandsformen der Materie

Zustandsform	Grobphysikalische Objektebene (gasförmig/plasmatisch, flüssig, fest); Moleküle und größere Organisationsformen	Atomare und subatomare (kernphysikalische) Ebene	Energetische bzw. Feldebene (Manipulationsfelder niederdimensionaler Art)
Größenordnung	Objekte, die mit dem bloßen Auge und/oder mit entsprechenden technischen Hilfsmitteln sichtbar oder anderweitig wahrnehmbar sind. Mikrokosmos: mit Elektronenmikroskop bis zu Molekülen (etwa 10^{-8} cm) Makrokosmos: mit Radioteleskopen bis zu Radiogalaxien (10^{28} cm)	Nicht direkt sichtbar (Ausnahme: Photonen). Atome und Kernteilchen (etwa 10^{-13} cm). Quarks als hypothetisch »kleinste Teilchen«. Beim Atom ist die Masse im Kern konzentriert	Alle Arten physikalischer Energien und deren Felder: elektrische, magnetische, elektromagnetische, atomare und Gravitationsfelder. Unter *Feld* versteht man eine physikalische Größe im Raum, die in Abhängigkeit von den Raumkoordinaten beschrieben ist
Wahrnehmung	Optisch, akustisch, haptisch und anderweitig sensorisch (häufig durch Instrumente verstärkt)	Geigerzähler, Ionisations-, Blasen-, Funken- und Nebelkammern, Kernspuremulsionen usw.	Nur Auswirkungen spürbar, sonst mittels elektrischer und anderer physikalischer Meßgeräte
Messung und Maßeinheiten; Grundformeln	SI-Maßeinheiten	Quantenstatistische Methoden. Radioaktive Strahlung: in Röntgen (R), Grundeinheit der Strahlungsdosis; ferner in »rad« und »rem«. Kinetische Energie und Teilchen in MeV (Mio. Elektronenvolt)	Energetische Maßeinheiten; Feldgleichungen (z. B. Maxwellsche Gleichungen); $E = mc^2$
Erzeugung/Beherrschung	Auf mechanischem, elektromagnetischem oder chemischem bzw. biologischem Wege. Alle bekannten technischen Hilfsmittel	Reaktoren: Kernfusion; Teilchenbeschleuniger (Linear- und Zirkularbeschleuniger)	Stromerzeugungsanlagen aller Art; Magnete, Kondensatoren und Stromspeicher; Plasmatechniken; Gravitationskontrolle usw.
Möglichkeit des Auslösens von PK-Phänomenen	keine	keine	Evtl. nur sekundäre Auslöser

»Feinstoffliche« Ebene (hypothetisch)

Unterscheidung zwischen bioplasmatischen und Bewußtseins-Feldern (Zuständen). Vorkommen: Allen organischen und anorganischen Objekten höherdimensional angelagert; in »Welten«, bestehend aus mehr als vier Dimensionen; mathematisch ableitbar.
Bioplasmatische Komponente: dimensional variables (gelegentlich materielles) Zwitterfeld, das dem ausschießlich feinstofflichen Bewußtsein als Manipulationsinstrument dient und das an unsere Welt angekoppelt ist; es stellt die Verbindung zwischen Grob- und Feinstofflichem (Physis und Bewußtsein) her.
Bewußtseinskomponente: feinstoffliches, höherdimensionales Steuerinstrument (wahrscheinlich Strukturen ab dem Fünfdimensionalen). Bewußtsein beeinflußt und steuert über das Bioplasmafeld unsere Physis. Es wird beim Ableben zusammen mit dem Bioplasmafeld vermutlich vom materiellen Körper abgekoppelt und verbleibt (evtl. »auf Abruf«) in einer höheren Dimensionalität

Medial in einem höheren Bewußtseinszustand (Traum, Trance, mystische Zustände)

Meßtechnisch sind nur sekundäre und tertiäre Effekte registrierbar: Hochfrequenzfotografie, psychotronische Detektoren, Biofeedback, Plethysmograph, Backstersche Pflanzenexperimente mittels fortentwickelter Polygraphen. Andere Psi-Detektoren

Mediale Techniken (Zen, TM, Yoga usw.); Entwicklung der Chakras; praktizieren von PK-Techniken; ferner psychotronische Vorrichtungen. Methoden, nach denen die störenden Signale des Tagesbewußtseins unterdrückt oder ausgeschaltet werden können. Phänomene selten reproduzierbar; meist sporadisches Auftreten

Primäre Auslöser; Manipulatoren für alles Geschehen im biologisch-organischen Bereich, für das Leben überhaupt überzeugender Gewalt in unser vierdimensional eingeengtes Raumzeit-Gefüge ein, so, als wollten sie uns nachhaltig von der Existenz übergeordneter Universen, feinstofflicher Seinsbereiche, überzeugen. Alles dies deutet darauf hin, daß unsere *Materie*, aber auch das, was wir unter herkömmlichen Energieformen und Feldern verstehen, in Wirklichkeit höherdimensionalen Ursprungs ist ... Feinstoffliches »tiefgefroren«.

Tabelle 2 vermittelt, unter Miteinbeziehung hypothetischer, höherdimensionaler Zustände, in groben Umrissen Aufschluß über unterschiedliche Erscheinungsformen der Materie. Wir haben es hier im wesentlichen mit vier Erscheinungsbildern des Stofflichen zu tun:

1. der *grobphysikalischen Objektebene,* in der die Materie in den Aggregatzuständen gasförmig (auch Plasma), flüssig und fest auftritt; Moleküle und größere Organisationsformen;

2. der *atomaren und subatomaren (kernphysikalischen) Ebene;* Materie dieser Größenordnung ist nur noch meßtechnisch wahrnehmbar;

3. der *energetischen* bzw. *Feldebene,* d. h. vorwiegend mit magnetischen/elektromagnetischen, atomaren und Gravitationsfeldern, deren Auswirkung wir spüren und nutzen können;

4. der hypothetischen *paraphysikalischen* (d. h. *feinstofflichen) Ebene,* bei der man, nach Auffassung des Autors, zwischen der zwitterhaften (quasimateriellen) *bioplasmatischen* und der ausgesprochen *feinstofflichen* Bewußtseinskomponente zu unterscheiden hat.

Während der energetischen oder Feldebene nur eine physikalische Manipulationsfunktion zukommt, erfolgt die Auslösung jeglichen paranormalen Geschehens auf der psychischen, feinstofflichen Ebene. Das hier in grober Form unterbreitete Abstufungsschema bedarf – vor allem im feinstofflichen Bereich – einer wesentlich subtileren Auslegung. Tatsache ist, daß die in dieser Aufstellung genannten Darbietungsformen der »Materie« eng miteinander verflochten sind, und daß die makroskopischen Bereiche (1 bis 3) vom Bewußtsein her (seine Struktur liegt im Höherdimensionalen fest) ihre Steuer- und Aufbauimpulse erhalten. So stünde denn die Materie als Komprimat niederdimensionaler Energien und Felder (Feldverdichtung) mit den höherdimensionalen Energienformen des Hyperraumes in ständiger Wechselbeziehung. Auf unterschiedlich-dimensionalen Seinsebenen herrschen differente Verdichtungszustände, hat man es mit spezifischen Dichtewerten, Frequenzen, Zeiteinheiten usw. zu tun.

8   Alles Sein ist Feldverdichtung

Schon der berühmte englische Chemiker und Physiker Michael Faraday (1791–1867) glaubte zu wissen, daß Materie lediglich eine Feldverdichtung darstelle – besser wohl: »Knoten« im Feinstofflichen. Die dominierende Rolle des Feldes erkannte auch der Mathematiker Hermann Weyl mit der Feststellung: »Nicht das Feld bedarf zu seiner Existenz der Materie als seines Trägers, sondern die Materie ist umgekehrt eine Ausgeburt des Feldes.«

Paranormale Phänomene zeigen deutlich, daß es auch zwischen Materie/Energie und höherdimensionalen Feldern echte Wechselbeziehungen geben muß. Hier erkennt man ganz reale Berührungspunkte zwischen Psychischem (der feinstofflichen Steuerung, die unter anderem Apporte, Teleportationen usw. auslöst) und Materiellem, zwischen belebter und (scheinbar) toter Materie. Das Leben stellt sich als beseelte organische Materie dar, vom Bewußtsein entsprechend unserer Vorbestimmung gesteuert.

Ein Beispiel aus der Elektrotechnik soll den Einfluß höherdimensionaler, gestaltender Felder auf die Materie (Formen) und das Leben in unserem Universum überhaupt veranschaulichen helfen. Vergleichen wir einmal die feinstoffliche Energie mit dem elektrischen Strom, den man unter anderem dazu benutzt, um in einem Elektromagneten (analog hierzu: im Hyperraum) ein magnetisches Kraftfeld (höherdimensionale Matrize) aufzubauen. Auf diesem Magneten liegt nun ein Blatt Papier (analog: unsere Welt), über das völlig wahllos Eisenpulver (hier: grobstoffliche Materie unserer Welt) ausgebreitet wird, eben jene Materie, die sich gemäß der Einsteinschen Formel $E = mc^2$ in Energie zurückverwandeln läßt (analog: in die feinstoffliche Kondition). Sobald dem Elektromagneten, dessen Weicheisenkern unmagnetisch ist, Energie zugeführt wird (hier: feinstoffliche Energie), fließt in dessen Wicklungen Strom, baut sich ein elektromagnetisches Feld auf (d. h. eine höherdimensionale Matrize), dessen Kraft den Papierbogen durchdringt und dort auf das amorphe Eisenpulver formgestaltend einwirkt. Letzten Endes ist es also das durch elektrische Energie erzeugte Feld (analog: das feinstoffliche Feld im Hyperraum), das sich auf das Eisenpulver (aus Kernteilchen, Atomen und Molekülen bestehende Materie) formgestaltend-»belebend« auswirkt, das jene hübschen Feldlinien-»Gemälde« verursacht, wie wir sie noch aus unserer Schulzeit vom Physikunterricht her kennen. In ähnlicher Weise dürften sich auch höherdimensionale Energiefelder auf Form und Leben in unserem grobstofflichen Universum schöpferisch auswirken. Wenn »Materie«, so wie wir sie kennen, nichts weiter als eine niederdimensionale Spielart feinstofflicher Energien (»erstarrtes« Feinstoffliches) und deren Felder ist, wird auch verständlich, warum es bei sogenannten »logurgischen Eingriffen« immer wieder zu Apporten, Penetrationen, De- und Rematerialisationseffekten kommt. Die Geistheiler, über deren Tätigkeit noch an anderer Stelle zu berichten sein wird, besitzen offenbar die seltene

Gabe, mittels eigener psychischer Energie heilend auf die erkrankte Bewußtseinsmatrize des Patienten einzuwirken. Hierbei könnte der im psychischen Leib wurzelnde Krankheitsherd vom Soma getrennt und durch entsprechende Apport- und Rematerialisationstechniken aus dem materiellen Körper entfernt werden.

9 Psychokinese und die Quantentheorie

Der Journalist Paul Uccusic befaßt sich in seinem Buch *PSI-Resümee* auch mit der sogenannten *Walker-Theorie,* die paranormale Phänomene aus quantentheoretischer Sicht behandelt. Hier setzt sich ein Physiker mit Eingriffen in bestehende Systeme (in unserem Universum) und – am Beispiel der Psychokinese – mit dem dadurch bedingten »Kollaps der Wahrscheinlichkeitsfunktion« auseinander. Psychokinetische Phänomene – dargestellt an der bewußtseinsgesteuerten Beeinflussung von fallenden Würfeln (Würfelexperimente) – lassen sich nach Walkers Auffassung aus der Quantentheorie herleiten.

Walker meint dazu: »Der selektierende Vorgang ist dabei nicht ein Quantenprozeß im Gehirn, sondern ein rein physikalischer Prozeß – Rhines Würfelmaschine etwa. Da mehrere Potentialitäten (sechs Möglichkeiten) für die Ausgangs- und Endlage der Würfel bestehen, führt schon eine kleine Unsicherheit in den Ausgangsbedingungen dazu, daß die Endlage nicht mehr bestimmt werden kann – genau die Bedingung, die die Heisenbergsche Unschärferelation stellt. Infolge der Instabilität (der ›Unschärfe‹) des Systems führt schon eine geringe, von außen eingebrachte Informationsmenge über den Willenskanal zu makroskopischen Effekten [z. B. Psi-Effekte]. Diese Effekte als solche der Wahrscheinlichkeitsverteilung sind selbstverständlich nicht an einen Einzelfall, sondern nur an einer Summe vieler Einzelfälle erkennbar.«

Diese Theorie erweist sich nach neuesten Erkenntnissen als eine brauchbare Ausgangsbasis für die Erfassung und mathematische Ableitung paraphysikalischer Phänomene. Die Interpretation von Wirkungsmechanismen der uns fremd erscheinen Para-Effekte wie Apporte, Penetrationen und Teleportationen setzt zunächst das Verständnis für Felder höherer Ordnung voraus; dies ist aber offenbar nur eine Frage der Zeit.

10   Funktionsmodelle

Eine Klassifizierung paranormaler Objektbewegungen stößt dadurch, daß ein und dasselbe Phänomen unterschiedlich in Erscheinung tritt, auf gewisse Schwierigkeiten. Man sollte daher deutlich zwischen Erscheinungsformen, fundamentalen Wirkmechanismen und gewissen Funktionsprinzipien unterscheiden.

Was die paranormalen Wirkmechanismen der Apporte und Teleportationen anbelangt, so bieten sich derzeit zwei unterschiedliche Hypothesen an:

1. Diese Phänomene beinhalten das Verlassen unseres Raumzeit-Kontinuums durch Dimensionswechsel (den sogenannten *Dimensionskipp*) bei Ort A (Herausfallen oder -katapultieren aus dem Raumzeit-Gefüge) und das *simultane* Auftauchen bei Ort B, da beide Orte – vom Hyperraum aus gesehen – deckungsgleich sind. Der Vergleich mit einem Waagebalken drängt sich uns auf. Tippt man das eine Balkenende an, so bewegt sich das andere *genau zur gleichen Zeit* nach oben.

Wir haben es hier – gewollt oder ungewollt – mit einer

Verdrängung von Materie »in der Zeit« zu tun, die im zeitneutralen Hyperraum erfolgt. Der zuvor erwähnte *Dimensionskipp* dürfte sich auf paraphysikalischem Wege bewerkstelligen lassen.

2. Die Versetzung erfolgt unter vorheriger Substanzauflö-
sung und Umwandlung in feinstoffliche Energien (Dematerialisation bei Ort A), deren Transport (Kipp) über den zeitneutralen Hyperraum und Rematerialisation bei Ort B.

Es ist auch nicht auszuschließen, daß beide Funktionsprinzipien gleichermaßen gelten.

Der Mathematiker und Physiker Professor John Taylor vom
Londoner King's College war nach zahlreichen Laborversu-
chen mit Uri Geller und anderen Psychokineten zunächst
davon überzeugt, PK-Phänomene noch am ehesten mit elektromagnetischen Wirkmechanismen erklären zu können.
Nach sorgfältigem Eliminieren anderer Verursachungsfakto-
ren stellt er – was das Verbiegen von Objekten ausschließlich
mittels psychischer Energien anbelangt – zusammenfassend
fest: »Als mögliche Auslöser kommen niederfrequente
Schwingungen in Betracht, die in den kleinen Kristallen der
Metalle (im sogenannten Korn) hervorgerufen werden. Elektromagnetische Strahlung einer bestimmten Frequenz bewirkt, daß sich die Elektronen in ihrer Bewegung dem alter-
nierenden Feld entsprechend anpassen. Wenn die Korngren-
zen dem Elektronenfluß einen leichten Widerstand entgegen-
setzen, kann sich diese Bewegung auf das Korn deformierend
auswirken und in ihm schwache Schwingungen verursachen.
Die hieraus resultierenden Schwingungen könnten dann auf
im Kristallgitter vorhandene Störstellen übergreifen und
diese zum Wandern anregen. Lägen erst einmal genügend
Störstellen beieinander, so könnten sie zusammenwachsen
und in der Folge Biegen, Reißen und schließlich Bruch verursachen.«

Taylor schließt auch eine direkte Einwirkung auf besagte

Störstellen nicht aus. Er sieht seine Theorie dadurch erhärtet, daß bei Biegeversuchen Stellen, die unter Belastung (Spannung) stehen, am ehesten zu Schaden kommen.

Daß PK-Phänomene und verwandte Effekte, also auch Apporte und Teleportationen, anfänglich und ausschließlich durch niederfrequente elektrische Felder verursacht oder ausgelöst werden, ist kaum denkbar, und Professor Taylor möchte sich mit dieser Theorie keinesfalls festgelegt sehen. Wir wissen, daß Phänomene wie diese auch dann noch auftreten, wenn Medien aus einem Faradayschen Käfig heraus »operieren« – eine Vorrichtung, die die gesamte elektromagnetische Strahlung fernhält.

Die Taylorsche Theorie könnte sich aber dennoch als zutreffend und nützlich erweisen, wenn man sie in das hier entwickelte Hyperraumsystem integrieren würde. Magnetische, elektrische und Gravitationsfelder stellen nur Sekundär- und Tertiärerscheinungen des höherdimensionalen, feinstofflichen Geschehens dar, und sie wären – an diese Szene »angekoppelt« – durchaus als entsprechende Manipulationsfelder denkbar. Auf diese Weise, d. h. unter Inanspruchnahme des Hyperraumes, dürften feste Objekte und Para-Energien gleichermaßen die Schranken eines Faradayschen Käfigs überwinden.

Man ist, was natürliche, ungewollt ausgelöste Para-Phänomene anbelangt, zunächst einmal geneigt, eher die Hypothese vom *Dimensionskipp*, vom sanften Übergang, als die des Substanzauflösungsprinzips (Zerrütteln der Materie) zu akzeptieren. Dennoch wären bei künstlich zu bewirkenden Objektversetzungen – Desintegrationsmethoden (unter Umständen mittels pulsierender Magnetfelder) – Verfahren zur Auflösung grobstofflicher Bindungen ebenfalls vorstellbar.

Für Dimensionswechsel in Nullzeit mittels »schwacher« psychischer Energien sprechen gewisse Vorkommnisse während Poltergeist-Aktivitäten, bei denen es häufig zu spontan auftretenden Apporten kommt. Lyall Watson sieht das so: »Was beinahe alle Poltergeisterscheinungen unter anderem gemeinsam haben, ist der Umstand, daß nur selten jemand die Gegenstände im Zustand der Bewegung sieht, und unter den wenigen Fällen, in denen das geschah, konnte ich nicht einen einzigen finden, in dem jemand berichtet hätte, er habe gesehen, wie sich ein Gegenstand zu bewegen begann.« Geschwindigkeit ist beileibe keine Hexerei, auch dann nicht, wenn sie offenbar unendlich groß wird, d. h. beim »Durchqueren« des Hyperraumes in Nullzeit.

Der amerikanische Parapsychologe William G. Roll beschreibt in seiner Studie *Der Poltergeist* mehrere interessante Apporte. Hier heißt es z. B.: »Meine Großmutter sah, wie sich die Steine mitten in der Luft materialisierten. Mit Sicherheit waren sie nicht durch Fenster, Wände oder Decke hereingekommen.«

In diesem Buch befaßt sich Roll auch mit einem Spukfall, der sich 1968 in einem kleinen Ort bei Rosenheim (Bayern) im Hause eines Baggerführers ereignet hatte: »An Fenstern und Türen wurde geklopft. Gegenstände flogen durch die Luft und – das Merkwürdigste von allem – Steine drangen in geschlossene Räume ein. Einmal fiel, als der Ortsgeistliche in der Küche das Haus segnen wollte, ein Stein von der Decke, obwohl alle Türen und Fenster geschlossen waren. Als er ihn aufhob, fühlte er sich warm an.«

Roll hat für alle diese Vorfälle eine einleuchtende Theorie zur Hand: »Anders ausgedrückt, können wir uns das Psi-Feld als aus psychischer Energie bestehend vorstellen. Dieses Feld umgibt seine Quelle, in unserem Fall die spukauslösende

Person, und steht in Interaktion mit physikalischen Objekten in seiner Umgebung, ungefähr so wie das Sonnenlicht mit den Wassermolekülen interagiert, wenn es den Ozean durchdringt. Im Laufe dieses Prozesses wird psychische Energie in eine andere Form der Energie umgewandelt, beispielsweise in kinetische oder in Lichtenergie.

Spukerscheinungen sind möglicherweise Symptome einer Art Parapsychopathologie, um einen von dem verstorbenen amerikanischen Parapsychologen Professor J. Banks Rhine geprägten Begriff zu benutzen. Unter Umständen weisen sie auf eine Funktionsstörung nicht des bekannten, sondern eines ›ausgedehnteren‹ Organismus hin.«

Um das ohnehin komplizierte psychokinetische Geschehen verständlich zu machen, sollen hier zum Abschluß alle denkbaren Funktionsprinzipien zusammenfassend aufgezählt werden:

– Zufällige (ungewollte) Apporte und Teleportationen
Sie kommen, möglicherweise bedingt durch magnetische, quantenmechanische oder gravitative Anomalien (evtl. durch sogenannte Singularitäten wie Mini-Schwarze und -Weiße Löcher), die in unserem Raumzeit-Gefüge auftreten, sporadisch zustande. Man könnte von einem zufälligen Herauskippen aus unserem bekannten Universum – mit oder ohne Rückkehrmöglichkeit – sprechen;

– Durch Dritte gewollt herbeigeführte Apporte und Teleportationen
Hervorgerufen durch mediale und andere psychokinetische Techniken:
a) durch Errichten einer aus psychischer Energie bestehenden, zeitneutralisierenden Transportblase (Hyperraumlift); Dimensionswechsel;
b) durch Zerrütteln der Materie mittels paranormal erzeug-

ter und sekundär wirkender, pulsierender Magnetfelder; Transport durch den Hyperraum und anschließende Rematerialisation an einem anderen Ort. Man sollte hier von einer Verdrängung der Materie »in der Zeit« bzw. von Zeitkontraktion am versetzten Ort sprechen.

– *Autoteleportationen*
(das Teleportieren des eigenen Körpers)
Wie unter »*Durch Dritte gewollt herbeigeführte Apporte und Teleportationen*«. Die Transportblase besäße ebenfalls eine höherdimensionale, zeitneutralisierende Struktur; man könnte sie auch als »zeitfreies Feld« bezeichnen.

– *Apporte feinstofflicher Phantome*
(Materialisationsphänomene)
Es handelt sich hierbei eigentlich um »Quasi«-Apporte, um die Materialisation von Phantomen oder Gliedmaßen derselben (z. B. Phänomene der Eva C.) unter Zuhilfenahme körpereigener oder fremder Bioplasmafelder. Animistische Erklärung: die psychische Komponente des Mediums »formt« aus allerorts vorhandenem Bioplasma mehr oder weniger vollständige Phantome unterschiedlicher Konsistenz (filmartig, durchsichtig oder scheinbar dreidimensional).
Spiritualistische Erklärung: Phantom-Phänomene werden durch Persönlichkeitskerne Verstorbener ausgelöst, die mit ihrer psychischen Kraft (Bewußtsein) vom »Jenseits« her in unser Raumzeit-Gefüge hineinwirken; als Manipulationsinstrument dient hier ebenfalls das Bioplasmafeld.
Erscheinungen (orts- oder zeitgebundene) ließen sich ebenfalls in diese Kategorie einordnen. Es dürfte sich hierbei aber mehr um Automatismen handeln, denen eine bestimmte Programmierung zugrunde liegt.

*– Paraphysikalisch (künstlich) bewirkte Apporte
und Teleportationen größeren Ausmaßes*

Technisch ausgelöste Versetzungen im Raumzeit-Gefüge. Möglicherweise mit Hilfe starker pulsierender Magnetfelder (Schaffung künstlicher physikalischer Anomalien) durch Aufrütteln der Materie, durch Nutzung überall vorhandener hypothetischer Schwarzer oder Weißer Mini-Löcher, die (in Nullzeit) alles mit allem verbinden, oder nach bislang unbekannten paraphysikalischen Prinzipien.

Wem die hier geschilderten Fälle und Hypothesen zu irreal, die nur skizzenhaft angedeuteten Funktionsmodelle zu weit hergeholt erscheinen, möge sich einmal selbstkritisch fragen, wie er – als Angehöriger des wissenschaftlichen Establishments im 19. Jahrhundert – mit Kollegen verfahren wäre, die sich, von Zukunftsvisionen geplagt, ihm gegenüber in geradezu »unwissenschaftlicher«, verantwortungsloser Weise über derart verwegene, »unsinnige« Projekte, wie die Raumfahrt, Atomreaktoren, Computer, Laserkanonen usw. oder auch »nur« über die Feinstruktur der Materie ausgelassen hätten. Die Antwort möge sich ein jeder selbst geben.

IX

Bewußtsein als Skalpell

> »*Dort, wo sich Leben mit Bewußtsein verbindet,
> betreten wir vollkommenes Neuland. Wer näher
> mit den Gesetzen der Chemie und Physik vertraut
> ist, für den ist die Annahme, daß die... Welt (des
> Bewußtseins) von Gesetzen verwandter Art regiert
> werden könnte, ebenso absurd wie die Annahme,
> eine Nation könne von solchen Gesetzen wie denen
> der Grammatik regiert werden.*«
>
> Sir Arthur Eddington (1882–1944) in
> *Science and the Unseen World*

1   Geist über Materie

Heilerfolge kommen im Bereich des Paranormalen auf unterschiedliche Weise zustande. Die einzelnen Heilungsarten und
Wirkungsprinzipien lassen sich allerdings kaum exakt voneinander trennen, und oft treten während eines einzigen Be-
handlungsganges gleich mehrere paranormale Phänomene in
Erscheinung.

Aufgrund einschlägiger Erfahrungen unterscheidet man grob
zwischen der psychischen Heilung (entweder in der normalen
oder in der spirituellen Form), der Geistheilung, der sogenannten »Geistchirurgie« oder Logurgie und der »Wunderheilung«.

Beim psychischen, dem sogenannten magnetopathischen
Heilen, wie es z. B. von Franz Anton Mesmer (1734–1815)
erstmals praktiziert wurde, steht der Heilungssuchende ausschließlich und unmittelbar mit dem Heiler in Verbindung.
Der Heilungsvorgang wird durch Handauflegen, »Bestrei-

chen« und andere magnetophatische Praktiken ausgelöst. Feinstoffliche (bioplasmatische) Energien, die der Hand des Heilers entströmen, sollen bei diesem Behandlungsakt heilend auf das erkrankte Organ einwirken. Manche glauben, daß bei der normalen magnetopathischen Behandlung der Heiler seine überschüssige, im Feinstofflichen angestaute »Lebenskraft« direkt an den Erkrankten abgibt. Bei der spirituellen Heilungsmethode will der Heiler dem Leidenden lediglich kosmische Heilenergie vermitteln.

Nach östlicher Auffassung sammelt sich diese kosmische Energie in den sogenannten Chakras – hypothetische Kraftzentren im geistigen Körper des Menschen –, steigt über die Kundalini zu den höchsten Zentren auf und wird dann über die Hand oder den Atem abgestrahlt.

Die Geistheilung mit ihren therapeutischen Techniken, die im wesentlichen eine psychische Einflußnahme auf das Krankheitsbild vorsieht, wird von der Schulmedizin nur allzu wenig beachtet, eine Haltung, die um so bedauerlicher ist, als daß gerade die von medizinischer Seite hofierte Psychosomatik – die Lehre von der Seele-Körper-Beziehung – verwandte Züge trägt.

Innerhalb dieser Heilungskategorie unterscheidet man noch zwischen Glaubens- und Gebetsheilung, denen religiöse, wohl aber auch suggestive Wirkprinzipien zugrunde liegen, sowie zwischen Ritual- und spiritualistischer Heilung, wie sie vorwiegend von Naturvölkern bzw. südamerikanischen und philippinischen Glaubensgemeinschaften praktiziert werden.

Bei magischen Heilungsmethoden will man durch eine äußerliche Handlung auf eine räumlich entfernte Person einwirken. Fernheilungen wie diese werden gelegentlich auch durch Gebetsaktionen und Fürbitten ausgelöst, deren autosuggestiver Charakter unverkennbar ist.

Über Heilungen auf beliebige Distanz – man spricht von

»Proxy«-Operationen (engl. proxy = Stellvertreter) – berichtet der philippinische Psychologe Dr. Hiram Ramos: »Der inzwischen verstorbene Heiler Gonzales behandelte in Baguío auf Luzon (Philippinen) eine stellvertretende Person – das ›Proxy‹ –, während sich der eigentliche Patient in Seattle (USA) aufhielt. Dieser erlebte den Heilungsvorgang synchron. Gonzales beschrieb später auch den ihm völlig unbekannten Raum in Seattle, in dem sich der Patient befunden hatte, ganz genau.« Hatte Gonzales sein Bewußtsein, einen Teil seiner Heilenergie auf »Hausbesuch« geschickt?

Bei der Geistchirurgie – ebenfalls eine spiritualistische Form der Heilung – kennt man außer der eigentlichen *Logurgie*, d. h. »operativen« Eingriffen, bei denen der Heiler durch sogenannte *psychokinetische Schnitte* auch auf Distanz in den Körper des Patienten eindringt, noch die völlig unblutig verlaufenden »Operationen« am Astralkörper der erkrankten Person, gemeint ist deren bioplasmatisches Organisationsfeld.

Die in der Union Espiritista Cristiana lose zusammengeschlossenen rund 50 bedeutenden philippinischen Geistchirurgen nehmen an ihren Patienten meist sichtbare operative Eingriffe vor und handeln dabei, nach eigener spiritualistischer Auffassung, lediglich als Werkzeuge sogenannter »Kontrollgeister«, jenseitiger Ärzte, die den Operateuren angeblich die Hand führen.

Von Zé Argió, einem berühmten, 1971 verstorbenen brasilianischen Geistheiler, will man wissen, daß er unter der »Kontrolle« eines ehemaligen deutschen Arztes, eines gewissen Dr. Fritz, gestanden habe. Im Verlauf seiner Heilertätigkeit führte er, meist nur mit einem einfachen Federmesser, schmerzfreie, unblutige »Operationen« aus. Dabei unterhielt er sich häufig noch mit anwesenden Patienten, offenbar ohne sonderlich auf die Bewegungen seiner Hände zu achten.

Animisten sehen in besagten »Kontrollgeistern« dissoziierte,

d. h. abgespaltene Teile der Psyche des Heilers, eine Hypothese, die jedoch eine gewisse Interpretationsmüdigkeit erkennen läßt, denn wie kann der Operateur von sich aus den verborgenen Krankheitsherd exakt diagnostizieren und an diesem gleichzeitig auch noch paranormale therapeutische Maßnahmen ergreifen? Unternimmt er vielleicht mit Hilfe seines Bewußtseins im Trancezustand kleine Exkursionen *in den Körper* des Geplagten?

Und wieso gehen diese »Operationen« oder wie immer man sie nennen will, stets gut aus, wenn die meisten Geistheiler kaum über spezielle medizinische Kenntnisse verfügen und sie nur ganz selten Antiseptika benutzen?

Über eine interessante geistchirurgische »Operation« am Astralkörper (Bioplasma-Organisationsfeld) berichtete im Jahre 1973 der bei der NASA beschäftigte Entwicklungsingenieur Dr. Rolf Schaffranke. Nach Angaben seines Operateurs – hier ein amerikanischer Geistlicher – wird bei solchen »Operationen« der Astralkörper des Erkrankten von dessen materiellem Körper etwas »abgehoben«, ohne jedoch die Verbindung zu diesem völlig abreißen zu lassen. Die »Operation« findet dann gewissermaßen in einer höheren Dimensionalität statt. Der physische Körper soll nach dem Eingriff eine gewisse Zeit benötigen, um auf die am Astralkörper vorgenommenen Korrekturen zu reagieren. Reverend X, der übrigens während der »Operationen« mit den Geistesinhalten von nicht weniger als 28 verstorbenen Medizinern – meist Spezialisten aus aller Herren Länder – in Verbindung stehen und in Trance nur deren Anweisungen befolgen will, beauftragt jedesmal seine Frau mit dem Protokollieren der medial gestellten Diagnose. Das hat seinen Grund, denn sobald der Reverend aus der Trance erwacht, erinnert er sich gewöhnlich an nichts mehr.

Die Heilkräfte der Engländerin Rose Gladden – eine der bekanntesten und erfolgreichsten Heilerpersönlichkeiten unserer Zeit – werden meist dann erst in Anspruch genommen, wenn die Schulmedizin nicht mehr weiter weiß, wie beispielsweise im Falle des neunjährigen Andrew Buchan, der infolge eines Tumors im November 1969 mitten im Spiel durch eine plötzlich aufgetretene Gehirnblutung gelähmt wurde. Tagelang kämpften die Ärzte einer Londoner Kinderklinik um sein Leben. Er überlebte schließlich, aber es bestand keine Hoffnung, daß er je wieder völlig genesen würde. Der Gehirntumor erwies sich als nicht operabel. Die Lähmung hielt an, und Andrew konnte sich nur im Rollstuhl fortbewegen. Eines Tages wurde die Mutter des Jungen von Freunden auf Rose Gladden aufmerksam gemacht, die sie, nach anfänglichem Zögern, in Begleitung ihres Sohnes aufsuchte.

Rose legte ihre Hände sanft auf Andrews Kopf, der, wie viele andere vor ihm, schon beim ersten Mal gespürt haben will, daß diese plötzlich »sehr heiß« wurden. Gleichzeitig nahm er ein eigenartiges »Pulsieren« in ihren Händen wahr. Mrs. Gladden, die sich selbst nur als Mittlerin zwischen einer höheren Macht und den Leidenden sieht, wußte sofort, daß sie dem Jungen helfen konnte.

Nach einer Behandlung, die nur fünf Wochen dauerte, konnte sich Andrew schon allein fortbewegen und normal sprechen. Ein »Wunder« war geschehen; der Rollstuhl hatte ausgedient. Sein linkes Bein, das während seiner Erkrankung völlig verkümmert war, bildete sich allmählich zurück. Die Ärzte der Kinderklinik waren über die spontane Heilung des bereits aufgegebenen Patienten verblüfft.

Im Verlaufe ihrer unermüdlichen Heilertätigkeit in aller Welt arbeitet Rose Gladden häufig mit Gehirnspezialisten zusammen. Aufgrund dieser erfreulichen Kooperation ist man interessanten Zusammenhängen zwischen den bei der Behandlung aufgetretenen Effekten und ihrem Gehirnwellenmuster auf die Spur gekommen. Ein Dr. Cade – Mitbegründer und Leiter einer Londoner Elektronikfirma – untersuchte Rose Gladden mehrfach mit dem von ihm entwickelten »mind mirror«, einem Gerät, mit dem es möglich ist, die Rhythmen beider Gehirnhälften gleichzeitig sichtbar zu machen. Am 17. Juli 1977 kam es an der Universität von Loughborough (Leicestershire) vor mehr als 400 Zuschauern zu einer ungewöhnlichen Darbietung. Rose wurde an einem, die Patientin Nora Forbes an einem anderen »mind mirror« angeschlossen. Über Kabelfernsehen konnte jeder der im Saal Anwesenden beobachten, wie Mrs. Gladden ihr Gehirnwellenmuster willentlich veränderte. Mehr noch: man bemerkte, wie sich das Gehirnwellenmuster der Patientin allmählich dem von Rose anpaßte. Schon nach 15 Minuten hatten beide ein völlig identisches Elektroenzephalogramm. Erstmals war es gelungen, den Harmonisierungsvorgang zweier unterschiedlicher Gehirnwellenmuster (von Patient und Heiler) einem breiten Publikum vor Augen zu führen.

Den Zustand der Heilung will Dr. Cade bei Rose durch »eine Alphawellen-Aktivität« (hohe Amplitude) bei kontinuierlichen und stabilen Frequenzen zusammen mit zwei Seitenbändern (im Theta- und Betabereich)« charakterisiert wissen.

Zwar werden auf diese Weise gewisse Zusammenhänge zwischen Bewußtsein und zerebralem Bereich deutlich, vom Erkennen der näheren Ursachen des Heilungsvorganges aber sind wir nach wie vor weit entfernt, genau wie bei ausgesprochenen »Wunderheilungen«, von denen noch zu berichten sein wird. Allein in Lourdes verzeichnete man bis zum Jahre 1977 mehr als 1200 außergewöhnliche und 64 von einer neutralen Kommission als Wunder bestätigte Heilungen spontaner Art.

Animisten sprechen in solchen Fällen häufig von »Heilungen

in einem religiös determinierten affektiven Feld« (Professor H. Bender) an bestimmten »heiligen Orten« oder an denkwürdigen Jahrestagen. Über die eigentlichen Auslöser paranormaler Heilungsprozesse und spontaner Heilungen weiß man bis heute so gut wie nichts. Der Arbeitsbegriff »affektives Feld« läßt viele Deutungen zu, sogar die des Einwirkens jenseitiger Entitäten, den Persönlichkeitskernen Verstorbener.

Nicht an Medien gebundene Heilungen wie diese lassen sich unter Umständen auch auf die konzentrierte und kontinuierliche Durchtränkung des »Wunderortes« mit positiven psychischen Äußerungen (Gebete, Genesungswünsche usw.) zurückführen, auf kollektiv erzeugte bioplasmatische Heilmuster (Organisationsfelder), die auf die erkrankten Organe mancher Heilungssuchender – deren feinstoffliche Matrize – schließlich regenerativ wirken.

Wunder im Sinne von »unfaßbar« produzieren die philippinischen Heiler tagtäglich. Sie verdienen es, daß man ihnen bei ihrer Tätigkeit ein wenig über die Schultern schaut.

3   Die Welt der Logurgen

Der Arzt und Psychotherapeut Dr. H. Naegeli-Osjord befaßt sich schon seit vielen Jahren unter anderem mit Fragen der Geistchirurgie. Er unterscheidet, was paranormale Heilungsmethoden anbelangt, zwischen:

1. der magischen Form mit sympathetischer (mitfühlender) Gestik;
2. der kosmisch-numinosen (göttlichen) und
3. der spiritualistischen Form.

Bei der unter (1) genannten magischen Form trifft Naegeli-Osjord weitere Unterscheidungen:

a) Auf kurze Distanz: Hierbei werden psychokinetisch etwa 20 bis 30 Zentimeter über dem Körper des Patienten Injektionen und Schnitten analoge Bewegungen ausgeführt. Diese Technik üben auf den Philippinen z. B. die Logurgen Juan Blance, José Mercado und Johanito Flores aus.

b) Auf mittlere Distanz: Die »Operation« wird symbolhaft über einem leeren Operationstisch ausgeführt, und sie wirkt »psychoplastisch« auf den im gleichen Raum befindlichen Patienten ein.

c) Auf beliebige Distanz: Hierzu gehören die schon zuvor erwähnten »Proxy«-Operationen, geist-chirurgische Eingriffe an einem Double, das dem Heiler gewissermaßen als »Schablone« für seine psychokinetischen Handlungen dient, während ein vielleicht transportunfähiger Patient, Tausende von Kilometern entfernt, die Wirkung der Heileraktivität erfährt.

In der »kosmisch-numinosen« Form (2) sieht Naegeli-Osjord die vollkommene »unio mystica«, die geistige Vereinigung mit einem Schutzgeist oder dem kosmischen Kraftfeld. Des Heilers Hände durchdringen den menschlichen Körper so, als ob es keine Haut, kein Gewebe, überhaupt kein Hindernis gäbe. Dies sind echte logurgische Eingriffe, wie man sie von zahllosen Bildberichten und Fernsehfilmen her kennt. Was im Bild natürlich nicht festgehalten werden kann, sind die hierbei auftretenden, ununterbrochen ablaufenden und ineinandergreifenden paranormalen Phänomene: De- und Rematerialisationen, Teleportationen, Penetrationen und dergleichen, ganz abgesehen von den offenbar auf hellseherischem und/oder telepathischem Wege eingeholten Diagnosen. Die hier erwähnten Phänomene treten bei nahezu allen philippinischen Heilern in Erscheinung.

Bei spiritualistischen Heilungen (3) wirkt ein nicht näher definierbares »Geistwesen« oder, wie im Fall des Reverend

X, sogar ein »Geistkollektiv« über das als Relais agierende Medium heilend auf den Patienten ein.

Nach Naegeli-Osjord wenden die einzelnen Heiler allerdings unterschiedliche Operationstechniken an. Am häufigsten wurde wohl die Heilmethode des bekanntesten philippischen Heilers Antonio C. Agpaoa (†) kritisch untersucht. Der deutsche Physiker und Nuklear-Chemiker Professor Alfred Stelter, der »Tony« lange Zeit in Baguío bei seinen »Operationen« aus nächster Nähe beobachten, fotografieren und filmen konnte, schildert in seinem Standardwerk über Psi-Heilung dessen Eingriffe außerordentlich plastisch und eindrucksvoll: »Mitunter öffnet er den Körper deutlich sichtbar und geht mit seinen Händen tief in ihn hinein, bei einer anscheinend ganz ähnlichen Operation bleibt er an der Oberfläche, geht also mit seinen Händen keineswegs bis an den Herd heran, sondern scheint hier psychokinetisch zu arbeiten, also aus der Distanz. Beide Techniken unterscheiden sich wahrscheinlich allein schon durch den Verbrauch an medialer Kraft des Operateurs, und zwar erfordert die erste Operationsart offensichtlich mehr mediale Kraft vom Operateur als die zweite. Die zweite Arbeitstechnik wird auf den kritischen Mediziner, der an das Bild klinischer Operationen gewöhnt ist, nicht überzeugend wirken, und er hält es deshalb für Taschenspielerei, wenn der Heiler seine Hände über eine oberflächliche Wunde legt und plötzlich ein myomartiges Gewebe in der Hand hält.«

Die hier beschriebenen sichtbaren Öffnungen haben mit Operationen im medizinischen Sinne nichts gemein. Wer paranormale Operations- und Heilungsverfahren, wie sie auf den Philippinen praktiziert werden, verstehen möchte, muß sich zunächst mit der Vorstellungswelt dieser Heiler, die tief im Religiösen wurzelt, befassen. Die Heiler glauben fest daran, daß jeder Mensch außer seinem physischen (materiellen) Körper noch einen feinstofflichen Leib besitzt, der auch den Tod überdauert. Gerade dieser für unser Auge unsichtbare feinstoffliche Leib aber soll nach Auffassung der Heiler den funktionellen Ablauf unseres Organismus von Geburt an maßgeblich beeinflussen. Organische Leiden dürften durch gewisse, schwingungsbedingte Fehlsteuerungen in der Bewußtseinskomponente unseres Körpers entstehen, wodurch an bestimmten Stellen eine Schwächung des Bioplasmakörpers hervorgerufen wird, die dann die meist sichtbare physische Erkrankung auslöst. An der psychisch-bioplasmatischen Grenzschicht kommt es wahrscheinlich zu Wechselwirkungen und Austauschreaktionen, die letztlich über Gesundheit oder Krankheit, über Leben oder Tod entscheiden. Deshalb setzen die Heiler den psychokinetischen »Hebel« meist auch an dieser Grenzschicht an. Und deshalb haben wir es bei dem entnommenen »Gut« weniger mit echten Organ- und Gewebeteilen, sondern mehr mit beim Durchgang durch den Hyperraum (De- und Rematerialisationen) verformten bioplasmatischen Krankheitsherden zu tun. Organstörungen werden für mediale Heiler, für viele Medien überhaupt, am besten noch im bioplasmatisch-feinstofflichen Bereich als Aura sichtbar. Hieraus folgt eindeutig, daß Materie – belebte wie unbelebte – dem Geist untergeordnet ist, daß sie seine Informationen und »Anweisungen« entgegennehmen muß. Bei allen logurgischen Eingriffen werden offenbar in erster Linie Korrekturen an der feinstofflichen Komponente des Körpers ausgeführt. Daß dabei hin und wieder auch materielle (sichtbare) Krankheitsherde entfernt werden und manche Heiler mit voller Absicht »Blut fließen lassen«, ist von sekundärer Bedeutung. Dies hat meist psychologische Gründe. Verschiedene Patienten sind erst dann vom Gelingen der »Operation« überzeugt, wenn die obligate Menge Blut vergossen wurde. Genaugenommen ginge es auch ohne dieses Schauspiel.

Das Psi-Magazin *Esotera* veröffentlichte im Jahre 1973 das Gutachten einer aus Ärzten und Wissenschaftlern bestehenden internationalen Studiengruppe für psychokinetische Phänomene über deren Beobachtungen bei den philippinischen Geistheilern. In diesem von Wissenschaftlern verschiedener Fachrichtungen, so unter anderem von Professor B. Kirchgäßner, Dr. H. Naegeli-Osjord, Mr. McCausland, G. W. Meek, Dr. W. Schiebeler, Donald G. Westerbeke, Professor Dr. A. Stelter und Frau Sigrun Seutemann unterzeichneten Gutachten heißt es (auszugshalber):

1. Es handelt sich hierbei nicht um Betrug;
2. betäubende oder schmerzstillende Mittel wurden nicht verwendet;
3. auch die Benutzung von Skalpellen, Rasierklingen oder anderen Instrumenten zum Öffnen der Körper konnte nicht festgestellt werden;
4. die Eingriffe wurden innerhalb einer Zeitspanne von 1 bis 10 Minuten durchgeführt;
5. in den meisten Fällen erlaubten es die Heiler, daß die Patienten ihre gewöhnliche Kleidung anbehielten, und es wurden keinerlei Vorsichtsmaßnahmen bezüglich der Sterilität getroffen;
6. von Unbequemlichkeiten bzw. Unbehagen der Patienten während der Eingriffe war so gut wie nichts zu spüren;
7. auch ein Operationsschock war bei den Patienten nicht zu beobachten.

Manila, den 2. März 1973 (Unterschriften)

4 *Eingriffe via Transwelt*

Daß bei logurgischen Operationen das feinstoffliche Pendant des betreffenden Organs behandelt wird und daß entsprechende »Handhabungen« über eine höhere Dimensionalität stattfinden, dürfte wohl kaum noch angezweifelt werden, denn wie anders will man die hierbei auftretenden Paraphänomene erklären? Die aus den geöffneten Körpern der Patienten herausgeholten, meist formlosen, organunähnlichen »Strukturen« weisen oft seltsame, bizarre Formen auf. Sie lassen gelegentlich sogar auf die spezifische Krankheit und seelische Verfassung des Behandelten schließen. Hierzu bemerkt Stelter: »Bei Blance in Manila werden oft ganz kuriose Rematerialisationsprodukte beobachtet, mit denen der Mediziner überhaupt nichts anfangen kann; zum Beispiel die Substanzen, die er aus den Augen der Patienten wie durch eine magnetische Kraft herauszieht, ohne sie zu berühren, oder jene Gebilde, die er aus der Nase zieht ... Bei Hautleiden treten aus der Haut ›saatartige‹ längliche Partikeln heraus, die ganz bestimmt innerhalb des Körpers in dieser Form nicht existieren. Diese seltsame Formgebung, die sicherlich ideoplastischen Ursprungs ist, mag durch Vorgänge in den magischen Tiefenschichten der Psyche des Heilers bedingt sein. Vielleicht liegt die Ursache aber auch außerhalb seines Unterbewußtseins.«

Dr. Lyall Watson, ein in Südafrika geborener Biologe, der die philippinischen Wunderheiler ebenfalls häufig bei ihrer Arbeit beobachten konnte, ist der Auffassung, daß sie eine gewisse Begabung für Materialisationen besäßen. Zu diesem Phänomen führte er unter anderem aus: »Ich arbeitete einige Tage mit Josephine Sison zusammen ... so wurde ich Zeuge von etwa 200 solcher Operationen, wovon etwa 85 % Materialisationen beinhalteten. Zu keiner Zeit war ich mehr als einen halben Meter von der Chirurgin entfernt, und ihre Hände waren immer in meinem Blickfeld; trotzdem gelang es ihr, die blutähnliche Flüssigkeit aus ihren Fingerspitzen heraus zu produzieren, sobald sie diese gegen den Körper eines Patienten preßte. Manchmal begleiteten diese rote Flüssigkeit auch Stoffreste, bei weiteren Gelegenheiten kamen sogar völlig fremdartige Gegenstände zum Vorschein. Ich sah, wie sie eine rostigen Nagel hervorzog, des weiteren zwei große Steine, ebenso mehrere große Plastiktaschen, eine Dose, drei vollständige, unversehrte Blätter, die sich noch an dem Ast eines Dornbusches befanden, außerdem zog sie ein sonderbares eingekerbtes Glas aus dem Körper ihrer Patienten. In jedem Fall schienen diese Objekte in dem Raum zwischen ihren Fingern und der Haut des Patienten zu wachsen. Ich bin völlig überzeugt davon, daß keinerlei Tricks im Spiel waren. Ich bin ebenso sicher, daß diese Objekte aus den Körpern der Patienten kamen...«

Desgleichen geht Stelter auf das Materialisationsphänomen bei derartigen Operationen ein. Hier heißt es: »...Diese Überlegungen würden auch die Tatsache erklären, daß manche Heiler Medizinern herausoperierte ›Tumore‹ mitgegeben haben, die dann durch histologische Analyse als ›Watte‹ identifiziert wurden. Hier erfolgte die Umwandlung von Bioplasma in Ektoplasma auf dem vom Heiler bei der Operation benutzten Wattebausch, der jetzt mit stabilisiertem Ektoplasma bedeckt ist. Materialisationen scheinen oft einer Unterlage zu bedürfen, auf die sie ›aufwachsen‹ können, ähnlich wie bei konventionellen physiko-chemischen Prozessen eine Kondensation etwa aus der Gasphase durch das Vorhandensein oberflächenreicher fester Formen induziert bzw. erleichtert wird.«

Als Agpaoa wußte, welche Fehlschlüsse aus den Untersuchungen solcher, offenbar in einer höheren Dimensionalität deformierten Gewebe- und Organteile gezogen werden, gab er Patienten und Medizinern in der Regel keine Proben mehr mit. Aber bedarf es denn eigentlich noch der Untersuchung solcher »Operationsprodukte«, die, vermutlich infolge des Durchgangs durch eine andere Welt, Formen aufweisen, welche ein Pathologe ohnehin nicht mehr als menschlich im Sinne von »wie gewachsen« identifizieren kann? Was zählt, sind einzig und allein die erstaunlichen Heilerfolge der Logurgen.

Nach Meinung von Dr. H. Naegeli-Osjord treten bei logurgischen Operationen im wesentlichen folgende paranormale Phänomene in Erscheinung:
– »Es wird nach paraphysikalischen Eingriffen entsprechend abgetrenntes Gewebe entfernt;
– strukturähnliches und strukturloses Gewebe werden aus dem krankhaft veränderten feinstofflichen Leib des Patienten materialisiert und aus dem Körperbereich herausgeschafft. Damit wird, wenn oft auch erst nach Wochen und Monaten, der physische Leib gesunden;
– Apporte übernehmen als symbolische Entsprechung die Vertretung des erkrankten Organgeschehens (z. B. Kieselstatt Nierensteine) und bewirken über den feinstofflichen Körper Gesundung. Mit Apporten haben wir es vermutlich dort zu tun, wo über der Oberfläche des Körpers gearbeitet wird. Bei nur oberflächlichen, fast symbolischen Öffnungen kann beides der Fall sein, kann es sich also um Apporte und Materialisationen aus der Astralsphäre handeln.«
Guy Playfair berichtet in seinem Buch *Phantastische Psi-Phänomene* über ähnliche Erfahrungen mit dem inzwischen verstorbenen brasilianischen Geistchirurgen Zé Arigó. Er ließ den Kontrollgeist dieses Operateurs – einen deutschen Arzt namens Dr. Fritz – zu Wort kommen und die von ihm praktizierten Operationstechniken für jeden gut verständlich erläutern: »Wir trennen die bioplasmatischen Organisationsfelder, die den Astralleib mit der Materie, d. h., mit dem leiblichen Körper verbinden, so daß die Gewebe eine amorphe Masse bilden. Dann entfernen wir den Fremdkörper, der ja nun nicht mehr mit der Struktur des Organismus verbunden ist, und fügen die Felder wieder zusammen.«
An anderer Stelle ist die Rede davon, daß Diagnose und Operation eigentlich schon dann beginnen, wenn der Hei-

lungssuchende im Sprechzimmer wartet. Operationen am psychisch-bioplasmatischen Leib, der, vereinfacht ausgedrückt, unseren Körper umhüllt und durchdringt, stellen für geübte Logurgen offenbar keine allzugroße Herausforderung dar. Durch zeitliches Verdrängen organischer Materie auf Submikroebene gelingt es ihnen, gewissermaßen an den Atomen und Molekülen von gesunden Gewebe- und Organteilen »vorbeizugreifen« und im Körper des Patienten zu manipulieren, ohne diesen zu verletzen. Bei geistchirurgischen Eingriffen befindet sich der Heiler offenbar in einem für psychische Operationen notwendigen höherdimensionalen Schwingungszustand, der nicht nur Krankheitssymptome schon bei ihrer Entstehung erkennen läßt, sondern durch Vermittlung entsprechender Heilinformationen feinstofflicher Art auch deren Beseitigung ermöglicht. In der Regel wird also kein erkranktes, stoffliches Organ oder Gewebeteil, sondern dessen feinstoffliches Manko – die Fehlinformation – beseitigt.

Zu echten Verletzungen kann es schon deshalb nicht kommen, weil die Gewebe- und Organzellen auf Submikroebene bereits vor dem Berühren in den feinstofflichen Zustand überwechseln (sich dematerialisieren), was wahrscheinlich einer geringfügigen Versetzung der Teilchen in der Zeit gleichkommt. Ein Beispiel aus dem Alltag soll dieses Paraphänomen verständlich machen.

Ein geschickter Dentist spritzt während des Betäubens der Extraktionsstelle nach raschem Einstich in das Zahnfleisch beim anschließenden sanften Vordringen der Nadel kräftig weiter. Dadurch werden Stellen, die etwa Bruchteile von Millimetern vor der Nadelspitze liegen, im voraus schmerzunempfindlich gemacht. Mit anderen Worten: Das Schmerzsignal wird sofort abgeblockt.

Der berühmte, inzwischen verstorbene holländische »Magier« Mirin Dajo ließ sich seinerzeit von seinen Gehilfen vor aller Augen mit scharfen Degen durchbohren. Dabei wurden auch lebenswichtige Organe durchstochen. Zahlreiche Schweizer Fachärzte konnten sich im Sommer 1947 vor dem Röntgenschirm des Zürcher Kantonsspitals von der Echtheit dieser Darbietung selbst überzeugen. Weder an der Einstich- noch an der Austrittsstelle in Dajos Unterleib war auch nur ein einziger Blutstropfen zu sehen. Auf Befragen der Journalisten, wie er dieses »Kunststück« zustande bringe, ließ Dajo lakonisch verlauten, er »weiche eben nur der Degenspitze aus«. Soll man das so verstehen, daß er mit seinen Körperzellen durch vorübergehendes Entstofflichen der gefährdeten Organe einfach in der Zeit ausweicht? Baut er um diese Stellen womöglich eine Art zeitneutrales Psi-Feld auf?

Zusammenfassend läßt sich feststellen, daß es sich bei der Logurgie aller Wahrscheinlichkeit nach um ein Mischphänomen handelt, das De- und Rematerialisationen, Apporte, Teleportationen und Penetrationen, aber auch ASW-Effekte wie Telepathie und Hellsehen beinhaltet. Aufgrund zahlloser, als echt anerkannter, dauerhafter Heilungen an Personen, die von der Schulmedizin bereits aufgegeben worden waren, hätte sie es verdient, losgelöst von vordergründiger Zweck- kritik und falschen Beschuldigungen, auf breiter Basis wis- senschaftlich erforscht zu werden.

X

Welt voller Wunder

> »Die Natur scheint ihre Geheimnisse dem intellektuell Arroganten nur widerstrebend preiszugeben.«
>
> Professor Harold Saxton Burr (1916–1956)

1 Begriffsverwirrung

Der weitblickende Kirchenlehrer und Denker Aurelius Augustinus (354–430) zog aus eigenen Beobachtungen okkulter, unverständlicher Phänomene den treffenden Schluß: »Wunder geschehen nicht im Gegensatz zur Natur, sondern im Gegensatz zu dem, was wir von der Natur wissen.«
Damit war das ausgesprochen, was auch heute noch gilt: die Existenz paranormaler Phänomene darf nicht einfach deshalb negiert oder bestritten werden, weil diese eben noch nicht in unser derzeitiges naturwissenschaftliches Weltbild passen, weil eine Generalisierung entsprechender Gesetzmäßigkeiten leider noch auf sich warten läßt.
Immerhin geben heute schon zahlreiche Fachwissenschaftler freimütig zu, daß sie paranormale Bewirkungen zwar registrieren, aber nicht erklären können. Sie verbessern ständig ihre ohnehin schon äußerst empfindlichen Meßeinrichtungen und arbeiten mit immer raffinierteren Versuchsaufbauten, um möglichst doch noch eine »normal«-physikalische, naturwissenschaftlich »einwandfreie« Erklärung für alles bislang unverständliche Geschehen zu finden. In ihrem blinden Eifer bemerken sie dabei gar nicht, wie sie bisweilen selbst die

Rolle jener Alchimisten übernehmen, über die sie gelegentlich spotten, die über Jahrhunderte stur und verbissen dem »Stein der Weisen« nachjagten – der Voraussetzung für sogenannte Transmutationen –, Materieumwandlungen aller Art, wie z. B. der von unedlen Metallen in Gold. Auch sie hatten keine echte Chance. Fest eingezwängt in ein mehr hinderliches als nützliches Korsett aus mystischer Zauberküchentradition und verschnörkeltem Geheimwissen, blieben sie immer ihrem edelsten Ziel – der *hieros gamos* –, der *Heiligen Hochzeit* (gemeint sind echte Transmutationen), fern.

Jahrhunderte sind vergangen, das naturwissenschaftliche Weltbild hat sich radikal gewandelt. Einstein löste Newton ab ... Physik aus einem anderen, relativistischen Blickwinkel: $E = mc^2$. Und schon gibt es sie, die nuklearen Transmutationen, von denen Alchimisten zu allen Zeiten geträumt hatten. Keiner verliert mehr ein Wort über die Wunder der Kernspaltung und -verschmelzung, Wunder, die heute schon längst keine mehr sind. So vergeßlich sind wir. Man darf mit einiger Berechtigung fragen, ob sich in hundert Jahren noch jemand über paranormale Phänomene, über Wunder, noch wundern wird, wenn dann die Physik unter Einbeziehung transzendentaler, psychischer Faktoren vieles heute noch Unfaßbare entmystifiziert und transparent gemacht haben wird.

Der Begriff »Wunder« wird auch heute noch unterschiedlich interpretiert. Für manchen grenzt es fast schon an ein Wunder, wenn jemand einen schweren Verkehrsunfall heil, vielleicht sogar ohne Schrammen, überstanden hat. Andere sehen es als ein Wunder an, wenn ihnen in höchster Not finanzielle Unterstützung von Unbekannt zuteil wird. Indes, dies alles kann nicht als »Wunder«, wie sie Theologen und Parapsychologen sehen, verstanden werden.

Bonin definiert »Wunder« als »theologischen Begriff zur Bezeichnung des außerordentlichen Ereignisses, das jeglicher Erfahrung oder gar den Naturgesetzen widerspricht«. Nun,

238

Augustinus hatte, wie wir bereits wissen, eine andere, viel weitergehende Auffassung von Wundern, die, von mystischem Ballast befreit, mehr im Naturwissenschaftlichen zu wurzeln scheint. Wir wollen uns ausschließlich unter diesem Aspekt mit einigen unerklärlichen Vorkommnissen befassen, welche gemeinhin als Wunder bezeichnet werden, die sich aber, sofern ihnen keine Manipulationen zugrunde liegen, bei näherer Betrachtung häufig als paranormale Bewirkungen herausstellen. Dabei sollen auch scheinbar nebensächliche Ereignisse nicht unerwähnt bleiben, weil diese, mehr noch als spektakuläre Phänomene, die eigentlichen Ursachen für alles »wunderbare« Geschehen aufzeigen könnten.

2 Die weinende Madonna von Syracusa

Süditalien scheint für Wunder im theologischen Sinne prädestiniert zu sein. Vor einer kleinen Kapelle in der südostsizilianischen Stadt Syracusa drängten sich schon seit Tagen viele Menschen. Geduldig warteten sie, bis andere die Kapelle verlassen hatten und sie zu der »weinenden Madonna« vorgelassen wurden. Das aus Gips modellierte, rosarot angemalte Madonnengesicht auf schwarzem Samt, umgeben von einem etwa 50 Zentimeter hohen Rahmen, hing noch vor drei Jahrzehnten über dem Ehebett von Antonia und Angelo Giusto – ein Hochzeitsgeschenk von Angelos Schwester.
Am 29. August 1953 »weinte« die Madonna zum ersten Mal. Antonia Giusto war damals durch eine Schwangerschaft halb blind geworden. Vor Schmerzen konnte sie nicht schlafen. Plötzlich sah sie aus den blauen Augen der Madonna Tränen fließen. Von diesem Augenblick an fühlte sie sich schmerzfrei. Mehr noch: Sie konnte plötzlich wieder sehen. Ihr Kind kam ohne Komplikationen zur Welt.

Die Madonna aber weinte in Abständen von zehn bis zwanzig Minuten weiter, und die Straße vor dem Haus der Giustos füllte sich allmählich mit betenden Menschen.

Wissenschaftler untersuchten insgesamt 30 Tränen der Madonna und stellten fest, daß sie menschlichen Ursprungs waren.

Am 11. Dezember wurde dieses »Wunder« von der Kirche offiziell anerkannt. Für die Madonna aber baute man eine Kapelle. Seitdem soll sie schon mehr als tausend kranke Menschen geheilt haben.

Ein weiteres Wunder ereignete sich im Jahre 1973 in der Grotte des bekannten südfranzösischen Wallfahrtsortes Lourdes. Eine Frau im Rollstuhl blickte voller Hoffnung auf die blauweiße Mutter-Gottes-Statue in der Felsengrotte. Fünf Tage später geschah das Unfaßbare: Die gelähmte Näherin Fernanda Mazzetti – 47 Jahre alt – stand aus ihrem Rollstuhl auf und machte ohne fremde Hilfe zaghaft die ersten Schritte. Neun Jahre war sie gelähmt gewesen – ein hoffnungsloser Fall für die Ärzte. Sie war deshalb nach langem Zögern von ihrem Heimatort Imperia am Ligurischen Meer (Italien) mit dem Pilgerzug nach Lourdes gefahren, um dort Heilung zu erflehen.

Was nach ihrer Rückkehr aus Lourdes geschah, als sie längst wieder im Sanatorium ihre Tage unter der Aufsicht von Ärzten und Schwestern verbrachte, darf als »Wunder« im medizinischen Sinne bezeichnet werden.

Nach der heiligen Messe, an der sie im Rollstuhl teilgenommen hatte, spürte sie plötzlich ein Kribbeln in den Beinen. Ihr wurde mit einem Mal ganz warm. Sie dachte intensiv an die Madonna und verspürte dabei den unwiderstehlichen Drang, aufstehen und laufen zu müssen. Dann fragte sie den Arzt, ob sie es versuchen dürfe. Dr. Figli, der diensthabende Arzt des Sanatoriums, erlaubte es ihr. Er wollte seine Patientin durch diesen Versuch ganz schnell von einer Illusion befreien. Aber

Fernanda stand tatsächlich auf, sie setzte vorsichtig einen Fuß vor den anderen und ... lief.

Die Ärzte fanden keine Erklärung für diesen Fall spontaner Heilung. Der Chefarzt gab später zu Protokoll, daß eine Knochenmarktuberkulose bereits die Nervenzuleitungen zerstört hatte und an eine Heilung der gelähmten Beine nicht mehr zu denken gewesen wäre. Zwei Wochen nach ihrer Rückkehr aus Lourdes wurde Fernanda Mazzetti als geheilt entlassen.

3   Von den Toten auferstanden

In den Lebensbeschreibungen der Heiligen des ersten Jahrhunderts ist immer wieder von »Totenerweckungen« die Rede. So werden dem heiligen Franz von Assisi acht, den Reliquien des Märtyrers Stephanus fünf und dem heiligen Stanislaus ebenfalls mehrere »wunderbare Erweckungen« zugeschrieben.

Kirchliche Kanonisations- und Heiligsprechungsprozesse hatten zur Folge, daß der Nachwelt gut dokumentierte, zum Teil beeidigte Zeugenaussagen überliefert wurden, die Rückschlüsse auf die paranormale Szene vergangener Jahrhunderte zulassen. Um die Dokumentation solcher und ähnlicher unerklärlicher Phänomene haben sich vor allem die Jesuiten unter Jean Bolland (1596–1665) verdient gemacht. Ihr Standardwerk *Acta Sanctorum* (Heiligenlegenden), das bis in die Zeit der ersten Christen zurückreicht, enthält eine Fülle interessanter Berichte über das Leben und Wirken der Heiligen, über Wunderheilungen, Rettungen, Präkognition, hellseherische Leistungen usw.

Verschiedene Dokumentationen befassen sich auch mit wunderbaren »Erweckungen« ertrunkener Personen. Über einen klassischen Erweckungsfall, der sich im mittelalterlichen England zugetragen haben soll, berichtet W. Schamoni: »Die fünfjährige Johanna de Schirreve aus Mauvdin, Bistum Hereford (England), war im Jahre 1282 an einem Sonntag in der zweiten Hälfte des Monats April im Fischteich einer dortigen Bierwirtschaft ertrunken. Ihre Mutter erfuhr von diesem Unglücksfall erst Stunden später, nach Sonnenuntergang. Sofort lief die hochschwangere Frau zusammen mit der Patin des Kindes zum Teich, auf dessen Boden sie das Mädchen liegen sahen. Die Patin sprang gleich ins Wasser und holte das ertrunkene Kind heraus, das einen schrecklichen Anblick bot: Es war aufgedunsen. Die bereits schwarz angelaufene Zunge hing ihm aus dem Mund, die Kleider waren klatschnaß und völlig verschmutzt; die Mutter erkannte ihr Kind nur noch an dessen neuen Schuhen.

Die Eltern klagten herzzerreißend um den Verlust der geliebten Tochter. Da der Vater schon viel von den Wundern gehört hatte, die durch die Fürbitte des heiligen Thomas von Hereford vollbracht worden waren, flehte er in großer Ergriffenheit um die Auferweckung seiner Tochter. Auch alle Umstehenden, etwa vierzig Personen, beteten mit ihm bis tief in die Nacht am Rande des Teiches. Aus dem Mund des Mädchens aber floß Wasser, dessen Menge man auf mehr als zwanzig Liter schätzte.

Dann trug die Mutter ihr totes Kind nach Hause, begleitet von jammernden und betenden Nachbarn und Freunden. Man brachte die Mutter zu Bett und erfüllte ihr die Bitte, das kalte, tote Kind dicht neben sie zu legen.

Im Morgengrauen spürte die Mutter eine Fußbewegung des Kindes und ein Erzittern des kleinen Körpers. Nachdem das Mädchen, das allmählich zu sich gekommen war, erbrochen hatte, konnte es sogar auf Fragen antworten.

Dieser Fall wurde sehr gründlich untersucht, und außer den Eltern wurden sieben weitere Zeugen unter Eid vernommen.«

Solche Berichte zeigen, daß Wunder in den verschiedensten Erscheinungsformen aus ganz bestimmten, vorgegebenen Situationen heraus geschehen. Ob sie durch Aktivieren eigener psychischer Kräfte oder durch Einwirken eines intelligenten Prinzips aus »jenseitigen« Bereichen zustande kommen, muß derzeit noch offen und der Beurteilung jedes einzelnen überlassen bleiben. Eines aber scheint sicher zu sein: Wunder weisen trotz der »Einmaligkeit« des jeweiligen Geschehensablaufs typische paranormale Züge auf, Charakteristika, die sie eigentlich verständlicher und erfaßbar machen sollten.

4 Energien aus der Jenseitswelt

Wenn es darum geht, die makabre Situation einer Totenerweckung paranormal-medizinisch zu erklären, stößt man zunächst auf scheinbar unüberwindliche Widersprüche. Es will uns, wie im Fall der Johanna de Schirreve, einfach nicht einleuchten, wie ein »toter Körper« neu beseelt und der bereits eingeleitete Verwesungsvorgang wieder rückgängig gemacht werden können. Hier spätestens setzt unser »gesunder Menschenverstand« aus, stehen wir vor unerklärlichem Geschehen. Sind »Wunder« nur eine Domäne des Glaubens oder auch des Aberglaubens?

Könnte es nicht so sein, daß durch einen aus Not und Verzweiflung resultierenden »Gewaltakt« höchster psychischer Konzentration, durch ein *Das-darf-nicht-sein* höherdimensionale Organisationsfelder mobilisiert werden, die den feinstofflichen Leib des Opfers am endgültigen Entweichen in jenseitige Bereiche hindern, ihn – wie vom Schicksal vorgesehen – wieder ins Leben zurückholen? Ist die psychisch-bioplasmatische Komponente erst wieder einmal im Körper aktiviert, dürften paranormale Heilungs- und Remateriallisationsprozesse den eingeleiteten Genesungsprozeß automatisch weiter fortsetzen.

Wunder geschehen in mannigfacher Weise. Über das Phänomen der »Unverweslichkeit« – gemeint ist das »fleischliche Überleben« Verstorbener –, das von einigen Forschern ebenfalls paranormal interpretiert wird, berichtete *Die Welt* im Jahre 1975: »Auch DDR-Mediziner haben das Rätsel um den Leichnam des Kornetts Ritter von Kahlbutz nicht lösen können, der seit 172 Jahren ohne Balsamierung nicht verwest. Wie die Erfurter Zeitung *Das Volk* berichtete, steht bislang nur fest, daß die Leiche, die in der märkischen Feldsteinkirche in Kampehl (Kreis Ruppin/Kyritz) offen aufgebahrt liegt, auch keine Spur von konservierenden Chemikalien aufweist. Schon die berühmten Ärzte Rudolf Virchow und Ferdinand Sauerbruch hatten vor Jahrzehnten vergeblich versucht, dieses biologische Rätsel zu lösen.«

Unverweslichkeit wurde auch häufig bei Heiligen festgestellt, in einigen Fällen noch nach Jahrhunderten, obwohl sie nicht einbalsamiert, in Metallsärgen oder anderweitig vor Lufteinwirkung aufbewahrt worden waren. Eine Laune der Natur? Oder gibt es da in Körpernähe Reste eines immer noch intakten feinstofflichen Energiefeldes mit konservierenden Eigenschaften?

Ein Dr. med. K. Graninger hatte es sich schon vor etwa 80 Jahren zur Aufgabe gemacht, möglichst viele, medizinisch nicht erklärbare Fälle von »Nahrungslosigkeit« (sogenannte *Asitie*) aufzuzeichnen. Die stigmatisierte »Resl von Konnersreuth« (Therese Neumann, 1898–1962), der man eine Vielzahl von Paraphänomenen, so unter anderem Hellsehen, Xenoglossie (das plötzliche Sprechen und Verstehen in fremden, nicht erlernten Sprachen), Levitation, Bilokation usw. nachsagt, soll insgesamt 17 Jahre ihres Lebens – häufig unter strenger Kontrolle von Medizinern – gefastet haben.

Maria Furtner, die im oberbayerischen Frasdorf zu Hause

war, lebte angeblich 52 Jahre ausschließlich von Wasser. Von »Bruder Klaus« – Nikolaus von der Flüe (1417–1487) – will man wissen, daß er in seiner Eremitage 20 Jahre keinerlei Speise angerührt habe. Der Chronist berichtet von Katharina von Siena (1347–1380), die die Rückkehr von Papst Gregor XI. aus Avignon nach Rom dadurch bewirkt habe, daß sie in ihren letzten Lebensjahren ausschließlich vom heiligen Abendmahl lebte.

Auch Yogis können über derart lange Zeiträume ohne jede Nahrung bleiben. Ein Inder namens Baba Giri soll mit 52 Jahren Enthaltsamkeit den Rekord halten, was allerdings nicht überprüfbar sein dürfte.

Über die Französin Louise Lateau, ebenfalls eine Stigmatisierte, die lange Zeit ohne Nahrung bleiben konnte und in diesem Zustand ärztlich überwacht wurde, fertigte der Arzt Dr. Warlomont ein Gutachten an, in dem es unter anderem heißt: »Die Enthaltung der Lateau von Essen und Trinken widerspricht den Gesetzen der Physiologie, also braucht nicht bewiesen zu werden, daß dieselbe Täuschung ist. Da es feststeht, daß sie sich mit diesen Gesetzen nicht verträgt, liegt der Beweis [daß es sie gibt] denen ob, die zu diesen Gesetzen stehen.« Ein salomonisches Urteil, das man auch heute manchem Ignoranten grenzwissenschaftlicher Phänomene vorhalten möchte.

Woher aber könnten enthaltsam lebende Menschen ihre »Nahrung« tatsächlich beziehen? Vermögen sie Nahrungsmittel zu apportieren oder feinstoffliche Substanzen im Magen zu materialisieren? Denkbar wäre es schon: der Hyperraum als unerschöpfliche Quelle primordialer Bioenergie als Spender eines kosmischen »Mannas«. Über die teils in einer höheren Dimensionalität, teils im Körper angesiedelten Zuflußkanäle für psychische Energien – im Scheitelchakra und Hypothalamus – könnten dem stofflichen Leib der Fastenden ständig lebenserhaltende Energien in reinster Form zugeführt werden, ein Prozeß, der normalerweise durch unsere unvernünftigen Ernährungs- und Lebensgewohnheiten unbewußt abgeblockt wird.

Das unzerstörbare menschliche Bewußtsein, der Persönlichkeitskern des Menschen – sein eigentliches Ich – überdauert nicht nur nach spiritualistischer Auffassung den körperlichen Tod. Mehr noch: Manchen Heiligen sagt man nach, daß sie auch heute noch durch für jeden sichtbare Zeichen sogar auf zukünftiges Geschehen aufmerksam machen können – eine Art Prophetie aus dem Jenseits.

Im Dom zu Neapel wird als Reliquie eine schwärzliche Substanz, angeblich das Blut des enthaupteten heiligen Januarius (etwa 250–305), in einem Glasbehälter aufbewahrt. Zu bestimmten Zeiten, meist am Samstag vor dem 1. Mai, am 19. September und am 16. Dezember, verflüssigt sich diese Substanz auf bislang unerklärliche Weise. Dieses sogenannte »Blutwunder des heiligen Januarius« wurde von zahlreichen Wissenschaftlern, so unter anderem auch von dem deutschen Parapsychologen Professor Hans Bender, eingehend untersucht und kommentiert.

Es wiederholt sich seit dem Jahre 1389 fast regelmäßig jedes Jahr zu den zuvor genannten Zeiten, obwohl allein in den letzten 400 Jahren auch 80 »außerplanmäßige« Verflüssigungen beobachtet werden konnten.

Am 1. Samstag im Mai 1976 blieb die Verflüssigung erstmals seit langer Zeit aus. Besorgt fragten sich die Gläubigen, ob das Ausbleiben des Wunders, das schon seit jeher mit drohendem Unheil in Verbindung gebracht wird, auch diesmal wieder als ein böses Omen zu werten sei. Prompt wurde die italienische Provinz Friaul am 6. Mai von einer schweren Erdbebenkatastrophe heimgesucht, die etwa tausend Menschen das Leben kostete und in dieser Gegend schwerste Schäden anrichtete.

Sollte es zwischen der ausgebliebenen Blutverflüssigung und

dem folgenschweren Ereignis tatsächlich irgendwelche kausalen oder gar »transkausalen« Zusammenhänge geben? Auch bei diesem »Wunder« gehen die Meinungen darüber auseinander, ob man die spiritualistische oder aber die animistische Hypothese gelten lassen soll. Manche halten das Ganze für reinen Zufall, was aber immer noch nicht das Phänomen der Blutverflüssigung erklären würde. Während die einen in dieser psychokinetischen Manifestation das Fortwirken ihres Schutzheiligen aus dem Jenseits sehen, neigen die anderen – vorwiegend Wissenschaftler – zu der animistischen Annahme, daß sich im »Blutwunder des heiligen Januarius« die geballte psychische Kraft erwartungsfroher Gläubiger manifestiere. Professor Hans Bender, ehemaliger Leiter des Instituts für Grenzgebiete der Psychologie und Psychohygiene in Freiburg, sprach in diesem Zusammenhang vom sogenannten »affektiven Feld«, in dem alles Paranormale geschieht.

Vor kurzem soll drei Wissenschaftlern der Universität Pavia (Italien) mit Hilfe einer Lösung aus Eisenchlorid und Calciumcarbonat eine künstliche »Blutverflüssigung« gelungen sein. Wie das englische Wissenschaftsjournal *nature* zu berichten wußte, verflüssigt sich das Imitat-»Blut« – eine gelantineartige Masse – schon bei geringer Bewegung. Skeptiker meinen nun, daß auch mittelalterliche Alchimisten in der Lage gewesen sein könnten, eine solche Substanz herzustellen. Prompt reagierte die römische Kurie: Jeglicher Betrug sei ausgeschlossen. Indem die Blutverflüssigung, wie schon erwähnt, gelegentlich auch ausbleibt, muß man sich fragen, ob die Blutersatz-Hypothese der Skeptiker nicht doch recht weithergeholt ist. Des weiteren erscheint es höchst fraglich, ob Ersatzchemikalien nach 700 oder mehr Jahren überhaupt noch Wirkung zeigen.

Ein »Wunder« trivialer Art, über das seinerzeit die italienische Presse ausführlich berichtete, ereignete sich im Sommer

1975 in Catania (Sizilien). Vier Ärzte des Krankenhauses Vittorio Emanuele waren Zeugen eines außergewöhnlichen Phänomens: des Apportes frischer Rosenblätter. In besagtem Hospital war eine biedere Hausfrau namens Domenica Paino zur Untersuchung eingeliefert worden. Eines Morgens, als der Chefarzt des Krankenhauses in Begleitung dreier Assistenzärzte während der Frühvisite Frau Paino besuchte, lösten sich langsam, in steter Folge, Rosenblätter aus dem Mund der offenbar geistesabwesenden Patientin.

Im Abstand von wenigen Minuten kamen insgesamt neun stark duftende Rosenblätter zum Vorschein. Die Ärzte versicherten, daß die Blütenblätter taufrisch gewesen waren. Sie schlossen die Möglichkeit, daß die Patientin sie bereits zuvor im Mund gehabt habe, mit Sicherheit aus. Wie so vieles, bedurfte auch dieses »Wunder« keines Heiligenscheins. Es wäre wohl naheliegend, auch in diesem Fall von Apporten oder Vollmaterialisationen zu sprechen.

5 Wunder ohne Glanz

Man redet soviel vom Wunder der Menschwerdung, aber auch, ganz banal, von Wundern technischer Art. Genaugenommen umgibt alles Geschehen in uns und um uns herum – das Universum in seiner Gesamtheit – ein Hauch von Wunderbarem: die auf geheimnisvolle Weise gesteuerten Vorgänge in der Natur, die einzigartige »Konstruktion« eines einfachen Grashalmes, Aufbau und Organisation einer Ameisenkolonie oder eines Bienenvolkes, der Richtungssinn der Zugvögel, die verwickelten astrophysikalischen Abläufe allein in unserem Heimatuniversum und die Existenz eines Kosmos der unendlich vielen Dimensionen – vom Wunder des raum- und zeitsprengenden menschlichen Geistes erst gar

nicht zu sprechen. Dies alles sind ebenfalls »Wunder«...
alltägliche zwar, dafür aber nicht minder sensationelle.
Warum sollten wir uns dann noch über sogenannte *Wunder*
wundern? Nur deshalb, weil sie nicht in den Rahmen des
Alltäglichen, des Trivialen hineinpassen?

Augustinus hat recht: Nichts geschieht gegen die Natur! Sie
birgt viele Wunder. Das Leben selbst – auch das, was vor ihm
lag und was danach kommen wird –, das Mysterium der
anderen Realität, ist ein Mirakel per se, vielleicht das größte
überhaupt.

Wenn die eingangs geschilderten »Wunder« nicht in unser
gewohntes Denkschema passen, weil wir ihnen alltagsblind
und fassungslos gegenüberstehen, muß das noch lange nicht
bedeuten, daß andere, scheinbar natürliche Geschehnisse weniger wunderbar sind. Wir sollten uns daran gewöhnen, mit
den etwas auffälligeren »Wundern« bewußter zu leben, zeigen diese uns doch immer wieder, daß wir Teil einer größeren
Realität sind, die mehr als nur drei oder vier Dimensionen
umfaßt.

XI

Die Psychowelt der Tiere

> »Tiere haben keine Seele!«
> Häufig gebrauchtes Zitat eines Geistlichen während des Religionsunterrichts an einem humanistischen Gymnasium.

1 Außersinnliche Wahrnehmungen im Tierreich

Jeder von uns wird sich schon einmal gefragt haben, ob es Tiere gibt, die, ähnlich wie sensitiv veranlagte Menschen, auf Psi-Phänomene ansprechen oder solche gar auszulösen vermögen.

Die Feststellung, daß Tiere ebenfalls mit außersinnlichen Wahrnehmungsfähigkeiten oder gar mit Intelligenz ausgestattet sind, könnte nämlich für die parapsychologische Forschung das letzte Glied in der Kette unumstößlicher Beweise für die Echtheit paranormaler Phänomene sein, denen man – soweit sie von Sensitiven ausgelöst werden – vielfach noch mit Skepsis begegnet.

ASW-Versuche mit Tieren haben den Vorteil, daß die Versuchsobjekte selbst über allen Verdacht der Manipulation und intellektuellen Beeinflussung erhaben sind. Einwände, es könnte sich bei tierischer ASW um eine Art Hyperästhesie (Überempfindlichkeit des Sinnes- und Gefühlsnerven) oder gar um phylogenetische (stammesgeschichtliche) Wahrnehmungsgaben handeln, werden wegen deren enger Verflochtenheit mit dem Paranormalen keineswegs bestritten.

ASW äußert sich bei Tieren auf unterschiedliche Weise, so

z. B. durch telepathische Kontakte zwischen Tier und Artgenossen oder Tierhalter, durch nur präkognitiv erklärbare Schutzhandlungen (Vorausahnen von Katastrophen), das Erkennen feinstofflicher Entitäten (Erscheinungen), im Heimfindevermögen (Psi-Training) von Haustieren sowie in gewissen, scheinbar »instinktiv« ablaufenden Verhaltensformen.

Innige Kontakte zwischen Mensch und Tier, kreatürliche, gefühlsmäßige Begegnungen zwischen Bewußtseinsformen unterschiedlicher Beschaffenheit (sprich: Reife) zwingen uns zum Nachdenken ... und Umdenken. Sie lassen erahnen, daß diese »stummen Dialoge« nicht ausschließlich verhaltensbedingt und schon gar nicht steril mathematisch-kybernetisch erklärt werden können. Es hat den Anschein, als ob sich hinter entsprechenden Begegnungen und Geschehnissen ein Prinzip verberge, dessen Ursprung nur im Psychischen, Extrasensorischen eingebettet sein kann.

Die Erforschung tierischer ASW wird schon deshalb als interessant und besonders aufschlußreich gewertet, weil Tieren – anders als manchen menschlichen Versuchspersonen – das natürliche Erfolgs- und Bestätigungsstreben völlig fremd ist. Ihnen fehlt auch die Gabe, auf verstandesmäßigem Wege weitreichende Schlußfolgerungen zu ziehen und in gewisse Abläufe korrigierend-manipulierend einzugreifen. Mit anderen Worten: Tiere reagieren auf paranormale Phänomene objektiver als Menschen, da sie für diese eine natürliche Aufnahmebereitschaft mitbringen.

Daß Tiere ein gewisses Maß an Intelligenz – eine Art Arbeitsintelligenz – besitzen, bestreitet heute kaum noch jemand, am allerwenigsten die Verhaltensforscher selbst. Sie ist den einfachen Bedürfnissen der unterschiedlich entwickelten Arten angepaßt und äußert sich weniger in rationellen Schlußfolgerungen als im Erfühlen, Erahnen oder auch im »instinktiven« Erfassen bestimmter Situationen.

Noch vor nicht allzu langer Zeit glaubte man, alles tierische Verhalten mit dem etwas abwertend gebrauchten, arg strapazierten Begriff »Instinkt« abtun zu können, dem »Naturtrieb zu bestimmten Verhaltensweisen«, dem auch ein *homo sapiens* immer wieder gehorchen muß, um im erbarmungslosen Existenzkampf überleben zu können. Instinkt ist aus dem lateinischen »instinctus naturae« abgeleitet und bedeutet soviel wie »Anreizung der Natur« (Naturtrieb). Gemeint ist hiermit eine angeborene, keiner Übung bedürfende Verhaltensweise und Reaktionsbereitschaft der Triebsphäre, meist im Interesse der Selbst- und Arterhaltung. Verbunden mit der instinktiven Reaktion ist der nahezu automatische Ablauf einmal eingeleiteter Handlungen. Soweit die wissenschaftliche Definition des Begriffes »Instinkt«.

Mensch und Tier handeln, vornehmlich in Gefahrenmomenten, überwiegend instinktiv. Beim Menschen ist in diesen Augenblicken das Denkvermögen nie völlig ausgeschaltet, es wird lediglich für eine bestimmte Dauer von Instinktreaktionen überlagert, die allmählich abklingen, sobald unsere Sinne die Entschärfung der Gefahrensituation signalisieren. Wäre es – in umgekehrter Folge – nicht denkbar, daß bei Tieren die »Instinkt«-Programmierung – was immer man hierunter zu verstehen hat – gelegentlich durch ausgesprochen »intelligente« Handlungen überlagert bzw. überspielt wird? Was ist dann eigentlich »Instinkt«, wenn Tiere, offenbar einer inneren Stimme folgend, in bestimmten Situationen genau das Richtige tun? Sind spontane Schutzhandlungen mangels eines eigenen tierischen Bewußtseins mehr einer genetischen Programmierung zuzuschreiben, archetypischen Verhaltensmustern, Engrammen, die dem Tier mit der »Muttermilch« verabreicht werden? Oder handelt es sich hier gar um bestimmte Spielarten der außersinnlichen Wahrnehmung?

Vielleicht sind für einzelne außergewöhnliche Aktivitäten im Tierreich unterschiedliche Funktionsmechanismen verantwortlich, sowohl biologisch-genetische als auch biophysikalisch-parapsychologische. Die Grenzen der Zuordnung sind wohl eher fließend, sie überlappen einander, und niemand vermag zu sagen, welche Parameter überwiegen. So müssen wir die oft ans Wunderbare grenzenden Fähigkeiten unserer anspruchslosen Freunde zu Lande, im Wasser und in der Luft hinnehmen, wie sie sich uns darbieten... als vorläufig unerforschte Phänomene, deren Trend zum Paranormalen jedoch unverkennbar ist. Ein außergewöhnlicher Vorfall, bei dem sich ein Hund durch eine bemerkenswerte »Vernunftsreaktion« selbst das Leben rettete und für die es, schließt man einmal Zufall aus, wohl kaum eine natürliche Erklärung gibt, ereignete sich vor vielen Jahren in den USA.

Ein etwa sieben Jahre alter Beagle, der herrenlos eine stark befahrene Landstraße überquerte, wurde von einem unachtsamen Autofahrer angefahren und schwer verletzt. Trotz seiner starken Verletzungen schleppte sich das kluge Tier über eine Entfernung von mehr als drei Kilometer bis vor das Haus eines Veterinärs, wo es schließlich gefunden, sofort behandelt und gerettet wurde.

Nach Angaben des Tierarztes hatte man den Hund, dessen Herkunft später ermittelt werden konnte, nie zuvor in dieser Gegend gesehen. Welches Wahrnehmungsprinzip kann hier geltend gemacht werden: Geruchssinn, irgendein anderer, bislang unentdeckt gebliebener »natürlicher« Orientierungssinn oder doch etwa telepathisch-hellseherische Fähigkeiten, ein unbewußter Rapport zwischen dem schwerverletzten Vierbeiner und einer hilfreichen Menschenseele?

Eldon Roark berichtet in seinem Buch *Just a Mutt* von »Gyp«, einem deutschen Schäferhund, den eine Familie Neff aus Knoxville, Tennessee (USA), schon im Babyalter gekauft hatte. Nachdem ihr zweites Kind zur Welt gekommen war,

verschwand »Gyp« ganz plötzlich und blieb monatelang verschollen. Am Weihnachtsabend des gleichen Jahres vernah-
men die Neffs vor ihrer Haustür ein klägliches Wimmern:
»Gyp« war zurückgekehrt, um an den Festtagsfreuden seiner
Besitzer teilzuhaben.

Die Freude der Neffs war nicht von langer Dauer. Nach den
Feiertagen verschwand »Gyp« wieder, ohne eine Spur zu
hinterlassen. Dieser Vorgang wiederholte sich insgesamt
zehnmal. »Gyp« ließ kein Weihnachtsfest aus, um den Neffs
einen Besuch abzustatten und sich mit einer ansehnlichen
Portion Truthahn belohnen zu lassen.

Ein Lokalblatt, das über diesen aufsehenerregenden Treuebe-
weis ausführlich berichtet hatte, löste eine Suchaktion aus, an
der sich Hunderte von Bürgern des Distrikts beteiligten. Nach
jahrelangen Nachforschungen gelang es schließlich einem
Reporter des *News Sentinel,* den »Weihnachtshund« bei
einem älteren Mann, einem Mr. J. R. Jones, ausfindig zu
machen. Dieser hatte von der seinem zugelaufenen Hund
zuteil gewordenen Publicity bis dahin nichts gewußt. Aus
Mitleid ließen die Neffs »Gyp« fortan bei seinem neuen Herrn.

Im elften Jahr blieb »Gyp« der Familie Neff die Weihnachtsvi-
site schuldig. Dafür tauchte er am Weihnachtsabend vor den
Toren des Wasserwerkes von Knoxville auf, wo Mr. Neff als
Inspektor seinen Dienst versah. Es war dies das letzte Mal, daß
er von seinem ehemaligen Besitzer gesehen wurde. Sein Abtritt
verlief höchst undramatisch. Er verschwand für immer, nachdem er einen Enkel von Mr. Jones zur Bahn begleitet hatte. Der
Hund mit dem »eingebauten Kalender« zog es offenbar vor,
fernab von all den Menschen, die ihn kannten und liebten,
seine letzten Tage allein zu verbringen.

Bleibt noch die Frage, was Gyp dazu bewogen haben mag, die
Neffs gerade am Weihnachtstag zu besuchen. Könnte es sein,
daß die »innere Uhr« der Tiere noch besser als die der Menschen funktioniert?

Alle diese sonderbaren, tierpsychologisch kaum erklärbaren Vorkommnisse lassen die Vermutung aufkommen, daß Tiere – vor allem die höher entwickelten Gattungen – trotz scheinbar fehlenden Bewußtseins ebenfalls eine feinstoffliche Komponente besitzen, die, genau wie beim Menschen, in höherdimensionalen Strukturen verankert ist und Kontakte zu anderen Wesenheiten ermöglicht. Unter dieser Voraussetzung wäre es nur allzu verständlich, wenn man annimmt, daß auch Tiere mit paranormalen Fähigkeiten, wie Telepathie, Hellsehen, Präkognition und selbstverständlich einem stark entwickelten Heimfindevermögen ausgestattet sind. Vielleicht ermöglichen ihnen diese Gaben überhaupt erst das Überleben in einer ihnen häufig feindlich gesonnenen Umwelt.

Telepathische Kontakte auf einer niederen, den meist anspruchslosen Lebenserfordernissen der Tiere angepaßten Ebene erscheinen durchaus denkbar, nach neuesten Untersuchungen sogar sehr wahrscheinlich. Schließlich gibt es zahlreiche gut dokumentierte Fälle von Tiertelepathie, die diese Hypothese weiter bekräftigen und die sich mit angeborenen Automatismen bzw. dem immer mehr in Verruf geratenden Nur-Instinktverhalten nicht einfach wegerklären lassen.

Aufschlußreich erscheint in diesem Zusammenhang das Verhalten einer Siamkatze, die während eines längeren Urlaubs ihrer Besitzer bei Freunden untergebracht war. Nach einigen Wochen friedlichen Eingewöhnens schien sie an einem Vormittag plötzlich wie umgewandelt. Sie jammerte kläglich, fauchte und verschwand schließlich aus der Wohnung ihrer »Pflegeeltern«, um kurze Zeit darauf vor ihrem eigentlichen Zuhause aufgegriffen zu werden. Gerade an diesem Vormittag hatten, wie sich später feststellen ließ, die Urlauber einen schweren Autounfall erlitten. Sollte das seltsame Verhalten der Katze bloß Zufall gewesen sein?

22a)

23

24

25

26

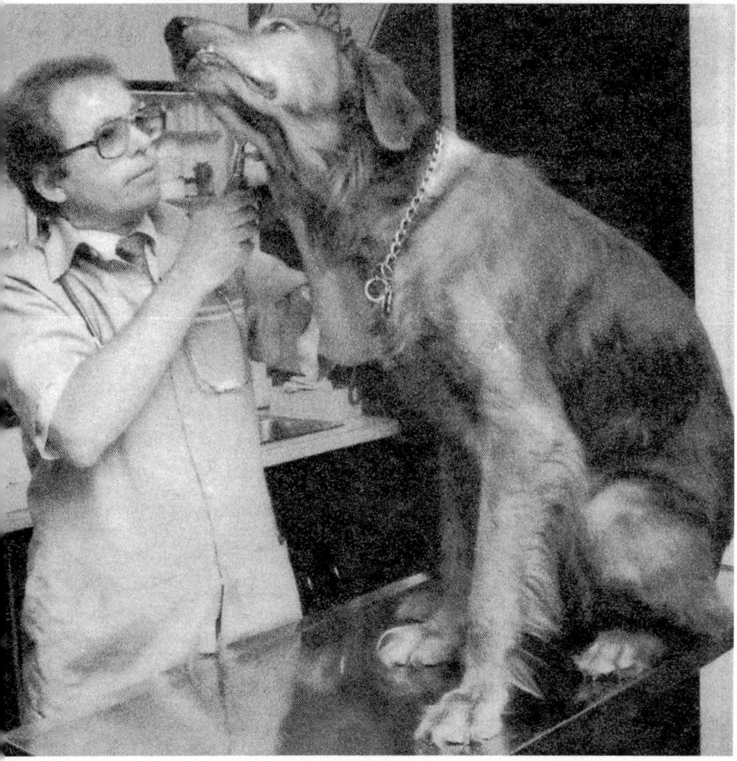

27

28a)

22a) b) Das »Miracolo di S. Gennaro«: Dreimal im Jahr verflüssigt sich das in einem Glasbehälter aufbewahrte Blut des im Jahre 305 enthaupteten hl. Januarius vor den Augen der Gläubigen im Dom zu Neapel.

23 Der Stein von Pozzuoli (Neapel): Der Stein, auf dem der hl. Januarius enthauptet worden sein soll, »schwitzt« zweimal im Jahr eine rötliche Flüssigkeit aus. Ein Rev. Padulano wischte sie am 31. Mai 1926 mit einem Wattebausch ab und übergab sie Professor Gianturo vom Gerichtsmedizinischen Institut in Neapel zur Analyse. Dieser stellte fest, daß es sich hierbei zweifellos um menschliches Blut handele.

24 Delphine sind außerordentlich lernfähig und experimentierfreudig. Dieser Tümmler (Delphinidae) unterzieht sich einem Test zur Ermittlung des Hell/dunkel-Unterscheidungsvermögens.

25 Toni und John Lilly verständigen sich per Computer-Übersetzung phonetisch mit Delphinen.

26 Neuerdings bringen Tierverhaltensforscher Schimpansen die Zeichensprache ähnlich wie Kleinkindern bei, nämlich in der Praxis. Hier »unterhalten« sich die gemeinsam aufgezogenen Schimpansen Panbanisha und Panzee am »Zeichen«-Brett mit der Verhaltensforscherin Karen Brakke.

27 Der Hund Brutus findet seinen Weg ganz allein zum Tierarzt, um sich bei Ohrenschmerzen eine Spülung verabreichen zu lassen. Das Erstaunlichste: Seine Besitzerin Barbara Barba aus South Chicago Heights (USA) hatte ihn zuvor gerade zweimal mit dem Auto dorthin gefahren. Brutus durchquert die ganze Stadt auf direktem Wege und reiht sich vor Ort geduldig in die Schlange der dort Wartenden ein.

28a) b) Mildred Probert mit ihrem kleinen Boston-Terrier »Missie«, über dessen erstaunliche paranormale Leistungen Dr. G. Cerminara berichtete.

Am Rockland State Hospital in Orangeburg, New Jersey, wurden mit zwei für Jagdzwecke abgerichteten Beagles interessante ASW-Experimente durchgeführt. Die Experimentatoren mußten für diesen Versuch zunächst zwei mit Kupferblech ausgekleidete, schallsichere Versuchsräume herrichten. Bei einem der mit besagten Jagdhunden durchgeführten Versuche ließ man den Hundehalter – er war in einem dieser Räume untergebracht – mit einem Luftgewehr auf eine Diaprojektion schießen, die eine Wildszene darstellte. Die in dem angrenzenden Versuchsraum untergebrachten Beagles konnten durch ein versteckt installiertes Fenster ständig beobachtet werden. Als der Pseudoschütze eine Wildkatze »unter Beschuß nahm«, wurden die Hunde vom Jagdfieber gepackt. Ihre Erregung hielt auch dann noch an, als der Hundehalter auf andere Wildziele feuerte.

Im gleichen Labor führte man mit einem Boxer ein weiteres ASW-Experiment durch, das zudem noch durch elektrokardiographische Aufzeichnungen abgesichert wurde. Seine Besitzerin, die in dem anderen, für diesen Zweck abgedunkelten Raum untergebracht war, wurde plötzlich, ohne zuvor über den Verlauf des Experimentes unterrichtet worden zu sein, von einem Fremden, der eine zweite Tür benutzte, angefallen und körperlich bedroht. Der im schalldichten Versuchsraum gehaltene Boxer muß die Bedrohung seiner Herrin im gleichen Augenblick gespürt haben: sein Herzrhythmus war eine Zeitlang ganz erheblich beschleunigt.

Dr. Aristide Esser, die Organisatorin dieses Projektes, äußerte in einem Interview, daß sie von den telepathischen Fähigkeiten zumindest einiger Hunderassen überzeugt sei. Diese Gabe sei in Fällen, in denen ein enges emotionales Verhältnis zwischen Mensch und Tier bestünde, besonders stark entwickelt. Nach Dr. Essers Ansicht könnte das Studium tierischer ASW für die Aufklärung paranormaler Phänomene von größtem Nutzen sein.

Miss Beatrice Lydecker, eine Mitarbeiterin des bekannten amerikanischen Tierpsychologen Fred Kimball, über dessen Leistungen noch zu berichten sein wird, ist der Überzeugung, daß Tiere die Absichten ihres menschlichen Gegenübers rein telepathisch, sozusagen in »Bildern« erfassen. Wenn sich z. B. jemand davor fürchte, von einem Hund gebissen zu werden, bestünde aufgrund der telepathischen Übertragung der antizipativ empfundenen Bißszene die Gefahr, daß das Tier diese Vorstellung zu realisieren trachte. Haustiere würden übrigens nicht nur Eindrücke empfangen, die mit ihren unmittelbaren Bedürfnissen zusammenhingen. Miss Lydecker will in Erfahrung gebracht haben, daß deutsche Schäferhunde beim Tod ihres Besitzers häufig die Trauer der Angehörigen teilen.

Lyall Watson bekennt freimütig, daß die Telepathie für den Zusammenhalt von komplizierten Gesellschaften, wie denen der Bienen und Ameisen, große Bedeutung haben könnte. Der verstorbene amerikanische Naturforscher Professor Ivan T. Sanderson studierte im tropischen Afrika das »kommunale« Verhalten von Ernteameisen der Atta-Gattung, die ein ziemlich kompliziertes, »sauber gefegtes« Straßennetz unterhalten, das von ihren unterirdischen Städten aus oft mehrere hundert Meter weit zu deren Futterstellen führt. Wird eine dieser Straßen durch irgendwelche Objekte (Zweige, Blätter usw.) blockiert, so kommt es zur Unterbrechung des »Verkehrs«, die solange anhält, bis eine eigens hierfür gebildete »Ordnungstruppe« eine Nebenstraße gebaut hat. Sanderson errichtete eine künstliche Straßensperre und ließ seine Mitarbeiter die Zeit bis zum Heranrücken der »Verkehrswacht« abstoppen. Die Wissenschaftler beobachteten mit Erstaunen, daß sich unmittelbar nach Errichten der Sperre eine große Phalanx von Ordnungshütern im Eiltempo dem Hindernis näherte. In Sandersons Aufzeichnungen heißt es wörtlich: »Es war nicht annähernd genug Zeit vergangen, als daß die Nachricht von Fühler zu Fühler hätte weitergegeben werden können, der Wind wehte aus der Richtung des Baus und würde jeden Alarmgeruch sofort zerstreut haben. Es war dunkel, und Lautsignale kamen nicht in Frage. Es steht fest, daß die Atta ein besonderes Telekommunikationssystem besitzen, und dieses System scheint von allen bekannten chemischen und mechanischen Sinnen unabhängig zu sein. Sie und andere Spezies könnten irgendeine Art von Telepathie sehr gut gebrauchen und verwenden sie vielleicht auch tatsächlich.«

4 Bewußtseinskommunikation mit Delphinen

Patricia Hayes und Ann Phillips untersuchten im Auftrag der A. Ford Academy of Parapsychology die Wirksamkeit mentaler Kommunikation (Telepathie) zwischen Mensch und Delphin, um möglicherweise eine Art »Verkehrssprache« für den bequemeren Umgang mit diesen intelligenten, lernbegierigen Säugetieren zu entwickeln. Nach drei Wochen des Experimentierens an der Flipper Sea School in Grassy Key, Florida, stellte Patricia Hayes erfreut fest:
»Heute gelang es mir erstmals, zu ›Nat‹ – eines der beiden Versuchstiere – ›seelischen Kontakt‹ herzustellen. Er entsprach der Wirkung einer ›magnetischen Kraft‹. Wenn er [›Nat‹] sich von mir entfernte, fühlte ich förmlich, wie er etwas aus mir ›herauszog‹. Auch ›Nat‹ muß es gefühlt haben, denn kaum hatte er auch nur einige Meter Abstand gewonnen, zog es ihn wieder zu mir zurück.«
Miss Hayes stellte fest, daß Delphine für die unseren Handflächen entströmenden Energien – hiermit dürften wohl bioplasmatische Energien gemeint sein – höchst empfänglich seien. Sie »fühlten« diese Energie offenbar extrasensorisch und würden die wohlwollenden Impulse ihrer Experimen-

tatoren dadurch belohnen, daß sie ihr Kinn in deren Handflächen legten. Mentale Kontakte würden durch das Abspielen von Musik wesentlich erleichtert. Die beiden Psi-Verhaltensforscherinnen versuchten im Verlauf ihrer Telepathie-Experimente komplexe Gedankenbilder aus dem Lebensbereich der Delphine aufzufangen, was aber nur zum Teil gelungen sein soll, da entsprechende »Bilder« mit dem »Tempo eines Zeitrafferfilmes« übertragen wurden – also viel zu schnell, um von Menschen entschlüsselt zu werden.

Dr. J. Lilly, der als Neurophysiologe am Communications Research Institute der US-Marine auf den Jungferninseln im Nordwesten der Kleinen Antillen tätig ist, benutzt vorsichtshalber einen Computer, um mit der geistigen Aktivität seiner Gesprächspartner unter Wasser »Schritt halten« zu können. Er pflanzte in das Lustzentrum eines Delphins eine Erregerelektrode ein, um das Reaktions- und Lernvermögen dieses Tieres zu testen. Dr. Lilly behauptet, daß der Delphin gleich beim ersten Versuch den richtigen Schalter zur Auslösung des Reizstromes betätigt habe. Affen benötigen nach Darstellung des Wissenschaftlers für die Aktivierung der gleichen Vorrichtung meist mehrere hundert Anläufe. Colin Taylor, Kurator des südafrikanischen Port-Elizabeth-Ozeanums, vermutet, daß das Gehirn eines Delphins sechzehnmal schneller als das eines erwachsenen Menschen funktioniert.

Interessant ist die Tatsache, daß Delphine mit ihrer Umgebung bildhaft kommunizieren. Patricia Hayes und ihre Kollegin schildern das Zustandekommen telepathischer Kontakte wie folgt: »Zunächst stellen wir uns rein psychologisch auf den Delphin ein; wir übermitteln ihm in der Folge ein Bild (Vorstellung) von der durch ihn zu verrichtenden Tätigkeit. Unser mentales Bildsignal trifft auf sein Sonarsystem – eine Art biologisches Radar – und ermöglicht ihm dessen ›verstandesmäßige‹ Erfassung.«

Die Richtigkeit dieser Hypothese wird dadurch weiter erhärtet, daß der Delphin »Misty« motiviert werden konnte, die ihm zuvor gelehrten Kunststücke seinen beiden Artgenossen »Nat« und »Terce« beizubringen. Hier scheint es Parallelen zum Empfangsprinzip hellseherisch begabter Medien zu geben. Auch sie empfangen bildhafte Eindrücke – ähnlich der Zeilenabtastung beim Fernsehapparat – erst nach und nach. Wenn alle »natürlichen« Übertragungsmöglichkeiten (biologische, elektrische usw.) zwischen Lebewesen ausscheiden, bietet sich der psychische Kontakt, die telepathische Kommunikation als einzige alternative Erklärung an. Daß es sich dabei offenbar um eine ganz natürliche Gabe handelt, zeigt die Häufigkeit ihres Vorkommens im Tierreich.

5 Missie, die Hellseherin

Die außersinnlichen Fähigkeiten der Tiere beschränken sich offenbar nicht nur auf telepathische Kontakte, sondern sie umfassen allem Anschein nach fast das gesamte Spektrum menschlicher Psi-Aktivitäten.

Gina Cerminara schildert in einem spannenden Artikel das abenteuerliche Leben des psychisch hochbegabten Boston-Terriers »Missie«, der hellseherisch veranlagt gewesen sein soll. Seine Herrin, Mrs. Mildred Probert, hatte den Hund als Winzling, Nachgeburt eines Wurfs von drei Jungen, in Pflege genommen und mit viel Liebe großgezogen.

Das Debüt seiner Parafähigkeiten gab er im Alter von fünf Jahren. Mrs. Probert traf in Begleitung von »Missie« unterwegs eine Bekannte mit ihrem Kind. Als sie das Kind nach seinem Alter fragte und dieses nicht antworten wollte, ergriff »Missie« die Initiative... sie bellte laut und vernehmlich dreimal, was nach Befragen der Mutter tatsächlich zutraf. Verblüfft fragte Mrs. Probert jetzt ihren kleinen Naseweis, wie alt er selbst wäre, was dieser durch fünfmaliges Bellen ebenfalls korrekt angab. Beim Vorhalten einer bestimmten Anzahl von Fingern reagierte »Missie« in gleicher Weise »intelligent«: soviel Finger, soviel Anschläge.

Mrs. Probert förderte durch ständiges Üben und Abfragen die Entwicklung der paranormalen Veranlagung ihres Lieblings, vor allem aber seine erstaunlichen Kalkulationsfähigkeiten. »Missie« konnte auf Partys durch Bellen die Zahl der im Portemonnaie einer angesprochenen Person enthaltenen Münzen genau angeben. Dabei wußten die Betroffenen meist selbst nicht einmal, wieviel Kleingeld sie augenblicklich besaßen.

Auch bei Experimenten mit verdeckten Spielkarten bewies dieser Wunderterrier seine hellseherischen Fähigkeiten. Dr. Cerminara berichtet: »Er [der Versuchsleiter] hielt die Karten so, daß Hund und Zuschauer nur die Kartenrückseiten sehen konnten. Es war dies das erste Mal, daß ›Missie‹ eine Packung Spielkarten zu sehen bekam. Dennoch bellte sich der kleine ›Hellseher‹ durch das Spiel, ohne auch nur einen einzigen Fehler zu machen. Da niemand im Raum die Vorderseite der Karten zu sehen bekam, bevor ›Missie‹ die stets richtige Zahl gebellt hatte, ist Telepathie auszuschließen. Hier lag eindeutig ein Akt tierischen Hellsehens vor.«

Eine gewisse Hilflosigkeit überkam »Missie«, als man beim Umblättern der Karten auf die Symbole »Bauer«, »Dame« und »König« stieß. Sie begann zu winseln, und man mußte sie im Ausschlußverfahren (ja: dreimal bellen, nein: zweimal bellen) nach dem Inhalt des jeweiligen Bildes fragen. Doch auch diese kritische Phase überstand »Missie« dann spielend. Nach Angaben von Beobachtern vermochte dieses Hunde-»Medium« nicht nur Additions- und Subtraktionsaufgaben zu lösen, sondern – was für Mrs. Probert oft peinlich gewesen sein muß – auch Telefon- und Kontonummern zufällig Anwesender zu »erkennen«. Ein Arzt, der von »Missies«

paranormalen Leistungen nicht so recht überzeugt zu sein schien, wurde schnell eines Besseren belehrt. Er war dafür bekannt, daß er die Nummer seines telefonischen Privatanschlusses gegenüber Dritten geheimhielt. Diese Nummer sollte – so der Vorschlag von Mrs. Probert – »Missie« hellseherisch ermitteln. Man einigte sich darauf, nur die letzte Zahl bellen zu lassen, um die telefonische Intimsphäre des Mannes zu wahren. Groß war die Verblüffung des Arztes, als auch dieses Experiment auf Anhieb gelang.

Eine Norma Kincaid-Price berichtet über »Missies« erstaunliche Fähigkeiten, sogar Daten zukünftiger Ereignisse »voraussagen« zu können, der wohl überzeugendste Beweis für die Paranormalität tierischen Informationsverhaltens. Es war ein trauriger Anlaß, den Mrs. Price zur Abfassung eines Berichts über ihre Erlebnisse mit »Missie« trieb. Ihrem Schreiben entnehmen wir nur die wichtigsten Passagen: »Im Februar 1965 besuchten wir unsere Nachbarin Mildred Probert. Sie veranlaßte ihren kleinen, hellsichtigen Boston-Terrier ›Missie‹, uns einige alltägliche Fragen zu beantworten. Dieser gab durch Bellen die Geburtsdaten unserer drei Töchter, die Anzahl der Buchstaben unserer Namen, die Tageszeit und ihre eigene Adresse einschließlich der Postleitzahl richtig wieder. Dann setzte mein Mann den Hund auf einen Stuhl, beugte sich über ihn und fragte ihn: ›Wieviel Monate werde ich noch leben?‹ Mrs. Probert protestierte, da sie es ablehnte, daß der Hund den Tod eines Menschen voraussagt. Mein Mann bestand aber auf der Beantwortung seiner Frage. ›Missie‹ schlug insgesamt 25mal an. Mrs. Probert wandte rasch ein, daß ›Missie‹ wohl 25 Jahre gemeint habe. Dann fragte mein Mann den Hund [zur Probe]: ›Wieviel Jahre werde ich leben?‹ Prompt ›antwortete‹ ›Missie‹ ›zwei‹. Er fuhr fort: ›Kannst du mir das Datum und den Monat nennen?‹ ›Missie‹ schlug jetzt viermal an. Anschließend erkundigte er sich noch nach dem Tag seines Ablebens und bekam ›drei 1967‹ zur

Antwort. Das Ereignis trat exakt so ein, wie es der Hund›vorausgesagt‹ hatte. Mein Gatte C. Kincaid starb am 3. April 1967.«

Der Brief ist mit »Norma Kincaid-Price« unterzeichnet. Mr. Kincaid wußte zwar, daß er unheilbar an Magenkrebs erkrankt war, daß er nach Auskunft der Ärzte allenfalls noch drei bis fünf Monate zu leben hatte. Er starb aber, was das Erstaunlichste an diesem Fall ist, genau fünfundzwanzig Monate nach »Missies« Voraussage an einer Schußverletzung, die ihm ein Dritter unbeabsichtigt zugefügt hatte. Wer hier immer noch Zufall vermutet, liegt absolut falsch.

6   Katastrophenalarm

Tiere scheinen auch Erdbeben, Überschwemmungen und andere Naturkatastrophen vorauszuahnen. Wenige Tage vor dem Ausbruch des auf der Insel Martinique gelegenen Vulkans Mont Pelé im Jahre 1902, bei dem wegen fahrlässigen Verhaltens der damaligen Kolonialbehörden etwa 28 000 Menschen den Tod fanden, zeigten Tiere unterschiedlicher Gattung ein höchst merkwürdiges Verhalten. Sie liefen ihren Besitzern davon, suchten seichte Küstenstellen auf oder wechselten anderweitig ihren Standort. Hatten sie etwa mit bislang unentdeckt gebliebenen Sinnesorganen die nahende Katastrophe schon Tage zuvor gespürt? Bei plötzlich hereinbrechenden Desastern dürften normalerweise auf sensorischen Wahrnehmungen beruhende Mechanismen ausscheiden; auch hier handelt es sich allem Anschein nach um eine besondere Variante tierischer ASW, vielleicht um eineArt Hyperästhesie, eine Überempfindlichkeit der Sinnes- und Gefühlsnerven.

Während der schweren Luftangriffe auf Berlin im November

1944 rettete ein Hund seinem Herrn dadurch das Leben, daß er ihn aus dem eigenen Luftschutzkeller über die Straße in eine andere Schutzunterkunft zerrte, gerade noch rechtzeitig, bevor ein Volltreffer das gegenüberliegende Haus völlig vernichtete und die Zurückgebliebenen allesamt tötete. Niemals zuvor hatte der Hund in ähnlicher Weise auf die Bedrohung aus der Luft derart überspannt reagiert.

ASW manifestiert sich offenbar im kleinen auch in der Organisation von Insektengemeinschaften. Sie dürfte hier das synchronisierende und koordinierende Prinzip sein.

Aus den Urwaldgebieten des brasilianischen Staates Acre berichtete Pfarrer Maria Lima, der sich dort längere Zeit unter anderem mit dem präkognitiven Verhalten einheimischer Termiten-Spezies befaßte:

»Lange vor dem Einsetzen der Regenzeit beginnen die Ameisen eine merkwürdige Tätigkeit zu entfalten. Sie unterbrechen ihre gewohnten Arbeiten und klettern viele tausend Mal an Bäumen auf und ab. Sodann verharren sie an bestimmten Punkten, meist auf kleinen Anhöhen, und bewegen ihre Fühler kreisförmig, erst den linken, dann den rechten. Diese Beschäftigung dauert einige Wochen, wiederholt sich in mehreren zehntausend Positionen und dehnt sich über das gesamte von ihnen bewohnte Gebiet aus.

Sobald dieses ›Datensammeln‹ abgeschlossen ist, treffen sich einige Ameisen – nennen wir sie ›Chef-Meteorologen‹, zu einer Konferenz. Am Versammlungsort tauschen die Tiere offenbar ihre Erfahrungen aus, indem sie sich stundenlang gegenseitig mit den Fühlern Informationen übermitteln. Dann ist die Besprechung plötzlich beendet, und die gefaßten Beschlüsse werden dem Ameisenvolk mitgeteilt. Sofort formiert sich die große Auswanderung... Und das Entscheidende ist: Immer wird das verlassene alte Wohngebiet überschwemmt, der neue Platz niemals.«

In dem *UPI Report on Soviet Studies* war zu lesen, daß einer

in Taschkent ansässigen Sowjetbürgerin bei dem großen Erdbeben im Jahre 1966 von ihrem Hund – einem Spitz – das
Leben gerettet wurde. Der Vierbeiner zog sie, nur wenige
Minuten, bevor das Erdbeben ihr Haus völlig zerstörte, ins
Freie. Ein ebenfalls in Taschkent lebender Schullehrer will
beobachtet haben, wie etwa eine Stunde vor dem Auftreten
der ersten Bebenwelle Ameisen mit ihren Larven fluchtartig
ihren Bau verließen, um sich andernorts in Sicherheit zu
bringen. Im dortigen Zoo hätten sich Ziegen, Antilopen und
Wildkatzen bereits einige Tage vor dem Beben geweigert, ihre
festen Unterkünfte aufzusuchen und die Nacht lieber im Frei-
gehege zugebracht.

Das »antizipative«, das vorwegnehmende Verhalten der
Tiere, wie es vor allem vor schweren Naturkatastrophen zu
beobachten ist, wird – wie schon angedeutet – häufig mit
»Hyperästhesie« begründet. Ivan Sanderson vertrat ebenfalls
die Meinung, daß es sich bei dieser tierischen Vorahnung
mehr um »über-sinnliche« (erhöhte) und nicht so sehr um
»außersinnliche« Wahrnehmungsfähigkeiten handele.

Das amerikanische Forscherehepaar Vincent und Margaret
Gaddis, das sich häufig auf Sandersons Hypothesen bezieht,
stellte hierzu fest: »Ein derart fein entwickeltes sensorisches
Organ könnte möglicherweise schon durch Schwankungen
des Wasserspiegels oder durch Luftdruckabfall herannahende Orkane frühzeitig wahrnehmen. Ungewöhnliche Geräusche oder plötzlicher Temperaturanstieg wären unter Um-
ständen Vorboten für eine im Entstehen begriffene Lawine.
Vulkanischen Eruptionen und Erdbeben könnten vielleicht
größere Anomalien im Magnetfeld der Erde vorausgehen, die
in Form kleiner Erschütterungen und Vorbeben von den Tieren lange vor dem Ausbruch der Katastrophe wahrgenommen werden.« Erstaunlich genug. Die Grenzen zwischen Psi
und von Medizinern nachgewiesener Hyperästhesie scheinen
fließend zu sein.

Auf dem Gebiet der ehemaligen Sowjetunion werden schon seit Jahren Hunde für das Erschnüffeln von Erzlagerstätten abgerichtet. Es heißt, daß diese »Erzschnüffler« auch unter ungewöhnlichen klimatischen und topographischen Bedingungen Kupfer-, Zink-, Wolfram-, Nickel- und Pyritlager aufgespürt hätten, Vorkommen, denen mit elektronischen Ortungsinstrumenten nicht beizukommen war. Exaktes Muten der Lagerstätten wäre mit Hunden bei normalen Böden in Tiefen bis zu etwa vier Meter möglich. Mit ihrem hochentwickelten Ortungsvermögen würden diese »Schnüffler« sogar ganze Geologenteams übertreffen. Ein auf Kupfervorkommen angesetzter Eskimohund benötigte für das Aufspüren einer ertragsreichen Lagerstätte im nördlichen Ural lediglich einen Monat; Geologen hätten – auf sich allein gestellt – hierfür zumindest ein halbes Jahr gebraucht.

Die phänomenalen Gaben des Ortens unter extremen Bedingungen ausschließlich mit Hyperästhesie (im medizinischen Sinne) erklären zu wollen, erscheint auch im Falle dieser Suchhunde völlig absurd, weiß doch bis jetzt noch niemand so recht, nach welchem Prinzip deren Sonderwahrnehmungsvermögen funktioniert. Man sollte den Begriff »Hyperästhesie« so werten, wie ihn seine Verfechter offenbar selber angewendet wissen möchten: als Ersatz für die eigene Erklärungslosigkeit – als Verlegenheitsfloskel.

Auch das Heimfindevermögen der Tiere – Psi-Trailing genannt – stellt Verhaltensforscher in aller Welt vor immer neue Rätsel. An sich versteht man hierunter die Fähigkeit von Tieren, ihre angestammten Reservate, ihre heimatlichen Nist-, Brut- und Laichplätze ohne irgendwelche erkennbaren Hilfsmittel mühelos wiederzufinden. Das bei Tieren, aber auch bei Naturvölkern häufig zu beobachtende stark ausgeprägte Orientierungsvermögen im offenen Gelände wird verschiedentlich auf akustische, optische, magnetische, gravitative und andere Einflüsse – z. B. auf elektrische Felder – zurückgeführt. So schreibt z. B. H. Warnke in der *Umschau in Wissenschaft und Technik*: »Atmosphärisch-elektrische Faktoren, insbesondere Luftionen sowie die Influenz des natürlichen statischen luftelektrischen Feldes können Insekten und Vögel auf hohe Potentiale gegenüber der Erde bringen ... Der enge Zusammenhalt und die sekundenschnellen Richtungsänderungen von Vogelschwärmen sowie die Einhaltung der exakten Keilformation im Verbandflug von Wasservögeln wären mit diesen elektrostatischen Ladungsänderungen hypothetisch erklärbar.«

Mit der Verfeinerung physikalischer und anderer Meßverfahren wird man uns bestimmt noch zahlreiche weitere interessante Theorien über Wirkmechanismen des tierischen Orientierungssinns bescheren, die – auf einige Tiergattungen bezogen – durchaus (oder auch zusätzlich) zutreffen könnten. Dennoch werden einschlägige Kenntnisse der Zoologen und Verhaltensforscher so lange lückenhaft bleiben, bis man auch unbequeme Faktoren paranormaler Art in die ohnehin hypothetischen Erwägungen miteinbezieht. Selbst noch so raffinierte Theorien versagen, wenn sich Tiere gelegentlich auf ausgesprochen »nichtsensorischem« Wege orientieren.

Die Zeitschrift *Das Tier* berichtete von einem erst fünf Monate alten Kater, der, nachdem man ihn zu Freunden an einen weit entfernten Ort gebracht hatte, eine Strecke von mehr als 150 Kilometern zurücklegte, um zu seinen früheren Besitzern zu gelangen.

Vögel zeigen bisweilen eine ähnliche Anhänglichkeit, die sie ebenfalls große Entfernungen überwinden läßt. Ein zwölfjähriger Junge aus Summersville County, Virginia, bekam im Sommer 1940 eine verletzte Taube geschenkt, die er liebevoll pflegte. Im folgenden Winter brachte man den Jungen in das Krankenhaus der etwa 100 Kilometer entfernten Stadt Philippi, wo er operiert werden sollte. Seine Taube, von der er sich nur ungern trennte, blieb zurück. Eine Woche nach seiner Einlieferung vernahm der Junge nachts, als draußen ein heftiger Schneesturm tobte, am Fenster seines Zimmers ein Picken, das nicht aufhören wollte... seine Taube war gekommen, um ihm einen Besuch abzustatten. Daß das Tier dem Krankenwagen gefolgt sein könnte und sich tagelang in der Gegend aufhielt, erscheint höchst unwahrscheinlich.

8 Unsichtbare Spuren

Das Aufspürvermögen der Tiere auch über größere Entfernungen hinweg gleicht einem Mysterium, das sich verhaltenswissenschaftlich kaum erklären läßt. Es wäre jedoch denkbar, daß z. B. Tiere beim Transport zu ihrem neuen Bestimmungsort entlang der Wegstrecke eine für uns allerdings sensorisch nicht erfaßbare feinstoffliche Fährte legen, daß sie die gestreiften Gegenden mit Hilfe ihrer bioplasmatischen Komponente »imprägnieren« und auf diese Weise später, auch noch nach Jahren, mühelos zurückfinden.

Für die Orientierung könnte auch ein zwischen Tier und früherem Besitzer weiterbestehender telepathischer Kontakt (Rapport) verantwortlich sein. Durch ständiges unbewußtes »Anpeilen« – der ehemalige Besitzer braucht vielleicht nur gelegentlich an das Tier zu denken – wären ausreichende Orientierungshilfen gegeben, um es auf direktem Wege »zurückzulotsen«. Schließlich sind wir über eine höhere Dimensionalität – den Hyperraum – doch alle direkt miteinander verbunden, gibt es im Prinzip überhaupt keine »Entfernungen« für eine echte, partnerschaftliche Verständigung, auch mit Tieren.

Andererseits wollen Ornithologen festgestellt haben, daß

sich bestimmte Vogelgattungen am Stand der Sonne orientieren, was auf unterschiedliche Weise geschehen soll. Dr. Jean Dorst vom Pariser Nationalmuseum meint zu diesem Phänomen: »Es ist sicher, daß Vögel hierfür nicht nur einen bestimmten Sinn in Anspruch nehmen; die Orientierung umfaßt vielmehr zahlreiche unterschiedliche Phänomene, die nur schwer voneinander zu unterscheiden sind.« Das zuvor zitierte Forscherehepaar Vincent und Margaret Gaddis hat festgestellt, daß die Mehrzahl der amerikanischen Rotkehlchen bei Rückkehr in ihre nördliche Heimat einen Zielgenauigkeitsradius von nur etwa acht Kilometern einhalten. Andere Vögel kehren Jahr für Jahr – nachdem sie Entfernungen von mehr als 3000 Kilometern zurückgelegt haben – sogar zum gleichen Baum zurück. Der Alaska-Brachvogel und der westkanadische Goldregenpfeifer fliegen alljährlich mit hoher Genauigkeit ihr Zielgebiet auf Hawaii an. Ihr Weg führt sie über eine mehrere tausend Kilometer umspannende Wasserwüste, die absolut keine normalen navigatorischen Anhaltspunkte bietet.

Welche Theorien für das Heimfinde- und Orientierungsvermögen auch immer geltend gemacht werden, stets sollte man die extremen Bedingungen berücksichtigen, unter denen Tiere häufig an einen für sie völlig fremden Ort gebracht werden. So verfrachtet man z. B. Brieftauben, die an Wettflügen teilnehmen sollen, meist noch im Schlaf, in engen Käfigen eingepfercht, über Hunderte von Kilometern, um sie, am Zielort, ohne eine Orientierungshilfe starten zu lassen. Und sie finden dennoch ihren heimatlichen Taubenschlag wieder . . . meist im Direktflug, oft trotz eines angeknickten Flügels oder anderweitig verletzt.

Dr. Lester Tarkington vom IBM-Systems Research Institute glaubt, daß sich Vögel mittels magnetischer Felder orientieren. Während einer Tagung der amerikanischen Gesellschaft zur Förderung der Wissenschaften in Montreal im Jahre

1964 äußerte er die Auffassung, daß die im Auge der Vögel enthaltenen Pektine es ermöglichen, Unterschiede im irdischen Magnetfeld aufzuspüren. Er meinte, daß Struktur und Ausrichtung der Pektinmembran einen idealen Sensor für induzierte Mikrospannungen abgäben.

Sollte diese Theorie stimmen, so würden die Vögel geomagnetische Kräfte anpeilen, die ein Strommuster erzeugen, das dem »richtungsweisenden« Feldgradienten entspräche. In den Augen der meisten Vögel und Reptilien sowie einiger Fischarten sind Pektine enthalten, was diese Theorie zunächst ganz vernünftig erscheinen läßt. Sie versagt aber, wenn man wissen möchte, auf welche Weise bestimmte Schmetterlingsarten (z. B. der Monarch, *Danaidae*) Ziele genau ausfindig machen können, die mehr als 2000 Kilometer vom Ausgangspunkt entfernt sind, oder wie die »Grüne Schildkröte« auf einer Strecke von nahezu 2500 Kilometern den offenen Ozean überquert, um von Brasilien zur vulkanischen Ascension-Insel (britischer Besitz, Fläche 88 Quadratkilometer) zu gelangen, ohne von der einmal eingeschlagenen Richtung abzuirren.

Können die normalen Sinnesorgane einer kleinen, unbedeutenden Schildkröte – ähnlich einem Laser-Richtstrahler – so präzise entwickelt sein, daß sie, ohne auch nur um wenige Bogensekunden vom »Kurs« abzuweichen, eine Mini-Insel mitten im Atlantik aufzuspüren vermögen?

Sollte dieser Superpeileffekt wirklich nur durch das raffinierte Zusammenspiel zwischen den »natürlichen« Sinnen der Tiere und ihrer Umgebung zustande kommen? Was ist dann überhaupt noch »natürlich« – auch wenn man derartige Phänomene genetisch erklären möchte – und wo beginnt das »Außersinnliche«?

C. G. Jung stellt in seinem bedeutenden Werk *Die Dynamik des Unbewußten* eine enge Beziehung zwischen Instinkt und Archetypus (der ererbten Grundlage der Persönlichkeitsstruktur) her, die der Schlüssel für bislang noch unverständliches Verhalten von Mensch und Tier sein könnte: »Trotz oder vielleicht gerade wegen der Verwandtschaft mit dem Instinkt stellt der Archetypus das eigentliche Element des Geistes dar; aber eines Geistes, welcher nicht mit dem Verstand des Menschen identisch ist, sondern eher dessen *spiritus rector* darstellt.« Hier haben wir es: Archetypisches Verhalten – auf das man sich immer wieder seitens der Schulwissenschaft beruft – beruht letztlich auf einem geistig-seelischen Prinzip, baut auf psychischen Strukturen auf, die zwar in der fernen Vergangenheit ihren Ursprung nahmen, indes aber in der Gegenwart wirksam werden. Die Kette schließt sich: Das psychische Element gewinnt im Bereich des Kreatürlichen wieder mehr an Bedeutung, nachdem es jahrhundertelang sträflich vernachlässigt worden ist.

Auch bei Tieren scheinen außersinnliche Wahrnehmungsvorgänge eher die Regel als die Ausnahme zu sein. Das zeigen Fälle, in denen Tiere dem Menschen in höchster Not beistehen, ihn auf wunderbare Weise aus Gefahrensituationen retten. Handelt es sich bei solchen Spontanreaktionen ohne Auftrag gar noch um völlig fremde Personen, denen ein Tier seinen Schutz angedeihen läßt, fragt man sich unwillkürlich, ob hier weniger eine Instinkthandlung als eine echte »Denk«-Leistung vorliegt.

Der *Oklahoman and Times* entnehmen wir folgende wahre Begebenheit, die davon zeugt, daß Tiere ein Empfinden für Gefahrensituationen haben, denen ihre zweibeinigen Freunde ausgesetzt sind. Die Frau eines Marinesoldaten berichtet: »Während ich vor 15 Jahren vorübergehend in Baltimore weilte, weil mein Mann mit Leukämie im dortigen Marinehospital lag, hatte ich ein seltsames Erlebnis mit einem großen schwarzen Hund. Zu dieser Zeit ereigneten sich dort bei Tag und Nacht zahlreiche Raubüberfälle und andere kriminelle Delikte. Ich sorgte mich sehr, daß ich von meiner Mietwohnung zum Hospital an drei finsteren Straßenblöcken vorbei mußte. Am zweiten Abend, als ich zum Krankenhaus ging, erschreckte mich ein großer schwarzer Hund, der plötzlich hinter einer Hecke hervorpreschte, fast zu Tode. Er begleitete mich wie selbstverständlich zum Krankenhaus und wartete dort vor dem Portal, bis ich wieder den Rückweg antrat. Immer lief er neben mir auf dem Bürgersteig, ohne seine Augen von mir abzuwenden, bis ich die Tür zum Apartmenthaus geöffnet hatte.

Ich blieb zwei Wochen in Baltimore, und jede Nacht begleitete mich jener wunderbare Hund zum Krankenhaus und von da zurück. Er wich nicht eher von meiner Seite, bis daß er mich in Sicherheit wußte. Das letzte Mal, daß ich ihn sah, war, als ich anderntags nach Hause fahren mußte. Er brachte mich noch einmal zum Krankenhaus, dann aber nicht mehr zu meiner Wohnung zurück.«

10   Ein Hauch von Intelligenz

Daß Tiere gelegentlich auch quasi-intelligenter Handlungen fähig sind, wurde zuvor schon angedeutet. Auslöser solcher intelligent anmutender Aktionen dürften Ausnahmesituationen sein, die das Tier zum Probieren, Kombinieren und schließlich zum Reagieren veranlassen. Diese Aktivität als Arbeitsintelligenz zu bezeichnen, erscheint angemessen. In manchen Fällen könnte man hinter tierischen »Glanzleistungen« allerdings noch etwas mehr vermuten.

Monsieur Hachet-Souplet, Direktor des Instituts für Tierpsychologie in Paris, brachte einen seiner Papageien dazu, das Wort »Schrank« immer dann zu artikulieren, wenn er ihm einen kleinen Kasten zeigte, in dem sich sein Futter, nämlich Hanfsamen, befand. Diesen Futterkasten hängte man eines Tages an einer Wand neben dem Vogelkäfig auf, so daß Hachet-Souplet zur Fütterungszeit eine kleine Leiter anstellen und hochklettern mußte, um den Kasten mit dem Futter herunterzuholen.

Der Papagei war darauf abgerichtet, jedesmal, wenn er Hunger verspürte, das Wort »klettern« von sich zu geben. Bei dieser Gelegenheit brachte man ihm gleich den Begriff »Leiter« bei, den er schließlich richtig artikulieren konnte. Nach einigen Tagen der Gewöhnung an diesen Zustand entfernte man die Leiter und stellte sie in eine Ecke des Labors. Der Papagei stand nun vor dem Problem, wie er seinen Betreuer veranlassen könne, an den Kasten mit dem Hanfsamen heranzukommen. Bis zu dessen Lösung fütterte man ihn mit Hirse, die er offenbar nicht sehr mochte. Am ersten Tag schrie der um sein Lieblingsfutter betrogene Papagei mit penetranter Stimme »Schrank, Schrank, Schrank...« und bearbeitete dabei wütend die Käfigstangen mit seinem Schnabel. Tags darauf, nachdem er sich beruhigt hatte, konzentrierte sich seine Aufmerksamkeit ganz auf die Leiter. Dann, mit einem Mal, artikulierte er die sinngebende Wortfolge »Leiter – klettern – Schrank«, wofür er natürlich sofort belohnt wurde.

Ein weiterer Fall tierischer »Intelligenz« wird aus Amerika berichtet. Zu den Bewohnern des »Parrot Jungle« in Miami gehört ein Ara – ein Langschwanzpapagei –, den man am Eingang direkt neben der Kasse postiert hatte. Eines Tages geriet ein Fremder wegen des Eintrittspreises mit Mrs. Scherr, der Besitzerin des Kleinzoos, in Streit. Als der unfreundliche Besucher anzüglich wurde und Mrs. Scherr beleidigte, mischte sich der Ara mit einem erregt hervorgestoßenen »go to hell« (fahr zur Hölle) in die hitzig geführte Diskussion ein. Er imitierte dabei Mrs. Scherrs Stimme offenbar so perfekt, daß der verblüffte Grobian der Kassiererin einen giftigen Blick zuwarf und schnurstracks verschwand.

Interessant ist die Feststellung der Zooinhaberin, daß der Ara diesen Ausspruch zuvor nie gebraucht und ihn wissentlich auch von niemandem beigebracht bekommen hatte. Hatte er vielleicht nur das geäußert, was Frau Scherr gerade sagen wollte? Möglicherweise handelt es sich hierbei um einen weiteren Fall tierisch-emotionaler Telepathie.

Experimente mit Schimpansen haben gezeigt, daß manche dieser Tiere zwischen 32 und mehr unterschiedlichen Lauten zu unterscheiden vermögen. Diese wurden allesamt akustisch aufgezeichnet. Die Affenlaute drücken Emotionen wie Furcht, Ärger, Hungergefühl usw. aus, beinhalten aber auch unbedeutendes Geschwätz zwischen Artgenossen. »Judy«, bekannt aus der vor vielen Jahren vom deutschen Fernsehen ausgetrahlten Serie *Daktari*, beherrschte sogar 125 derartige Laute und Kommandos. In seinem Buch *Animal I. Q.* zitiert Vance Packard den deutschen Verhaltensforscher G. Schwidetsky, der festgestellt haben will, daß bestimmte, von Menschenaffen gebrauchte Lautwörter mit Stammwörtern identisch seien, die man im alten China benutzte, und deren sich in Südafrika manche Buschmänner selbst heute noch bedienten.

Versuche, »intelligenten« Affenspezies unsere Sprache beizubringen, waren indes zum Scheitern verurteilt. Dagegen erscheint eine Konversation mit den viel gelehrigeren Delphinen gar nicht so abwegig. In seinem Buch *Man and Dolphins* fragt der hier öfters erwähnte Dr. Lilly, was wohl geschähe, wenn es zu einer echten sprachlichen Verständigung zwischen Mensch und Delphin käme. Sollte dieser Fall eintreten, dann – so Dr. Lilly – würden die Delphine zu einem ethnischen, sozialen und juristischen Problem werden. Wörtlich meinte er: »...dann hätten sie die Schwelle der Humanität erreicht. Besitzen sie erst einmal die Fähigkeit, sich mit uns zu verständigen wie jedes normale menschliche Wesen, sind größere Schwierigkeiten zu erwarten. Dann könnte es Gruppen geben, die hervortreten, um das Leben dieser Tiere zu verteidigen und Experimente mit ihnen zu unterbinden. Sie werden darauf bestehen, daß wir sie wie Menschen behandeln, daß wir ihnen gesetzlichen Schutz und medizinische Betreuung angedeihen lassen.«

Ob es dazu kommen wird, bleibt dahingestellt. Noch werden auf unserem Planeten Menschen aus unterschiedlichen, meist banalen Gründen verfolgt oder gar ausgerottet. Noch haben wir genug damit zu tun, um mit unseren eigenen Problemen fertig zu werden.

11 Dialoge

Schon seit jeher soll es Menschen gegeben haben – vorwiegend medial Veranlagte –, die auf psychischem Wege intelligente Kontakte zu Tieren herzustellen vermochten. Einer von ihnen, der Amerikaner Fred Kimball, ist weit über die Grenzen seines Heimatlandes hinaus als »der Mann, der mit den Tieren spricht« bekannt geworden. Kimball, dessen weltoffene Persönlichkeit so gar nichts von einem Medium erahnen läßt, ist trotz seines hohen Alters jung geblieben. Seit seinem 40. Lebensjahr begegnet er den ihm anvertrauten Tieren so, als wären sie, genau wie menschliche Gesprächspartner, Bewußtseinspersönlichkeiten, zu respektierende Wesen mit einer echten Geisteskomponente. Und diese offene Haltung bescherte ihm schließlich lebhafte, auf geistiger Ebene geführte »Gespräche« mit seinen meist stummen und stupide erscheinenden Freunden aus dem Tierreich. Dabei stellt er sich ganz auf die Gedanken der Tiere ein, läßt sie wissen, daß er sich mit ihnen »unterhalten« möchte, und erfährt auf diese Weise viel über deren Leben, ihre Wünsche und Sorgen sowie über die Menschen, mit denen sie tagtäglich zusammenleben.

Ein wertvolles Pferd wurde wochenlang ohne sichtbaren Erfolg wegen Erlahmung am Hinterschenkel behandelt. Obwohl man gleich mehrere ausgezeichnete Tierärzte konsultiert hatte, verschlimmerte sich der Zustand des Pferdes zusehends. In der Not konsultierte sein Besitzer Fred Kimball, der mit dem Tier »Kontakt aufnahm« und dadurch folgendes erfuhr: »... Als ich mich rückwärts bewegte, stieß ich mit dem Rücken gegen ein Brett, wobei ein Holzsplitter in meine Wirbelsäule eindrang.«

Aufgrund dieser Information konnte der Splitter lokalisiert und entfernt werden. Man könnte nun einwenden, daß Kimball nichts anderes als ein besserer Tierpfleger sei und Menschen mit großem Einfühlungsvermögen ähnliches zustande bringen. Trotzdem gibt es da einen feinen, aber dennoch entscheidenden Unterschied. Kimball »spricht« nicht nur mit den Tieren, er hört ihnen auch zu, wenn sie auf seine Fragen »antworten«, eine Geisteshaltung, die selbst aufgeschlossenen Tierliebhabern unsinnig erscheinen muß. Dennoch: Seine Erfolge bekräftigen die Richtigkeit der Hypothese, daß es unter bestimmten medialen Voraussetzungen durchaus möglich ist, auf psychischem Wege mit Tieren zu kommunizieren.

Kimball will die Gabe der Kommunikation mit Tieren erstmals als Wachtposten auf dem Deck eines Tankers entdeckt haben, als er dem nimmermüden Flug der Möwen zusah. Eines dieser anmutigen Tiere fiel ihm ganz besonders auf; es schwang sich empor, wendete und glitt im eleganten Flug steuerbords an ihm vorbei. Indem die Möwe direkt auf ihn zustieß, glaubte er »Hi, Fred« (etwa: Hallo, Fred) zu hören.

Zunächst dachte Kimball, daß er von einem seiner Kameraden gerufen worden wäre, was aber nicht der Fall war. Dann vernahm er diesen freundlichen Gruß erneut, wobei er feststellen mußte, daß das einzige Lebewesen in seiner Nähe eben jene Möwe war, die über ihn hinwegzog. Er erinnert sich noch lebhaft an diese erste Kontaktaufnahme: »Plötzlich wurde mir bewußt, daß ich die Gedankenmuster der Möwe auffing.«

Kimball, der während vieler Jahre mit zahlreichen bedeutenden Persönlichkeiten auf den Gebieten der Verhaltensforschung, Parapsychologie und Psychiatrie zusammenarbeitete, betätigte sich vor allem als Berater und Tierpsychologe. Während dieser Tätigkeit wurde er bisweilen in recht delikate Situationen verwickelt, die er jedoch mit viel Geschick und Diplomatie meisterte.

Einmal bat ihn eine Frau dringend um Rat, da ihr Hund seit kurzem ohne ersichtlichen Grund den Teppich beschmutzte. Der »gesprächige« Vierbeiner ließ Kimball wissen, daß seine Herrin gerade geschieden worden sei, er jedoch seinen früheren Besitzer lieber gemocht hätte und die Schuld für diese Misere allein bei der Dame des Hauses liegen würde. Er hasse diese Frau und würde sich durch Beschmutzen des Teppichs an ihr rächen. Kimball fragte anschließend die Frau, ob sie unlängst geschieden worden sei, was diese überrascht bejahte. Mit viel Umsicht erläuterte Kimball die Situation und riet ihr, für den traurigen kleinen Kerl eine neue Bleibe zu suchen.

Kimball widerspricht übrigens auch der allgemeinen Auffassung, daß Hunde farbenblind seien. Er meint, daß intelligente Hunde durchaus Farben zu erkennen vermögen und daß lediglich Tiere mit einer geringeren Auffassungsgabe hierfür kein Empfinden entwickelt hätten. Als eines der intelligentesten Tiere, mit denen er je »sprach«, bezeichnet er eine 14 Jahre alte Ente, die ihm ausführlich über den Gesundheitszustand ihres Besitzers »berichtet« habe. Die Frau des Tierhalters habe die »Angaben« der geschwätzigen Kostgängerin später im Detail bestätigt.

Es ließe sich einwenden, daß Kimball bei seinen »Tierbefragungen« unter Umständen die Besitzer selbst telepathisch anzapfe, seine Informationen also aus erster Hand beziehen würde. Daß dies zumindest nicht in allen Fällen so sein kann, beweist sein erstes Erlebnis mit der Möwe und mit anderen Tieren in freier Wildbahn. Möglicherweise sind Tiere – ähnlich wie passive Erdsatelliten – lediglich Reflektoren psychischer Informationssendungen, die ihrer näheren Umgebung entstammen.

Diesem interessanten Phänomen sollten Verhaltensforscher mehr Beachtung schenken, bietet es doch die einmalige Gelegenheit, Psi-Manifestationen in ihrer reinsten, ursprünglichsten Form näher kennenzulernen.

12   Unbestechliche Zeugen

Die Tatsache, daß Tiere beim Auftauchen »unbekannter Flugobjekte« (Ufos) – lange bevor sie der Mensch wahrnimmt – von Unruhe und Panik ergriffen werden, läßt unter Umständen Rückschlüsse auf deren Herkunft und Operationsweise zu. Gracia Unger, Herausgeberin der *Calvert Times* (Calvert, Texas) weiß über solche Fälle zu berichten: »... zunächst setzt wütendes Gebell [der Hunde] ein, dann heulen die Tiere drauflos, und kurz vor dem eigentlichen Erscheinen der Ufos flüchten sie wie von Furien gehetzt über Weiden und Felder, um in nahegelegenen Wäldern Schutz zu suchen. Dabei überqueren Wildtiere, ganz gegen ihre Gewohnheit, sogar häufig belebte Landstraßen.«

Was aber könnte die Alarmreaktionen dieser Tiere ausgelöst

haben? Halluzinationen und Wunschprojektionen, wie sie hin und wieder bei Menschen zu beobachten sind, dürften es wohl kaum gewesen sein.

Beim plötzlichen Auftauchen eines Ufos über Keeneyville, Illinois, am 7. März 1967, wurde ein Hund derart geschockt, daß sich seine Nackenhaare sträubten. Dies geschah im Inneren eines Autos in Anwesenheit von drei weiblichen Zeugen. Noch Tage danach soll der Hund völlig verstört gewesen sein. Katzen, Schweine, Kühe und Vögel reagieren auf ähnliche Weise. Ob diese Phänomene rein physikalischer Natur sind – ausgelöst durch die vermutlich gravitativen Antriebe der Ufos –, ob psychische Einflüsse mitspielen, d. h. Ausläufer höherdimensionaler Energiefelder, die sich beim Materialisieren von Dingen aus anderen Seinsbereichen in unserer Welt plötzlich aus dem Nichts herausschälen, weiß heute noch niemand mit letzter Sicherheit zu sagen. Weitere Nachforschungen scheinen dringend geboten, zumal Tiere solchen Ereignissen mit viel größerer »Objektivität« als Menschen begegnen. Bezeichnend sind auch die Reaktionen von Tieren – vornehmlich von Hunden, Katzen und Wellensittichen – beim Ableben eines Familienmitglieds. Der Großvater eines meiner Bekannten war schwer erkrankt und mußte ins Krankenhaus, in dem er nach kurzem schweren Leiden verstarb. Sein Hund, der mit ihm den Platz auf der häuslichen Eckbank geteilt hatte, mied mit einem Mal die bewußte Stelle. Dieses Verhalten beobachtete man jedoch erst unmittelbar nach dem Ableben des alten Mannes. Trennungsschmerz während der Dauer des Krankenhausaufenthalts scheidet also aus. Dürfen wir demnach annehmen, daß Tiere die feinstoffliche Komponente von Dahingeschiedenen wahrnehmen, daß sie ein besseres Gespür als wir für höherdimensional motiviertes Geschehen, also eine Art Medialität, besitzen?

Dr. Robert L. Morris, Forschungskoordinator an der Psychical Research Foundation in Durham, Nordkarolina (USA), berichtete in einer informellen Studie von einem Freund, der verschiedene Tiere – einen Hund, eine Katze, eine Ratte und eine Klapperschlange – in ein angeblich von Spukvorfällen heimgesuchtes Haus mitgenommen hatte. Der Spuk beschränkte sich auf nur zwei Räume des Hauses, wo früher einmal Morde geschehen waren.

Dr. Morris schildert die Reaktion der Tiere im Detail: »Als man die Tiere in einen der Spukräume brachte, reagierten der Hund, die Katze und die Schlange so, als ob sie einer Bedrohung ausgesetzt wären; nur die Ratte blieb ruhig. In den übrigen, vom Spuk verschonten Räumen verhielten sich alle Tiere normal. Interessant ist auch die Reaktion der Personen, die besagte Spukräume betraten. Sie berichteten einhellig über eine Temperaturabnahme, die in einem Fall auf mehr als 10 °C geschätzt wurde. Indes zeigte ein mitgeführtes Thermometer überhaupt keine Temperaturveränderung an.«

Dieses Phänomen als pure Einbildung zu bezeichnen, wäre nur allzu bequem, kann man doch davon ausgehen, daß die in diesem Fall getesteten Tiere mit einer solchen »Hypothek« nicht belastet sind.

Wer sich ohne Voreingenommenheit fragt, wie die oft unerklärlichen Verhaltensweisen unserer Tiere zustande kommen, wird zumindest in manchen Fällen die Antwort zwangsläufig im Paranormalen, Erweitert-Biologischen suchen müssen. Die Paranormalität dürfte schon seit den Tagen der ersten Höhlenbewohner das stärkste Bindeglied zwischen Mensch und Tier gewesen sein.

Begriffserläuterungen

Affektives Feld: Ein von Professor Hans Bender (†), vormals Ordinarius für Psychologie und Grenzgebiete der Psychologie (Freiburg), postuliertes hypothetisches Feld, das Paraphänomene, vor allem psychokinetische Effekte begünstigen soll.

Akausalität: Zusammenhangslosigkeit; Geschehen (scheinbar) ohne ursächlichen Zusammenhang. Vorgänge, die naturwissenschaftlichen Gesetzmäßigkeiten und Ordnungsprinzipien zuwiderlaufen.
Die Präkognition (Vorauswissen), das Erfahren von Ereignissen, ohne diese aus gewissen Trends ableiten zu können, muß akausal verstanden werden. Der Autor vermutet hinter akausalem Geschehen eine Art »Transkausalität«, die wir allerdings mit unseren auf Dreidimensionales programmierten Sinnen nicht zu erfassen vermögen (s. auch unter »Transkausalität«).

Andere Realität: Eine vom Autor postulierte Wirklichkeit jenseits unseres bekannten, physikalisch erfaßbaren Universums (Raumzeit-Kontinuums). Hierunter können auch vergangene und zukünftige Zeitperioden verstanden werden, die auf der Zeitkoordinate zusammen mit unserer Gegenwart (dem »Jetzt«), also *gleichzeitig* existieren. Von einem übergeordneten (höherdimensionalen) Standpunkt aus müßten demnach Gegenwart, Vergangenheit und Zukunft zusammenfließen, müßte unser Universum ein »fest«-programmiertes Gebilde sein, in dem wir uns nach Belieben zu bewegen vermögen. (Vgl. Meckelburg, E., *Zeittunnel,* Langen Müller 1991.)

Animismus (lat.: *anima = Seele*): Der Animismus postuliert, daß alles paranormale Geschehen vom Lebewesen selbst ausgeht. Im Gegenatz hierzu vermuten die Spiritisten hinter Paraphänomenen das Wirken Jenseitiger.

Apport (auch: *Apportation*): Das psycho-physikalische Herbeischaffen von Gegenständen (ohne erkennbaren Kontakt zu diesen), die von anderen Orten oder auch aus anderen Zeiten stammen.

Archetypus (auch: *Archetyp*): Ein Urbild (»Modell«), nach dem irgend etwas gemacht ist. C. G. Jung versteht hierunter urtümliche Bilder, die bei gesenktem Bewußtseinsniveau (Traum, Trance, Dämmerzustand) in Erscheinung treten und als Produkte des kollektiven Unbewußten anzusehen sind.

Astralexkursionen (engl.« Out-of-Body-Experience; kurz OOBE oder OBE): Man spricht auch von Astralprojektionen, Astralreisen oder Astralwanderungen sowie von »außerkörperlichen Erfahrungen« (AKE). Hierunter versteht man das Loslösen des hypothetischen feinstofflichen (psychischen) Körpers, des Astralleibes, eines Lebewesens vom physischen (stofflichen) Körper und seine Aussendung. Der stoffliche Körper ist dabei mit dem Astralleib durch die sog. »Silberschnur«, eine Art feinstoffliche »Nabelschnur«, verbunden.

Bei Astralexkursionen handelt es sich keinesfalls um Wachtraumerlebnisse, da der Wille hierbei nicht ausgeschaltet ist und der Austritt jederzeit willentlich beeinflußt, unterbrochen oder beendet werden kann. Auch scheinen AKE-Erlebnisse nach einem ganz bestimmten Schema zu verlaufen. Astralexkursionen lassen sich gelegentlich sogar willentlich herbeiführen, was bei Träumen nicht der Fall ist.

Astralkörper (Astralleib): Ein der Physis eines jeden Lebewesens zugeordneter hypothetischer feinstofflicher Körper. Nach Auffassung des Autors muß dieser für uns normalerweise unsichtbare Psycho-Leib höherdimensional beschaffen sein, demzufolge es für ihn kein materielles Hindernis gibt. Unter besonderen, physikalisch nicht erklärbaren Bedingungen soll er jedoch, vor allem für medial Veranlagte, gelegentlich sichtbar sein (s. auch unter »Astralexkursionen«).

Astralsphäre (Astralwelt, Astralebene): Eine Ebene (Welt), die nach theosophischen und esoterischen Lehren der physischen, auf der wir uns zur Zeit befinden, unmittelbar übergeordnet ist.

ASW: Abkürzung für »außersinnliche Wahrnehmung« (engl.: Extra-Sensory-Perception, kurz: ESP). Besser wäre es, »außersinnliche Erfahrung« zu sagen, da es eine Wahrnehmung ohne das Vorhandensein von Sinnen nicht gibt. Unter *ASW* versteht man unter anderem Telepathie, Hellsehen und Präkognition.

ASW-Signale (auch: *Psi-Signale*): Auf physikalisch noch nicht erklärbarem, d. h. auf paraphysikalischem Wege »gesendete« und andernorts empfangene psychische Informationen telepathischer, hellseherischer bzw. präkognitiver Art. Da ein Faradayscher Käfig (s. unter »Faradayscher Käfig«), der alle elektromagnetischen Signale zurückhält, für ASW-Signale kein Hindernis darstellt, vermutet man, daß diese über eine höhere Dimensionalität, den raumzeitfreien Hyperraum in Nullzeit verbreitet werden.

Aura (parapsychologisch): Eine angeblich feinstoffliche Ausstrahlung der Körper von Lebewesen. Sie wird vorwiegend von Sensitiven, unter bestimmten, bislang unerklärlichen Umständen wahrgenommen (z. B. als »Heiligenschein«).
Erweitert-physikalisch deutet sie der Autor auch als »Reibungseffekt« zwischen Energiefeldern unseres Universums und feinstofflichen Feldern höherer Ordnung.
Nach der Kabbalah, der jüdischen Geheimlehre, ist sie ein Bestandteil des Astralkörpers.

Außersinnliche Wahrnehmung: S. unter »ASW«.

Autoteleportation: Teleportation (raumzeitliche Versetzung) mittels eigener psychischer Energien (s. unter »Teleportation«).

Backster-Effekt: S. unter »Backstersche Pflanzenexperimente«.

Backstersche Pflanzenexperimente: Cleve Backster stellte 1966 mit Hilfe eines Lügendetektors (Polygraph) fest, daß Pflanzen beim Bewässern oder Anbrennen der Blätter mit »Gefühlsäußerungen« reagieren. Schon der bloße Gedanke an die Zerstörung von Pflanzenteilen genügte, um die Zeiger des angeschlossenen Meßgerätes heftig ausschlagen zu lassen. Starke Reaktionen konnten auch festgestellt werden, als man in einem Nebenraum des Labors lebende Garnelen in heißes Wasser kippte. Der Autor vermutet emotionale Kontakte zwischen Mensch bzw. Tier und Pflanze auf paranormaler Ebene (s. auch unter »Emotio-Telepathie«).

Besessenheit: Krankheitsbild vorwiegend auf abartig religiöser Basis. Die Betroffenen glauben, eine fremde geistige Wesenheit (Verstorbener, Dämon usw.) habe von ihnen Besitz ergriffen. In diesem Zustand kann es zu ASW- und PK-Manifestationen kommen. Die hiervon Betroffenen haben Gesichte, sie hören fremde Stimmen und glauben, daß sie von Dämonen heimgesucht werden; sie erleben in der Regel eine Spaltung ihrer Persönlichkeit.
Man deutet B. sowohl medizinisch als auch paranormal (animistisch oder spiritistisch).

Biegephänomene: Uri Geller, ein israelischer Sensitiver, demonstrierte 1973/74 erstmals in der Öffentlichkeit auch echte ASW- und PK-Fähigkeiten, indem er unter anderem Schlüssel, Besteckteile, Nägel usw. durch Bestreichen mit den Fingern, aber auch ohne die Objekte zu berühren, d. h. auf Distanz verbog. Diese Phänomene sollen sogar übertragbar sein. Inzwischen behaupten zahlreiche Personen, vor allem Kinder (sog. »Gellerinis«), ähnliche Fähigkeiten entwickeln zu können.

Bilokation (Gleichörtlichkeit): Die Fähigkeit, an zwei oder mehreren Orten zur gleichen Zeit zu sein. Diese Gabe soll z. B. der 1968 verstorbene italienische Franziskanerpater Francesco Forgione (Pater Pio) besessen haben.

Bioenergie: Hypothetische biologische Kraftfelder, hervorgerufen durch Bioplasmakörper (s. unter »Bioplasma[feld]«).

Biofeedback: Ein technisches Verfahren, mit desen Hilfe sich bisher als unkontrollierbar geltende Körperfunktionen bewußt steuern lassen. Pulsfrequenz und Alphawellen werden für die Versuchsperson optisch und akustisch wahrnehmbar gemacht; der Rückmeldeeffekt führt dazu, daß man nach einem gewissen Training die Körperfunktionen willentlich beeinflussen kann.

Bionen: Der deutsche Psychoanalytiker Wilhelm Reich (1897–1957) bezeichnete Bläschen mit Eigenpulsation, die dadurch entstanden, daß man amorphe Substanzen (Sand, Rost) bis zur Weißglut erhitzte und sie dann in eine sterile Nährlösung gab, als Bionen. Diese sollen eine Energie abstrahlen – Orgon genannt –, die den Gesetzen bekannter Energieformen nicht gehorchen (s. auch unter »Orgon«). Bei Orgon handelt es sich laut Reich um primordiale Energie, aus der sich andere Energieformen und Materie entwickeln (s. unter »primordiale Energie«).

Bioplasma(feld) (auch: *biologischer Plasmakörper, bioplasmatische Komponente; früher: Ektoplasma u. a.*): Ein dem physischen Körper mit seinen Kernteilchen, Atomen, Molekülen und Zellen entsprechendes, durch ionisierte Teilchen charakterisiertes Energiefeld (Energiekörper). Das russische Forscherehepaar S. und W. Kirlian, der Moskauer Biophysiker V. Adamenko und Fachkollegen von der Staatsuniversität Kasachstan wollen die Existenz des biologischen Plasmakörpers durch Hochfrequenzfotografie (sog. Kirlianfotografie) nachgewiesen haben: »Die auf den Kirlianbildern sichtbare Lumineszenz wird durch das Bioplasma und nicht durch den elektrischen Zustand des Organismus verursacht« (Ostrander/Schroeder, Bern/München/Wien 1972).
Der Autor vermutet hinter der durch Hochfrequenzfotografie sichtbar gemachten »Aura« organischer Objekte ein höherdimensionales Ordnungsprinzip (feinstoffliche Matrix), das auf Fotos und Filmen *selbst* nicht erscheint. Er erblickt hierin vielmehr eine Art »Reibungseffekt« zwischen korrespondierenden Feldern unterschiedlicher Dimensionalität (Grenzschichteffekt).

Bioplasmakörper: S. unter »Bioplasma(feld)«.

Blutwunder (des *hl. Januarius*): Das im Dom zu Neapel in einem Glasbehälter aufbewahrte angebliche Blut des italienischen Märtyrers Januarius verflüssigt sich in Anwesenheit zahlreicher erwartungsfroh gestimmter Gläubiger meist dreimal im Jahr (am Samstag vor dem 1. Mai, am 19. September und am 16. Dezember). Ausbleiben der Verflüssigung wird als schlechtes Omen gewertet.
Professor H. Bender vermutet, daß es sich hierbei um einen psychokinetischen Akt der Anwesenden, hervorgerufen durch ein durch diese aufgebautes »affektives Feld« handelt (s. unter »affektives Feld«).

Chakras (sanskr.: *Rad*): Nach indischen und theosophischen Lehren potentielle Kraftzentren im Psychokörper des Menschen, die man durch Enthaltsamkeitsübungen und Meditation wecken und nutzen kann. Man will bei insgesamt 88 000 Chakras 7 Hauptchakras festgestellt haben. Mit dem Aktivieren der einzelnen Hauptchakras soll die Fähigkeit der willentlichen Erzeugung unterschiedlicher Paraphänomene verbunden sein.

Dematerialisation (Entstofflichung): Die hypothetische psychokinetische Fähigkeit, ein Objekt zu entstofflichen – ein Vorgang, der das Vorhandensein einer übergeordneten Dimensionalität (s. unter »Hyperraum«) voraussetzt. Das entstofflichte Objekt könnte nach dieser Hypothese im Hyperraum verbleiben, aber auch an einem anderen Ort und/oder zu einer anderen Zeit wiederauftauchen (s. unter »Rematerialisation«).

Desintegration: Hier: Auflösung des stofflichen (materiellen) Verbunds und Überführung in eine hypothetische feinstoffliche Konsistenz höherer Dimensionalität (s. unter »Dematerialisation«).

Dimensionskipp: Ein vom Autor postulierter hypothetischer Vorgang zur Durchführung raumzeitlicher Bewegungen unter Inanspruchnahme des Hyperraumes (s. unter »Hyperraum«). Teleportationen (s. unter »Teleportation«) und Zeitreisen ließen sich seiner Ansicht nach mit Hilfe des D. erklären. Als Hyperraum könnten Professor Wheelers »Wurmlöcher« angenommen werden – Verbindungskanäle zwischen Schwarzen und Weißen Löchern im astrophysikalischen Bereich bzw. Mini-Schwarzen und -Weißen Löchern im Quantenschaum der Materie, da es sich bei ihnen um raumzeitfreie Gebilde handelt.

Direkte Stimmen: Paranormale Manifestationen, bei denen während Séancen eine oder gleich mehrere Stimmen vernommen werden. Hören mehrere Personen diese Stimmen gleichzeitig, dürfte Halluzination ausgeschlossen werden.

Doppelgänger: »Sichtbares« feinstoffliches Double einer Person, das vom materiellen Körper (Physis) räumlich etwas versetzt bzw. an einem anderen Ort erscheint; d. h., eine Person wird von (mehreren) Zeugen an zwei Orten zugleich gesehen. Das Phantom tritt vollmaterialisiert oder auch nur schemenhaft in Erscheinung. Manche Parapsychologen glauben, daß es sich bei gewissen D. um autonome Manifestationen handelt (s. auch unter »Bilokation« und »Tulpas«).

Dunkelmedium: Materialisations- oder PK-Medien, die ihre Sitzungen nur in verdunkelten Räumen abzuhalten vermögen, angeblich, um die Entstehung des für Paraphänomene dieser Art benötigte Ektoplasmas (Bioplasma) nicht zu beeinträchtigen. Dunkelmedien müssen besonders genau kontrolliert werden, da sie (meist unbewußt) zum Manipulieren neigen. Gegensatz: Hellmedien (z. B. D. D. Home).

Ektoplasma: Frühere Bezeichnung für Bioplasma(feld). Bei Professor Stelter: Bioplasma, das sich materialisiert (s. auch unter »Bioplasma[feld]«).

Emotio-Kommunikation (auch: *emotio-telepathischer Kontakt oder Emotio-Telepathie*): Der Autor versteht hierunter quasi-telepathische Kontakte zwischen Mensch und Tier bzw. Pflanze sowie zwischen Tier und Pflanze. Da die geistigen »Erfahrungsbereiche« von Tieren und Pflanzen mit denen der Menschen nicht übereinstimmen, müßten dieser Art von Telepathie mehr emotionale Wirkmechanismen zugrunde liegen.

Energiesatz: Bei allen Energieumwandlungen bleibt der Betrag der Gesamtenergie erhalten. Energie kann nicht entstehen und auch nicht verlorengehen. Eine Erweiterung dieses Satzes sieht der Autor durch die Einbeziehung hypothetischer feinstofflicher Energiefelder höherer Ordnung gegeben. Seiner Auffassung nach kommt es bei paranormalen bzw. paraphysikalischen Bewirkungen zwischen diesen und den unserem vierdimensionalen Universum innewohnenden Energien bzw. Kräften zu Austauschreaktionen.

Erfüllungsprophetie: Eine Art Scheinprophetie, bei der die prophezeiten Ereignisse (fast) ausschließlich dadurch eintreten, daß die hiervon Betroffenen (oder auch Fremde) bewußt oder unbewußt auf deren Zustandekommen hinwirken. (Nach Ansicht zahlreicher Personen soll z. B. John F. Kennedys Ermordung am 22. 11. 1963 in Dallas, Texas, Erfüllungsprophetie zugrunde liegen.)

Erscheinungen: Die Parapsychologie versteht hierunter eine paranormale Manifestation. Sie kann sich als »Gesicht« (Illusion oder Halluzination mit paranormalem Inhalt) oder als quasi-materielles Phantom bemerkbar ma-

chen. Die Qualität der E. hängt offenbar vom jeweiligen »Verdichtungsgrad« der feinstofflichen Ausgangssubstanz ab.
E. lassen sich zwar tiefenpsychologisch, nicht aber konventionell-physikalisch erklären.

Erweckungen: Wiederbelebung Toter. Könnte in manchen Fällen auf Scheintod zurückgeführt werden. Einige gut dokumentierte E. lassen sich jedoch nicht mehr medizinisch, sondern nur parapsychologisch erklären.

Evokation (auch: *Anrufung*): Eine Operation der zeremoniellen Magie, bei der man eine bestimmte unsichtbare Wesenheit zum Erscheinen auffordert.

Exorzismus: Theologisch: Rituelle Austreibung von Teufeln und Dämonen (auch: von bösen »Geistern« Verstorbener) bei Besessenen (s. auch unter »Besessenheit«).

Faradayscher Käfig: Ein von Michael Faraday (1791–1867), einem englischen Physiker und Chemiker, konstruierter »Käfig« aus Blech oder Maschendraht, der gegen elektromagnetische Felder abschirmt. Mit Hilfe solcher Käfige konnte man glaubhaft nachweisen, daß ASW- und PK-Signale nicht auf elektromagnetischem Wege weitergeleitet werden.

Feinstoffkörper: Hypothetischer »Körper« von geringerer Materialität – der sog. Ätherleib, der nach Auffassung des Autors dem materiellen Körper (der Physis) zeit seines Lebens in einer höheren Dimensionalität zugeordnet ist. Er unterscheidet zwischen dem Bewußtsein und dem Bioplasmakörper, einem feinstofflichen Manipulationsfeld, das der Physis nähersteht und das unter besonderen physikalischen Bedingungen, z. B. bei Materialisationen, sogar »sichtbar« werden kann (s. auch unter »Bioplasma[feld]«) und »Materialisation«).

Feinstoffliches: S. unter »Feinstoffkörper«.

Feld, affektives: S. unter »Affektives Feld«.

Fernheilung: Paranormale Heilung, bei der Therapeut und Patient räumlich voneinander getrennt sind. Um andere medizinische Heilungsfaktoren auszuschließen, sollte der Patient über die angewandte paramedizinische Therapie eigentlich nicht informiert werden.

Geistchirurgie (Logurgie, griech. Kunstwort): Kaum sichtbare, meist keine Narben hinterlassende operative Eingriffe am Patienten, die von sogenannten Geistchirurgen (auch: Logurgen), nach spiritistischer Auffassung angeblich unter direkter Einflußnahme von Kontrollgeistern (hier: das gei-

stige Prinzip verstorbener Ärzte), vorgenommen werden. Animisten er-
blicken in dieser »Kontrollpersönlichkeit« allerdings dissoziierte Teile
der Heilerpsyche. Dessen ungeachtet scheint der paranormale Charakter
der Geistchirurgie außer Frage zu stehen, da bei diesen Operationen
stets entsprechende Phänomene auftreten (PK, Dematerialisationen, Materialisationen, Penetrationen, Apporte, Teleportationen, rasche Wund-
schließungen, telepathische und hellseherische Effekte usw.). Eine Gruppe
internationaler Fachwissenschaftler, die über einen längeren Zeitraum
zahlreiche philippinische Logurgen genauestens untersuchte, ist von der
Echtheit der von ihnen beobachteten Operationen überzeugt und hat dies
eidesstattlich belegt.

Geistführer (auch: *Kontrolle, Kontrollgeist, Kommunikator oder Trancepersönlichkeit*): Spiritistisch: der Geist eines Verstorbenen (Geistentität),
der durch ein Medium paranormale Botschaften (oft anderer Verstorbener) an Séanceteilnehmer übermittelt oder psychokinetische Manifestationen verursacht, um die nachtodliche Existenz des Menschen zu beweisen.
Animistisch: meist Teilpersönlichkeit des Unbewußten eines Mediums.

Geistheilung (auch: *psychische oder paranormale Heilung*): Ein schwer
definierbarer Bereich therapeutischer Verfahren außerhalb der Schulmedi-
zin. Diese sehen vor, daß der Geistheiler – meist eine medial veranlagte
Person – den Krankheitsverlauf durch geistige Kräfte positiv (häufig ma-
gnetopathisch) beeinflußt. Man unterscheidet im wesentlichen zwischen
Glaubens- und Gebetsheilung, Ritualheilung und der spiritualistischen
Form der Geistheilung, zu der auch die Geistchirurgie gehört (s. auch unter
»Geistchirurgie«).

Geistwesen: Nach spiritistischer Auffassung eine jenseitige, geistige Enti-
tät; der Persönlichkeitskern eines Verstorbenen.

Gesicht (auch: *»Vision« oder »Zweites Gesicht«*): Parapsychologisch:
Geträumte oder halluzinierte Erscheinung von in unserer Realität nicht
vorhandenen Personen und Objekten.

Gleichörtlichkeit (Bilokation): Von einer höheren Dimensionalität aus
gesehen, fallen alle Geschehnisse in unserem Universum örtlich und auch
zeitlich zusammen; die Welt besteht nur aus einem einzigen Ort (Punkt),
und nichts geschieht nacheinander.

Gleichzeitigkeit: Auch »Duplizität der Ereignisse« genannt. Sie entspricht
C. G. Jungs »Synchronizität«, ein Prinzip, das die sinnvolle, aber nicht
kausale Verbindung von Ereignissen klären soll, die »sinngemäße Koinzi-

denz« zweier oder mehrerer Ereignisse. Andererseits läßt sich hiermit auch das Phänomen der »Bilokation« (s. unter »Bilokation«) bezeichnen, die Fähigkeit, an zwei oder mehr Orten zur gleichen Zeit zu weilen (s. auch unter »Gleichörtlichkeit«).

Grobstoffliches: Normale Materie, aus der unser physikalisches (physisches) Universum aufgebaut ist. Im Gegensatz hierzu steht das sogenannte »Feinstoffliche« (s. auch unter »Feinstoffkörper«), ein hypothetischer Stoff geringerer Materialität.

Heimfindevermögen, von Tieren (auch: *Psi-Trailing*): Die Fähigkeit von Tieren, ihr angestammtes Revier stets wiederzufinden. Hierunter versteht man auch Tiermigration zu Nistplätzen und Laichorten sowie das Aufspüren früherer Besitzer. Hierbei könnten optische, akustische, haptische und andere »natürliche« Faktoren eine Rolle spielen. In manchen Fällen muß aber zwingend ASW angenommen werden.
Der Autor vermutet, daß Tiere bei ihrer Wanderung eine Psychospur (im Höherdimensionalen verankerte »Fährte«) hinterlassen, die sie später zurückverfolgen. Auch können emotio-telepathische Kontakte zwischen Tierhalter und Tier (Rapport) nicht ausgeschlossen werden.

Hellmedium: Materialisations- und PK-Medium, das Sitzungen bei voller Beleuchtung oder bei Tageslicht abhält. Seine Darbietungen werden von Parapsychologen wesentlich höher als die der »Dunkelmedien« gewertet, da sie Manipulationen so gut wie unmöglich machen (s. auch unter »Dunkelmedium«).

Hellsehen (auch: *Hellsichtigkeit*): Paranormales Erfahren von Gegenständen oder Sachverhalten in Gegenwart oder Vergangenheit ohne Vermittlung fremdpsychischer Organisationen.

Helltraum (auch: *luzider Traum*): Ein Traum, bei dem sich der Träumer bewußt ist, daß er träumt. Manche Parapsychologen glauben, daß während des Hellträumens häufig zukünftige Ereignisse wahrgenommen werden (s. auch unter »Präkognition«).

Hieros gamos (»*Heilige Hochzeit«*): Anderes Wort für den alchimistischen Begriff der »Transmutation«, der Umwandlung eines Elements in ein anderes, vor allem in Gold.

Hochfrequenzfotografie (auch: *Kirlianfotografie*): Von dem russischen Elektronikingenieur Semjon Davidowitsch Kirlian und dessen Ehefrau Walentina Krisanowa in den Jahren 1939–1960 entwickeltes Verfahren, organische oder anorganische Objekte im hochfrequenten Feld zu fotografieren oder zu filmen. Inzwischen wurden für unterschiedliche Aufgaben zahlreiche Varianten der HF-Fotografie entwickelt.

Die Vermutung einiger Wissenschaftler, daß es sich bei der Aura der fotografierten Objekte um Feinstoffkörper derselben handele, muß widersprochen werden. Feinstoffliche Felder (Bewußtsein und bioplasmatische Gebilde) sind nach Meinung des Autors eindeutig höherdimensionaler Beschaffenheit und damit visuell oder anderweitig physikalisch nicht direkt erfaßbar. Wir beobachten offenbar nur »Reibungseffekte« zwischen normalen physikalischen Feldern (z. B. elektromagnetischer Art) und ihren feinstofflichen Feldentsprechungen.

Hologramm: Hier im übertragenen Sinn: Projektionen aus parallelen Welten sowie aus vergangenen bzw. zukünftigen Zeiten, die mit uns »gleichzeitig« existieren (vgl. Meckelburg, E., *Zeittunnel,* Langen Müller 1991).

Hyperraum: Alle vorläufig nur mathematisch, jedoch nicht normal-physikalisch erfaßbaren und nachvollziehbaren Gebilde jenseits unseres vierdimensionalen Universums (gelegentlich wird auch schon die 4. Dimension in das Hyperraumprinzip einbezogen).

Nach Professor Brian Josephson ist unsere Welt mit allen höherdimensionalen Universen (Organisationsebenen oder Dimensionalitäten) berührungslos verschachtelt. Der Autor sieht im raumzeitfreien Hyperraum das »Operationsgebiet« aller psychischen/paranormalen Phänomene sowie von Teleportationen und möglichen Zeitreisen, da es von hier aus kein zeitliches Vorher und Nachher, sondern nur Gleichzeitigkeit gibt.

Hyperästhesie: Überempfindlichkeit, vor allem der Sinnes- und Gefühlsnerven; eine Art Sonderwahrnehmungsvermögen. Gelegentlich kann zwischen H. und ASW kaum unterschieden werden, falls es einen solchen Unterschied überhaupt gibt.

Ideoplastie (Ideoplastik): Organische Effekte, ausgelöst durch Vorstellungen und Gedanken.

Infestation: Erste Stufe der Besessenheit, erkennbar durch Angriffe auf die Umgebung des Betroffenen. Ähnlichkeit mit Poltergeistphänomenen (s. auch unter »Besessenheit« und »Poltergeistphänomene«).

Informationsmatrizen: In höheren Dimensionalitäten festgeschriebene feinstoffliche Organisationsschablonen (-felder oder -matrizen) für alle materiellen Objekte und Vorgänge in unserem vierdimensionalen Universum sowie für korrespondierende physikalische Energien. Kondensationskerne für alles Materielle. Bei Beschädigungen der I. oder bei sog. »Umdruckfehlern« könnte es zu Störungen im grobstofflichen Bereich (Krankheiten, psychische Mankos usw.) kommen.

Interventionsparadox (nach *J. B. Priestley*): Wenn daraufhingearbeitet werden würde, daß ein präkognitiv wahrgenommenes, zukünftiges Ereignis gar nicht erst eintritt. Sollte dies tatsächlich »gelingen«, läge ein I. vor; die vermeintliche Präkognition würde sich als unechte oder »Scheinprägkognition« herausstellen. Echte »Interventionen« sind nach Meinung des Autors in der festliegenden »Schicksalsprogrammierung« nicht vorgesehen.

Jung-Pauli-Synchronizität: Der Schweizer Tiefenpsychologe und Psychiater C. G. Jung und der deutsche Physiker W. Pauli stellten zusammen die sogenannte Synchronizitäts-Hypothese auf, der ein Prinzip zugrunde liegt, das die sinnvolle, aber nicht kausale Verbindung von Ereignissen erklären soll (s. auch unter »Transkausalität«). Mit dieser Hypothese versuchte man unter anderem paranormale Manifestationen und ASW unter Vernachlässigung eines besonderen Psi-Faktors zu erfassen.

Kausalität: Unter K. versteht man den Zusammenhang von Ursache und Wirkung. Nach der klassischen, naturwissenschaftlichen Auffassung sind alle wissenschaftlich verifizierbaren Prozesse kausal determiniert. Das Kausalitätsprinzip erfuhr durch die Relativitätstheorie eine erste Einschränkung. Im mikrophysikalischen Bereich tritt entsprechend der Quantenmechanik an die Stelle der K. das statistische Prinzip. Die Präkognition scheint mit der K. nicht vereinbar zu sein (s. auch unter »Akausalität«).

Kausalkette: Eine größere Anzahl von Ursache-Wirkungs-Beziehungen (Folgen), die allesamt miteinander verkettet sind.

Kinetobarische Effekte: Ein 1970 erstmals von R. G. Zinsser beschriebenes – später auch physikalisch nachgewiesenes – Phänomen, wonach auf bestimmte Proben nach kurzem Einwirken eines Hochfrequenzfeldes eine Kraft ausgeübt wird, deren Wirkung für Stunden anhält. Sie konnte bislang auf physikalischem Wege nicht erklärt werden (s. Literatur: »Kinetobarische Effekte – ein neues Phänomen?« *Umschau in Wissenschaft und Technik,* 5/1975).

Kirlianfotografie: S. unter »Hochfrequenzfotografie«.

Klopftöne: K. sind pochende Geräusche – meist in Spukräumen oder -häusern –, die nach animistischer Hypothese durch Anwesende (oft pubertierende Jugendliche), nach spiritistischer Auffassung durch das Wirken jenseitiger (verstorbener) Entitäten hervorgerufen werden. Evtl. werden die K. auch durch »Imprägnieren« des Spukortes mit psychischen Energien dort gewaltsam zu Tode gekommener Personen ausgelöst. Paranormale Klopfgeräusche konnten schon häufig mit dem Tonband aufgezeichnet werden. Manchmal sind K. das Vorspiel zu größeren Spukmanifestationen (s. auch unter »Spuk«).

Kontrollgeist (auch: *Kontrolle, Kommunikator oder Trancepersönlichkeit*): S. unter »Geistführer«.

Kundalini: Eine im Menschen latent vorhandene hypothetische Kraft; die kosmische Energie oder das »ruhende Feuer« im ersten Chakra am unteren Ende der Wirbelsäule, Ausgangspunkt der meisten esoterischen Übungen zur Weckung der Chakras. Abgeleitet aus dem Sanskritwort *kundal,* was soviel wie Spirale bedeutet. Sie wird mit einer Schlange verglichen, die sich beim Ausruhen zusammenrollt. Man versteht unter *Kundalini* einen Aspekt des höchsten Bewußtseins.

Levitation: Das physikalisch noch nicht erklärbare freie Schweben von Personen und Objekten. Der Autor vermutet hinter der L. das Wirken bioplasmatischer Stützfelder hoher Konzentration, die die Gravitation zum Teil aufheben (Antigravitation).
Der Amerikaner Peter Sugleris gibt vor, in den Jahren 1981 und 1986 mehrfach bis zu 47 Sekunden frei in der Luft geschwebt zu haben. Hiervon gibt es Zeugenaussagen, Fotos und Videoclips.

Logurgie: S. unter »Geistchirurgie«.

Logurgische Eingriffe: Geistchirurgische »Operationen« zur Beseitigung eines Mankos am feinstofflichen Körper einer erkrankten Person (s. auch unter »Geistchirurgie«).

Magnetopathisches Heilen: Bei der magnetopathischen Therapie wird das »magnetische Fluidum« (hypothetische Heilkraft) vom Körper des »Magnetiseurs« abgezogen und nach unterschiedlichen Techniken auf den Patienten übertragen. M. H. wurde angeblich erstmals von Franz Anton Mesmer (1734–1815) praktiziert.

Manifestationen: In der Parapsychologie: Jedes paranormale Phänomen schlechthin. Spiritistisch: das Erscheinen oder zumindest die akustische Äußerung von »Geistern«.

Materialisation (Verstofflichung): Das Hervorbringen filmartiger, transparenter oder auch dreidimensional wirkender, scheinbar stofflicher Gebilde (Erscheinungen), die offenbar unter Einwirkung des Bewußtseins auf Bioplasmafelder zustande kommen (s. auch unter »Bioplasma[feld]«); gelegentlich leuchtender Natur. Spiritistisch: Manifestation Jenseitiger unter Inanspruchnahme gebundenen oder freien Bioplasmas (s. auch unter »Dematerialisation« und »Rematerialisation«).

Materiewellen: Jedes Teilchen mit Impuls und Energie ist analog zur Lichtwelle einer «Materiewelle« zugeordnet (gem. dem französischen Physiker Prinz Louis Victor de Broglie).

Matrizen, feinstoffliche: Hypothetische feinstoffliche »Schablonen« in einer höheren Dimensionalität (s. auch unter »Hyperraum«) bzw. höherdimensionale Organisationsfelder für alles Materielle und Energetische sowie für alle physikalischen Abläufe in unserem Universum. Entsprechend diesen Matrizen materialisiert sich sozusagen alles Sein und Geschehen in unserer Welt.

Mezofeld: Ein hypothetischer Feldtyp (auch Intermediär- oder Zwitterfeld), der von Burkhard Heim im Rahmen seiner »Sechsdimensionalen einheitlichen Quantengeometrodynamik« postuliert wurde. Evtl. Bindeglied zwischen Physis und Bewußtsein; Manipulationsfeld für paranormales und paraphysikalisches Geschehen.

Nahrungslosigkeit (Asitie): Ein aus verschiedenen Kulturen berichtetes Phänomen völliger oder teilweiser Enthaltsamkeit, die sich über bestimmte Zeitspannen erstreckt. N. soll vor allem bei Stigmatisierten beobachtet worden sein. Therese Neumann (Therese von Konnersreuth) hat angeblich 17 Jahre ihres Lebens (häufig unter strenger Kontrolle von Ärzten) gefastet.

Nullzeit: Paranormale und Zeit-Phänomene finden nach Auffassung des Autors unter Einbeziehung des raumzeitfreien Hyperraums (s. auch unter »Hyperraum«) statt; sie beanspruchen demzufolge keine »Zeit«, d. h. sie verlaufen »zeitneutral« (s. auch unter »Teleportation«).

Od: Ein von Carl Ludwig v. Reichenbach (1788–1869) eingeführter Begriff, der eine alles durchdringende Emanation, eine dem indischen »Prana» vergleichbare Lebenskraft bezeichnet (u. U. identisch mit »Bioplasma[feld]«).

Objektversetzung: Gemeint ist hier die auf paraphysikalischem Wege erfolgende Versetzung von Personen und Objekten an einen anderen Ort, evtl. auch in eine andere Zeit (s. auch unter »Teleportation«).

Organisationsfeld, bioplasmatisches: Ein hypothetisches höherdimensionales Feld, um das herum sich unser gesamtes materielles Universum mit allen in ihm vorkommenden Abläufen gebildet hat und noch bildet (s. auch »Matrizen, feinstoffliche«).

Orgon (auch: *Bioenergie*): Nach Auffassung des Psychoanalytikers Wilhelm Reich, dem Begründer der Orgonomie, eine primordiale Energie, aus der sich andere Energieformen und Materie entwickeln. Diese Energie ist »universell anwendbar, visuell demonstrierbar, thermisch, elektroskopisch und mit Geiger-Müller-Zählern nachweisbar«. Sie erscheint in Form pulsierender Bläschen und lebender Körper (Bionen). Reich will diese »Lebensenergie« in sogenannten Orgonenergie-Akkumulatoren gespeichert haben (s. auch unter »Bionen«).

Orgonerzeuger: Vorrichtungen zur Herstellung von »Orgon« (s. auch unter »Orgon« und »Bionen«).

Paradoxon (Pl. *Paradoxa*): Ein »Widerspruch in sich«; unter anderem eine grobe Verletzung der Naturgesetze, die per definitionem als unverletzlich gelten.
Wenn z. B. ein scheinbar »präkognitiv« wahrgenommener Unfall durch besondere Maßnahmen »verhindert« worden wäre, hätte keine echte Präkognition vorgelegen, hätte man (was man aber vorher nicht wissen konnte) auch keine Verhinderungsmaßnahmen zu ergreifen brauchen usf.

Paraeffekte: S. unter »Psi-Effekte«.

Paralleluniversum: Ein hypothetisches Universum (oder mehrere), zeitlich bzw. dimensional parallel zu unserer Welt (zum gegenwärtigen Zeitpunkt). Hierunter kann *unsere Welt* zu vergangenen oder zukünftigen Zeitperioden oder ein höherdimensionales Universum verstanden werden (auch Antiwelt). Alle diese Systeme würden jedoch gleichzeitig mit unserem gegenwärtigen Universum existieren, d. h. koexistieren (s. auch unter »Andere Realität«).

Paraphysik (früher: *Meta-* bzw. *Transzendentalphysik*): Teilgebiet der Parapsychologie, das paranormale Effekte »physikalischer Natur« untersucht, die sich als materielle Veränderungen beobachten lassen; diese Effekte finden wahrscheinlich erst im Rahmen einer neuen, erweiterten Physik eine Erklärung.

Pararaum: Gemeint ist hier der sogenannte »Hyperraum«, der Operationsbereich für paranormales Geschehen (s. auch unter »Hyperraum«).

Pektine (griech.: *pektos* = geronnen): Hochmolekulare kohlehydrathaltige Pflanzenstoffe.

Penetration: Ein paraphysikalisches Phänomen, bei dem Objekte auf psychischem, physikalisch bislang nicht erklärbarem Wege, materielle Systeme (Hindernisse, z. B. Wände) durchdringen, ohne deren Feingefüge zu zerstören. Die P. setzt die De- und Rematerialisation des bewegten Objektes (oder des Hindernisses) voraus (s. auch unter »Spuk«, »Dematerialisation« und »Rematerialisation«).

Phantasma (auch: *Phantom, Trugbild, Sinnestäuschung*): Hier sollte P. mehr als »Erscheinung« (Phantom) verstanden werden, ohne auf die Ursachen des Zustandekommens desselben einzugehen (ob pathologischer, paranormaler oder komplexer Art).

Phantom (auch: *Phantasma, Trugbild, Sinnestäuschung*): In der Parapsychologie: gestalthafte Materialisation unterschiedlichen Verdichtungs- oder Verstofflichungsgrades (s. auch unter »Erscheinung« oder »Phantasma«).

PK-Phänomene: S. unter »Psychokinese«. Hierzu gehören z. B. folgende Phänomene: Materieumwandlungen (De- und Rematerialisationen), Teleportationen, Penetrationen, Apporte, Levitationen, Biegephänomene (Geller-Effekt), Feuerunempfindlichkeit, Psychofotografie, Materialisationen, Spukphänomene (auch Klopflaute und Raps), sog. »Direkte Stimmen«, Tonbandstimmen usw., sofern sie animistisch gedeutet werden (s. auch unter den jeweiligen, hier verzeichneten Stichworten).

Plethysmograph: Ein Gerät, das Volumenveränderungen am Körper und somit auch Abweichungen in der Durchblutung gewisser Körperpartien registriert. Dadurch, daß die Körpergefäße immer dann stärker mit Blut versorgt werden, wenn gewisse, für den Empfänger bedeutsame telepathische Botschaften zumindest dessen Unbewußtes erreichen, kann man mit dem P. auch telepathische Kontakte nachweisen. Am häufigsten werden Messungen an den Fingerkuppen vorgenommen. Auf diese Weise lassen sich ASW-Phänomene überwachen.

Poltergeistphänomene: Spontane, wiederkehrende Psychokinese (s. auch unter »Psychokinese« und »Spuk«), gekennzeichnet durch unerklärliche Geräusche und physische Belästigungen (z. B. spontane Objektversetzungen, Levitationen, Bilder drehen sich um ihre Aufhängung, Befestigungselemente werden ohne Berührung aus der Wand gerissen, Glühbirnen zerplatzen; plötzliches Auftreten von Wasserschwällen und Bränden ohne erkennbare Ursache, Apporte usw.).

Auslöser sind häufig Personen, die starken psychischen Spannungen ausgesetzt sind (z. B. pubertierende Jugendliche mit gestauten Triebspannungen; animistische Hypothese).

Präkognition: Das Vorauswissen um zukünftige, nicht erwartete, durch Trendverfolgung nicht abschätzbare Ereigniseintritte. Dieses Phänomen hebt scheinbar die Kausalität auf (s. auch unter »Kausalität«, »Akausalität« und »Transkausalität«).

Prana (sanskr.: *[Lebens-]Atem*): Psychische Energie bzw. Lebenskraft, die sich im Universum offenbart, deren Sitz aber das Herz des Menschen sein soll (s. auch unter »Feinstoffkörper«).

Primordiale Energie: Der Psychoanalytiker und Tiefenpsychologe Wilhelm Reich hielt die hypothetische Orgon- oder Bioenergie für primordial, d. h. vor Materie und anderen Energieformen vorhanden (s. auch unter »Orgon« und »Bionen«).

Prophetie (Prophezeiung, Weissagung): Präkognition (s. auch unter »Präkognition«) innerhalb eines religiösen Bezugsrahmens.

»Proxy«-Operation: Psychische Heilung auf beliebige Distanz (Entfernungen spielen keine Rolle). Der Heiler nimmt die »Operation« an einem »proxy« (engl.: Stellvertreter) vor, während der vielleicht transportunfähige Patient den paranormalen »Eingriff« synchron erlebt. Dabei vermag mancher Operateur sogar den Aufenthaltsraum des Kranken hellseherisch zu beschreiben.

Pseudomaterialisation: Eine unechte, ohne Verwendung von Bioplasma bewirkte, meist in berügerischer Absicht herbeigeführte Scheinmaterialisation.

Psi-Effekte (auch: *Para-Effekte*): Alle paranormalen und paraphysikalischen, naturwissenschaftlich noch nicht (zufriedenstellend) erklärbaren oder erfaßbaren Phänomene, d. h. »außersinnliche Wahrnehmungen« (ASW) und »Psychokinese« (PK).

Psi-Feld: In der Physik: ein immaterielles Feld. In der Parapsychologie: ein hypothetisches Feld höherdimensionaler Ordnung, in dem Paraphänomene stattfinden bzw. das derartige Phänomene auszulösen vermag.

Psitronen: Nach dem britischen Mathematiker und Physiker Adrian Dobbs zufolge ein hypothetischer Übermittler von Psi-Informationen in einer zweiten Zeitdimension. Das P. hat imaginäre Masse und kann sich entsprechend der Relativitätstheorie ohne Verlust seiner imaginären Energie schneller als mit Lichtgeschwindigkeit fortbewegen.

Psychische Heilung: S. unter »Geistheilung«.

Psychische Komponente: Feinstofflicher Körper in seiner reinsten Form, d. h. als Bewußtsein (s. auch unter »Feinstoffkörper«).

Psycho-Double (auch: *Double, Doppel oder Doppelgänger*): Feinstoffliche (»ätherische«) Entsprechung des physischen Leibes eines jeden Lebewesens. Das P. ist angeblich in der Lage, sich – vor allem in Extremsituationen – körperfrei an anderen Orten zu manifestieren (s. auch unter »Doppelgänger«, »Feinstoffkörper«, »Astralkörper«, »Astralexkursionen« und »Bilokation«).

Psychofotos (Gedankenfotos): Offenbar auf psychokinetischem Wege erzeugte Bilder mit oder ohne Kamera, auf Platten- oder Filmmaterial. Die psychischen Kräfte dürften hierbei direkt auf das Filmmaterial einwirken. Betrugsmöglichkeiten sind bei unzureichender Kontrolle gegeben.

Psychokinese (PK): »Physikalisch vorläufig unerklärbare, psychisch ausgelöste Bewirkungen auf materielle Systeme« (Bender 1974, nach Rhine 1946). Bewegungen und/oder Veränderungen von Körpern, ohne daß man deren Ursache mit den heute bekannten Mitteln der Wissenschaft erklären könnte. Rhine und Jahn (Princeton) sehen die Existenz von PK nach systematisch durchgeführten quantitativen Experimenten bestätigt.

Psychokinet: Eine Person, die psychokinetische Phänomene (PK-Manifestationen) hervorzubringen vermag (s. auch unter »Psychokinese« und »PK-Phänomene«).

Psychokinetische Schnitte: Psychokinetisches Auftrennen der Haut und des Körpergewebes zur Durchführung logurgischer »Operationen« (s. auch unter »Logurgie«). Die Schnitte werden auf Distanz (meist etwa 10–20 cm von der Körperoberfläche entfernt) ausgeführt, wobei der Logurg den Patienten zu keiner Zeit berührt. Sie ähneln echten chirurgischen Schnitten. Die erzeugten Schnittwunden sollen nach der »Operation« schnell verheilen, durch nachträgliches Bestreichen gelegentlich sogar sofort verschwinden.

Psychokörper (auch: *Psycholeib*): S. unter »Feinstoffkörper«.

Psychon: Ein von H. Carington (1945) geprägter Begriff, der eine konkrete Vorstellung als individuelle Wesenheit bezeichnet. Er versteht hierunter gewissermaßen »Seelenpartikeln«, denen eine potentielle Energie innewohnt, die ausreicht, um z. B. tragisches Geschehen vor unserem geistigen Auge wieder aufleben zu lassen (ein »Erinnerungsbild«).

Psychotronische Vorrichtungen: Geräte, die bioplasmatische (psychotronische) Energie zu speichern und bei Bedarf wieder abzugeben vermögen. Als Entdecker psychotronischer Energie gilt der Tscheche Robert Pavlita, der auch entsprechende Apparaturen entwickelte (s. auch Ostrander/Schroeder, *PSI,* Bern/München/Wien 1972).

Quarks: Elementarteilchen, aus denen angeblich alle anderen Kernteilchen aufgebaut sein sollen.

Rapport: Unmittelbarer psychischer Kontakt zwischen zwei Personen (auch zwischen Mensch und Tier).
Parapsychologisch: Beziehung zwischen Hypnotiseur und Hypnotisiertem, zwischen Psi-Sender (Agent) und Psi-Empfänger (Perzipient).
Spiritistisch: Beziehung zwischen Medium und Kontrolle (s. unter »Kontrollgeist«).

Raumzeit-Kontinuum (auch: *Raumzeit-Gefüge*): Raum und Zeit stellen nach Albert Einsteins Allgemeiner Relativitätstheorie (1915), die von der Gravitation handelt, eine unauflösliche Einheit dar: ein Raumzeit-Kontinuum − unser Universum, die vierdimensionale Welt.

Regression, hypnotische: Hypnotische Rückversetzung einer Person in eines ihrer früheren Entwicklungsstadien. Einige Hypnotiseure wollen die »Entwicklung« von Versuchspersonen bis in vorgeburtliche Stadien, ja sogar bis in »Vorleben« zurückverfolgt haben (Reinkarnationsforschung).

Rematerialisation (Wiederverstofflichung): Rückführung eines dematerialisierten (unsichtbaren) Objekts in seinen ursprünglichen materiellen Zustand; Gegensatz: Dematerialisation (s. auch unter »Dematerialisation« und »Materialisation«).

Retrokognition: Hellsehen in die Vergangenheit. Unter »psychometrischer R.« versteht man die Rekonstruktion vergangener Sachverhalte mit Hilfe sogenannter »Induktoren«, Gegenständen, die mit dem früheren Geschehen in Verbindung standen und dem Sensitiven eine ASW-Rückschau ermöglichen bzw. diese erleichtern.

Sensitive(r): Eine Person, die Psi-Fähigkeiten – vor allem ASW – besitzt.

Serialität (Gesetz der Serie): Ein von dem österreichischen Genetiker und Lamarckisten Paul Kammerer (1880–1926) eingeführter Begriff. Unter S. versteht man das räumliche Zusammentreffen oder die zeitliche Wiederholung von bedeutungsmäßig, aber nicht kausal verbundenen Ereignissen. Die S. ist demach kausalitätsunabhängig.

Singularitäten: Astrophysikalischer Begriff, der soviel wie »Schwarze Löcher« (s. auch unter »Schwarze Löcher«) bedeutet. S. sind materieverschlingende »Gravitations-Gullys« im Universum, entstanden durch den gravitativen Kollaps entarteter Sterne (Neutronensterne mit mehr als drei Sonnenmassen). S. im Raumzeit-Kontinuum sind Ein- und Ausgangsstellen, die (in Nullzeit) unterschiedliche Universen (Realitäten) miteinander verbinden.

Spiritualistische Hypothese (auch: *Spiritismus*): Eine Hypothese, die davon ausgeht, daß die geistig-seelische Komponente den leiblichen Tod des Menschen (und des Tieres) überlebt und sich unter bestimmten Umständen in unserer Welt durch paranormale Phänomene manifestiert.

Somnambuler Zustand: Zustand des Schlaf- und Nachtwandelns (Trancezustand). Nach dem Erwachen ist keine Erinnerung an das Geschehen vorhanden.

Spiritualist (auch: *Spiritist*): Anhänger einer idealistischen Weltanschauung, die spiritistisches Gedankengut und den Glauben an eine Wiedergeburt einschließen kann. Spiritisten glauben, im Gegensatz zu den Spiritualisten, grundsätzlich an eine Wiedergeburt. Der Spiritualismus (Spiritismus) ist die Stufe des Geistes; er steht im Gegensatz zum Materialismus.

Spuk: Sich wiederholende, spontane psychokinetische Erscheinungen. Spukphänomene werden akustisch, haptisch und visuell wahrgenommen. Personengebundener Spuk: häufig durch Pubertierende oder Sterbende verursacht. Ortsgebundener Spuk: tritt in unregelmäßiger Folge immer am gleichen Ort in Erscheinung. Spiritisten vermuten dahinter verstorbene Entitäten, Animisten hingegen eine »Imprägnierung« der Örtlichkeit mit psychischen Engrammen aus der Vergangenheit, ausgelöst durch besondere, meist tragische Vorkommnisse (s. auch unter »Poltergeistphänomene«).

Suggestion: Ein Auftrag, der einer hypnotisierten Person im Zustand der Passivität erteilt wird. Anders ausgedrückt: das Hervorrufen von Empfindungen oder Verhaltensweisen bei sich (Autosuggestion) oder anderen

(Fremdsuggestion) unter Umgehung der rationalen Instanzen (Bonin, W.: Lexikon der Parapsychologie, Bern/München 1976).

Supernova (Pl. *Supernovae*): Bislang sind in unserer Galaxis erst drei Supernovae mit Sicherheit beobachtet worden. Vor Kepler entdeckten chinesische und japanische Astronomen im Jahre 1054 eine Supernova im heutigen Crabnebel und Tycho Brahe 1572 eine weitere; sie stellt eine Radioquelle dar. Bis heute wurden etwa 300 extragalaktische Supernovae ermittelt, jedoch nur rund hundert von ihnen genauer beobachtet.

Superspektrum (auch: *Hyperspektrum*): Ein hypothetisches Wellenspektrum, das mit seinen Frequenzen über das bekannte »elektromagnetische Spektrum« hinausgreift, praktisch eine Erweiterung desselben in höherdimensionale Schwingungsebenen. Der Autor beschreibt dieses Spektrum in seinem Buch *Zeittunnel,* Langen Müller 1991.

Supradimensionale: Wesen höherer Dimensionalität, die aus einem Universum stammen, das sich aus mehr als den bekannten drei bzw. vier Dimensionen zusammensetzt; es sind dies für uns »psychische Bereiche«.

Synchronizität: Gemäß der Definition von C. G. Jung und Wolfgang Pauli (1952): Ein Prinzip, das die »sinngemäße Koinzidenz« zweier oder mehrerer Ereignisse erklären soll. Hiermit bezeichnet man das kausal unerklärliche Zusammenstimmen von psychischen Erlebnissen bzw. Vorgängen und physischem Geschehen (das Prinzip akausaler Zusammenhänge).

Schachtelexperiment: Der deutsche Physiker und Astronom Professor Johann Karl Friedrich Zöllner (1834–1882), Begründer der Astrophysik, führte 1878 im Beisein eines Zeugen mit dem englischen Medium Henry Slade das »Schachtelexperiment« durch, um die Existenz der vierten Dimension zu beweisen. Slade ließ herbei auf paranormalem Wege aus einer verschlossenen Schachtel Münzen verschwinden.

Schamanen: Nordasiatische »Zauberer« der Naturvölker, ähnlich den afrikanischen Medizinmännern; häufig auch ganz allgemein für paranormal veranlagte »Stammeszauberer« benutzt.

Scheinpräkognition: »Unechte Präkognition«, hervorgerufen durch »Scheinvisionen«, die zukünftiges Geschehen nur »vortäuschen«, so daß evtl. ergriffene »Gegenmaßnahmen« eigentlich sinnlos sind. Könnte man nämlich präkognitiv ermittelte Ereignisse durch bestimmte Maßnahmen »abwenden«, so läge ein Paradoxon vor, das nicht zulässig ist. Die Möglichkeit der Scheinpräkognition läßt manche hellseherisch eingeholte Informationen fragwürdig erscheinen. Medien wären unter diesem Gesichtspunkt auch nur »Gehilfen« des Schicksals.

Schicksalsdrift: Nach Auffassung des Autors alle unkontrollierbaren Faktoren, die den Schicksalsverlauf des Menschen und der Welt bestimmen, mit Ausnahme der durch willentliche Handlungen der Betroffenen unmittelbar ausgelösten Bewirkungen (obwohl auch diese letztlich in einer höheren Dimensionalität festgeschrieben sein dürften).

Schicksals-Einpendelvorgang: Nach den Vorstellungen des Autors wird das Schicksal sowohl durch Vergangenes als auch durch Zukünftiges (das in einer höheren Dimensionalität schon festliegt) bestimmt. Vergangene und zukünftige Bewirkungen »pendeln einander aus« und verursachen auf diese Weise ein bestimmtes Ereignis, ähnlich einem elektrischen Schwingkreis.

Schwarze Löcher: Astrophysikalisches Phänomen. Schwarze Löcher entstehen durch den anhaltenden Gravitationskollaps eines Sterns mit mehr als drei Sonnenmassen. Nach verschiedenen Übergangsphasen (»Weißer Zwerg«, »Neutronenstern«) nimmt der entartete Stern bei nahezu gleichbleibender Masse die Größe eines Stecknadelkopfes (!) an, um schließlich völlig unsichtbar zu werden (die Graviationskräfte halten dann selbst Lichtstrahlen, Photonen, zurück) und aus unserem Universum zu verschwinden. In dieser Phase stülpen die enormen Gravitationskräfte den Stern »nach innen«, wodurch ein »Schwarzes Loch« – eine Singularität – entsteht (s. auch unter »Singularitäten«), das alle Materie in seiner Umgebung in sich hineinsaugt. S. L. sind kosmische Gebilde, die sich aus unserem Universum abgekapselt haben und eine eigene »Welt« darstellen. Am Rande der S. L. ist die Zeit aufgehoben (Nullzeit).
Gewissermaßen als »Gegenpol« werden »Weiße Löcher« vermutet. Schwarze und Weiße Löcher sollen laut Professor Wheeler durch raumzeitfreie Kanäle (den Hyperraum) mieinander verbunden sein. Den astrophysikalischen (kosmischen) Schwarzen und Weißen Löchern entsprechen im Mikrokosmos (subatomarer Bereich) die sogenannten »Mini-Schwarzen« und »-Weißen Löcher«. Drei namhafte amerikanische Astrophysiker vom California Institute of Technology (CALTECH) haben anhand von Berechnungen und Modellen nachgewiesen, daß künftigen Hochzivilisationen unter Nutzung solcher »Mini-Löcher« (Fachjargon: »Wurmlöcher«) Zeitreisen gelingen könnten, ohne die Kausalität zu verletzen (vgl. Meckelburg, E., *Zeittunnel;* Langen Müller 1991).

Schwarze Magie: Hierunter versteht man Hexerei, Zauberei, Totenerwekkung usw., ganz allgemein den eigensüchtigen Mißbrauch psychischer Kräfte. Im Gegensatz hierzu befaßt sich die »Weiße Magie« mit Praktiken, die dem Wohl der Menschen dienen, wobei die Hilfe guter Dämonen und Engel in Anspruch genommen wird.

Stein der Weisen: In der Alchimie die notwendige Voraussetzung für die Transmutation (s. auch unter »Transmutation«), der Umwandlung eines Elements in ein anderes. Der St. d. W. galt bei den Alchimisten als etwas Lebendiges und als reale Substanz zugleich.

Tachyonen: Hypothetische Teilchen, die sich in einer Welt jenseits der »Lichtmauer« (Lichtgeschwindigkeit: rd. 300 000 km/Std.) mit Überlichtgeschwindigkeit rückwärts in der Zeit bewegen. Der Physiker Gerald Feinberg erwähnte diese Teilchen erstmals 1967. Sie stellen nach Meinung vieler Wissenschaftler eine notwendige Ergänzung der Relativitätstheorie dar. (Vgl. Meckelburg, E., *Zeittunnel,* Langen Müller 1991.)

Telepathie: Eine nicht durch die uns bekannten Sinne vermittelte Erfahrung eines fremdpsychischen Vorgangs. Übertragen werden Eindrücke, Ideen, Stimmungen, Bilder, Namen usw. (s. auch unter »ASW«).

Teleportation (auch: *Teletransport*): Das auf psychischem oder paraphysikalischem Wege erfolgende Versetzen eines Menschen oder Objekts an einen anderen Ort (vielleicht auch in eine andere Zeit). Vgl. unter »Autoteleportation«.

TM: Abk. für »Transzendentale Mediation«; moderne Meditationstechnik.

»Tonbandtechnik« (*Transkommunikation;* Definition gem. Prof. Dr. E. O. Senkowski): Auf Tonband gespeicherte, angeblich paranormal zustandekommende Stimmen, Musik oder sonstige Geräusche. Diese Stimmen unterscheiden sich durch verschiedene Besonderheiten von normalen menschlichen Stimmen; oft werden ganze Sätze polyglott wiedergegeben. Animistische Hypothese: Anwesende Personen beeinflussen das Tonband psychokinetisch.
Spiritistische Hypothese: Stimmen verstorbener Personen.
Vielleicht handelt es sich um ein Mischphänomen; vgl. auch »Direkte Stimmen«.

Trancepersönlichkeit: S. unter »Geistführer«.

Transenergien: Hypothetische Energien aus Bereichen jenseits unseres Universums, d. h. freie, nichtelektromagnetische Energien aus anderen Dimensionalitäten (Hyperraum).

Transfiguration: Hier: der unbewußte Betrug eines Mediums, das sich als »Phantom« zeigt.

Transkausalität: Eine »Kausalität«, die scheinbar keine ist, bei der das Ursache-Wirkungs-Prinzip allem Anschein nach fehlt. Der Autor vermutet, daß die T. auf festliegende Zusammenhänge in einer höheren Dimensionalität zurückzuführen ist. Wir vermögen jedoch das höherdimensionale Ursache-Wirkungs-Prinzip aufgrund unserer dreidimensionalen »Fixierung« nicht zu erkennen. Die T. stellt ein höheres Ordnungsprinzip dar.

Transkommunikation: Kontakte mit hypothetischen »Jenseitigen«, d. h. Bewußtseinsinhalten Verstorbener. Professor Dr. E. O. Senkowski unterscheidet zwischen verschiedenen Erscheinungsformen der *Transkommunikation: Transaudio (TA),* das Erfassen jenseitiger Stimmen mittels Tonband oder Recorder bzw. Hören »direkter elektroakustischer Stimmen« im Radio, Fernseher oder Telefon; *Transtext (TX),* das Aufnehmen jenseitiger Texte per Computer, und *Transvideo (TV),* das Erscheinen von Bildern aus Transbereichen, entweder auf Videobändern als Einzelbilder oder direkt auf dem Bildschirm. Quelle: Senkowski, E. O., *Instrumentelle Transkommunikation,* R. G. Fischer, 1989, 2. Aufl.

Transmutation: In der Alchimie: Umwandlung eines Elements in ein anderes, vor allem in Gold (s. auch unter »Stein der Weisen«).
Bei Materialisationsmedien: eine Art Scheinmaterialisation.

Transwelt: Eigentlich: Jenseitswelt. Hier im übertragenen Sinn: Bereich jenseits der gewohnten Raumzeit, eine »Welt«, die sich aus mehr als vier Dimensionen (Hyperraum) zusammensetzt. Mit Hilfe dieser für uns immateriellen »Universen« lassen sich Psi- und andere bislang unerklärliche Phänomene deuten. Hypothetischer Abwicklungsbereich für paranormales und paraphysikalisches Geschehen.

Tulpas: Erscheinungen, die lebenden oder auch »gedachten« Personen oder Gottheiten entsprechen sollen (hervorgerufen durch magische Praktiken tibetanischer Schamanen).

Unbewußte, das: Die Summe aller vorhandenen, aber nicht im Bewußtsein befindlichen psychischen Inhalte.

Unschärferelation: Ort und Impuls von Teilchen (z. B. Elektronen) lassen sich niemals gleichzeitig beliebig genau messen. Je genauer der Ort festgelegt ist, um so ungenauer ist der Impuls und umgekehrt.

Unverweslichkeit: Das sogenannte »fleischliche« Überleben, z. B., wenn ein Leichnam auch nach längerer Zeit im Grab keine Verwesungsspuren aufweist (z. B. bei verschiedenen christlichen Heiligen; Ritter von Kahlbutz).

Virtueller Zustand: Allgemein: Etwas Gedachtes, das nicht unbedingt vorhanden sein oder ausgeführt werden muß (oder ausgeführt werden kann).
Speziell physikalisch: Teilchen, Zustände usw., deren Existenz mit dem Energiesatz (s. unter »Energiesatz«) nicht vereinbar ist.
Definition Dr. Th. Bearden: Ein Beobachtungszustand, der im n-dimensionalen Raum drei »Drehungen« entfernt vom beobachtbaren Raumgitter orthorotiert ist (z. B. ein mentaler Zustand: Gedanken, Emotionen, Wille usw.).

Vodu (auch: *Voodoo* oder *Wudu*): Bräuche und Riten westindischer Neger (Opfer, Gesang, Tanz), die auf afrikanisches und christliches Gedankengut zurückgehen. Teilweise mit Magie verbunden.

Vorläuferwelle: Dr. Charles Musès, ein bekannter amerikanischer Physiker, versucht die Präkognition (s. auch unter »Präkognition«) dadurch zu erklären, daß er, wie in der Elektrotechnik, die Existenz einer »Vorläuferwelle« annimmt. Durch entsprechende »Vorläuferwellen« will er Informationen von über noch in der Zukunft liegenden Ereignissen in die Gegenwart übermittelt wissen. Diese V. müßten allerdings rückwärts in der Zeit laufen und die Kausalität verletzen.

Wahrscheinlichkeitsfunktion: Heisenbergs »Unschärferelation« besagt, daß es nicht nur einen, sondern unendlich viele Zustände nebeneinander gibt. Ihre Summe bezeichnet man als »Wahrscheinlichkeitsfunktion« (ψ).

Würfelexperimente: Würfel dienen dem quantitativen Nachweis der Existenz von Psychokinese. W. wurden zuerst von J. B. Rhine an der Duke University in Durham, North Carolina (USA), durchgeführt, wobei auch sogenannte Würfelmaschinen zum Einsatz kamen. Rhine glaubt die Existenz von PK durch diese W. hinlänglich bewiesen zu haben. Ähnliche PK-Experimente werden seit 15 Jahren mit großem Erfolg an der Princeton University, Princeton (USA), von Professor R. Jahn und der dortigen Labormanagerin B. Dunne durchgeführt.

Wunder: Ein theologischer Begriff zur Bezeichnung eines ungewöhnlichen Ereignisses, das jeglicher Erfahrung oder sogar den gültigen Naturgesetzen widerspricht.

Wunderheilung : Spontane Heilung eines organischen Leidens in einem religiös determinierten »affektiven Feld« (durch Heiler; an sogenannten »heiligen« Orten, wie Lourdes, Fatima usw.; an bestimmten Jahrestagen usw.).

Xenoglossie: Das Sprechen (auch: Verstehen, Lesen und Schreiben) einer Sprache, die man nicht erlernt hat.

Zeitdilatation bzw. *-kontraktion:* Zeitdehnung bzw. Zeitraffung. Hier: als Nebeneffekte bei paraphysikalischen »Bewegungen« (Teleportationen, Apporte usw.) aufzufassen, die durch »Verweilen« im raumzeitfreien Hyperraum ausgelöst werden.

Zeitfeld: Die Zeit besitzt gem. N. A. Kozyrew auch energetische Qualitäten, die die Existenz eines »Zeitfeldes« logisch erscheinen lassen, ein »Feld«, in dem sich nach Auffassung des Autors paranormale Phänomene (auch Präkognition) und Versetzungen »in der Zeit« abspielen.

Literatur

I *Die Wissenschaft des dritten Jahrtausends*

Baschbeck, B.: *Supernovae;* 1971
Firsoff, V. A.: *Life and Quantum Physics; Parap. Review,* vol. 5, Nr. 6, 11/12, 1974
Meyers Handbuch über das Weltall; Mannheim/Wien/Zürich 1972
Wald, G.: *The Origin of Life; Scientific American* 8/1954

II *Erscheinungen – Projektionen aus einer anderen Welt*

Bedford/Kensington: *Das Delpasse-Experiment;* Düsseldorf/Wien 1975
Blick, Zürich 25. 11. 1972
Cohen, D.: *The Encyclopedia of Ghosts;* New York 1984
Evans, H.: *Visions – Apparitions – Alien Visitors;* Wellingborough 1984
Fate, 12/1963
Ford, A.: *Bericht vom Leben nach dem Tode;* Bern/München 1974
Green, C., McCreery, Ch.: *Apparitions;* Oxford 1975
Jaspers, K.: *Allgemeine Psychopathologie;* 1946
Macklin, J.: *Other Dimensions;* New York 1973
Meckelburg, E.: *Sichtbare Manifestationen der Psyche;* esotera 1/1980
–: *Herausgefallen aus Raum und Zeit;* esotera 3/1982
–: *Unheimlich, Unglaublich, Ungeheuerlich – Begebenheiten der übersinnlichen Art;* Frankfurt/Berlin 1990
Myers, F. W. H., Gurney, E., Podmore, F.: *Phantasms of the Living;* Reprint Edit., New York 1975
Permutt, C.: *Fotos aus einer anderen Welt;* Mannheim 1990
Randles, J.: *Mind Monsters – Invaders From Inner Space;* Wellingborough 1990
Resch, A.: *Geheime Mächte – Der Innenraum des Menschen;* Innsbruck 1984
–: *Veränderte Bewußtseinszustände;* Innsbruck 1990
Rýzl, M.: *Parapsychologie;* Genf 1970
Senkowski, E. O.: *Die Beschreibung der Paraphänomene im Rahmen der Heim'schen Allgemeinen Feldtheorie;* Vortrag anläßlich der Basler Psi-Tage 1983

III   Die Phantom-Connection – Wissenschaftler untersuchen Materiali-
      sationsmedien

Bonin, W. F.: *Lexikon der Parapsychologie;* Bern/München 1976
Bormann, W.: *Der Schotte Home;* Leipzig 1909
Brand, I.: *Ungewöhnliche Eigenschaften nichtidentifizierbarer Lichter-
     scheinungen;* MUFON-CES, Herbst 1979
Ducasse, C. J.: *A Philosophical Scrutiny of Religion;* New York 1953
Esotera 2/1973 und 7/1973
Ford, A.: *Bericht vom Leben nach dem Tode;* Bern/München/Wien 1970
Holbe, R.: *Bilder aus dem Reich der Toten;* München 1987
Hyslop, J. H.: *Probleme der Seelenforschung;* Stuttgart 1909
Lehmann, A.: *Aberglaube und Zauberei;* Stuttgart 1908
Leserbrief: *Bild der Wissenschaft,* 11/1973
Meckelburg, E.: *Der Überraum;* Freiburg 1978
–: *Besucher aus der Zukunft – Durch die Mauer der Zeit in die vierte
     Dimension;* Bern/München 1980
Moser, F.:*Das große Buch des Okkultismus;* Freiburg/Olten 1974
Playfair, G.: *Phantastische Psi-Phänomene;* Freiburg 1976
Radowitz, N.: *Lady Lindsays phantastische Phänomene; Esotera* 9/1976
Raknes, O.: *Wilhelm Reich und die Orgonomie;* Frankfurt 1973
Richet, Ch.: *Materialisationssitzungen in Algier;* Psychische Studien, 1906
Schrenck-Notzing, Freiherr v.: *Materialisationsphänomene;* München
     1914
Tenhaeff, W. H. C.: *Kontakte mit dem Jenseits?;* Berlin 1971

IV   Psi-Lift – Gravitation unter Kontrolle

Balanovski, E., Taylor, J. G.: *Nature,* vol. 276, 2. 11. 1978
Bonin, W. F.: *Lexikon der Parapsychologie;* Bern/München 1976
Bormann, W.: *Der Schotte Home;* Leipzig 1909
Clark, A. V.: *Psychokinese;* Freiburg 1973
Devereux, G.: *Psychoanalytic Reflections of Experiences of Levitation;*
     Intern. *Journal of Parapsychology* 2/1960
Govinda, A.: *Grundlagen tibetischer Mystik;* Weilheim 1972
Hasted, J.: *The Metal Benders;* London 1981
Hudry, P. A.: *Levitating Bed; Fate* 9/1985
Leuchte, P. A.: *The lady in black; Fate* 8/1991
Meckelburg, E.: *Geheimwaffe Psi – Psychotronik;* Bern/München 1984
Merz, B.: *The Body Pays a Penalty for Defying the Law of Gravity; JAMA,*
     17. Oktober 1986
Rhine, L. E.: *Psychokinese;* Genf 1977
Roll, W. G.: *Der Poltergeist;* Freiburg 1976

Schwarz, B. E., M. D.: *Possible Levitations of Peter Sugleris;* PURSUIT, vol. 20, no. 1, 1987

Schwarz, B. E.: Korrespondenz mit dem Autor vom 30. Juni und 1. August 1989

Sugleris, P.: Korrespondenz mit dem Autor vom 8. Juli 1989

Toben, B.: *Raum-Zeit und erweitertes Bewußtsein;* Essen 1980

Ufo-Report 3/1978

Wason, L.: *Der unbewußte Mensch;* Frankfurt 1979

V Besuche in anderen Dimensionen

Barojan, O.: *Dill-Zeitung,* 23. 6. 1973

Becker-Carus, Chr.: *Wer träumt, schläft besser – Ergebnisse der modernen Schlafforschung;* Stuttgart 1977

Geschwind, N.: *Die Großhirnrinde; Spektrum der Wissenschaft,* 11/1979

Hedri, A.: *Psyche und Weltall;* Zürich 1983

Dr. Fr. Lbg./JADA, *Esotera* 1972

LeCron, L. M.: *Fremdhypnose, Selbsthypnose;* Genf 1973

Meckelburg, E.: *Der Überraum;* Freiburg 1978

–: *Geheimwaffe Psi – Psychotronik;* Bern/München 1984

Moser, F.: *Das große Buch des Okkultismus;* Olten 1971

Passouant, P., Rechniewski, A.: *Der Schlaf – Wissenschaftler erhellen das geheimnisvolle Drittel unseres Lebens;* Wien/Düsseldorf 1981

Peschka, W.: *Kinetobarische Effekte – ein neues Phänomen?;* Umschau in Wissenschaft und Technik, 5/1975

Raknes, O.: *Wilhelm Reich und die Orgonomie;* Frankfurt 1973

Resch, A.: *Gesundheit, Schulmedizin, andere Heilmethoden;* Innsbruck 1988

–: *Veränderte Bewußtseinszustände;* Innsbruck 1990

Restak, R. M.: *Geist, Gehirn und Psyche;* Frankfurt 1981

Scharl, H.: *Tiefenhypnose;* Krefeld 1978

–: *Moderne Hypnosetechniken für Mediziner;* München 1982

Schurz, J.: *Unser Gehirn – Denken und Fühlen;* kosmos bibliothek, 1975

Uccusic, P.: *PSI-Resümee;* Genf 1975

Zinsser, R. G.: *Mechanische Energie aus einer neuen regenerativen Quelle;* private Publikation, Mai 1983

VI Präkognition – Informationen aus der Zukunft

Bonin, W. F.: *Lexikon der Parapsychologie;* Bern/München 1970

Broughton, R. S.: *Parapsychology – The controversial science;* New York 1991

Dunne, B. J., Jahn, R. G., Nelson, R. D.: *Precognitive Remote Perception; Technical Note PEAR 83003,* 1983

Dunne, B. J., Dobyns, Y. H., Intner S. M.: *Precognitive Remote Perception III: Complete Binary Data Base with Analytical Refinements; Technical Note PEAR 89002,* August 1989

Fate 1/1979

Feinberg, G.: *Precognition: A Memory of Things Future?;* Conference of Quantum Physics and Parapsychology, 1. 8. 1974

Fischer, P.: *Esotera* 1973

Jacobson, N.-O.: *Leben nach dem Tod;* Gütersloh 1970

Jahn, R., G. Dunne, B. J., Nelson, R. D.: *Princeton Engineering Anomalies Research; Technical Note PEAR 84002,* 30. 11. 1983

–: *Margins of Reality;* San Diego/New York/London 1987

Journal for the Study of Consciousness; Bd. 5, Nr. 1, 1972

Jung, C. G.: *Das Geheimnis der goldenen Blüte;* Freiburg/Olten 1971

Koestler, A.: *Die Wurzeln des Zufalls;* Bern/München/Wien 1972

Krippner, S.: *The paranormal dreams and man's pliable future;* Psychoanalytic Review 56, Baltimore 1969

Meckelburg, E.: *Der Überraum;* Freiburg 1978

–: *Besucher aus der Zukunft – Durch die Mauer der Zeit in die vierte Dimension;* Bern/München/Wien 1980

–: *Zeittunnel;* München 1991

Moser, F.: *Das große Buch des Okkultismus;* Freiburg/Olten 1974

Musès, Ch.: *Trance States, Precognition and the Nature of Time; Journal for the Study of Consciousness,* Bd. 5, Nr. 1, 1972

Ostrander/Schroeder: *Vorauswissen mit Psi;* Bern/München/Wien 1975

Proceedings of the Society for Psychical Research; vol. LVII, part 197, August 1965

Puthoff, H., Targ, R.: *Psychic Research and Modern Physics;* 382, S. 522 pp.

Resch, A.: *Psyche und Geist;* Innsbruck 1986

Rifkin, J.: *Entropie – Ein neues Weltbild;* Frankfurt/Berlin/Wien 1985

Rýzl, M.: *Parapsychologie;* Genf 1970

Sellnik, W.: *Esotera* 6/1977

Uccusic, P.: *Psi-Resümee;* Genf 1975

VII   Realitätswechsel

Alder, V. St.: *The Fifth Dimension;* London 1960

Bearden, Th. E.: *Excalibur Briefing;* San Francisco 1980

Begg, P.: *Into thin air;* North Pomfret 1979

Eccles, J. C.: *Naturwissenschaftliche Rundschau,* 1981

Everett, H. III: *The Many-Worlds Interpretation of Quantum Mechanics – A Fundamental Exposition;* Princeton 1973

Feitelberg, I. R.: *Where was the Cross?; Fate* 6/1978

Green, E.: *Beyond Biofeedback;* New York 1975

Grimm, Gebr.: *Deutsche Sagen;* Stuttgart 1977

Heindler, M., Moser, F.: *Ganzheitsphysik;* Grazer Gespräche, Graz 1987

Hunte, D.: *Exploring the Occult;* London 1964

Jahn, R. G., Dunne, B. J.: *Margins of Reality;* San Diego/New York/ London 1987

Kingston, J.: *Rätselhafte Begebenheiten;* Glarus 1979

Kozyrew, N. A.: *Possibility of Experimental Study of the Properties of Time; JPRS-45* 238, Arlington, Mai 1968

Meckelburg, E.: *Der Überraum;* Freiburg 1978

–: *Geheimwaffe Psi – Psychotronik;* Frankfurt/Berlin 1987

Miller/Reinhart/Kern: *Research Report: Scientist Register Thought Energy; Science of Mind Magazine* 7/74

Rhine, L. E.: *Psychokinese – Die Macht des Geistes über die Materie;* Genf 1977

Rifkin, J.: *Entropie – Ein neues Weltbild;* Frankfurt/Berlin/Wien 1985

Rogo, D. S.: *The Haunted Universe;* New York 1977

Roll, W. G.: *Der Poltergeist;* Freiburg 1976

Rýzl, M.: *ASW Training;* Genf 1975

Smith, S.: *The Enigma of Out-of-Body-Travel;* deutscher Titel: *Astrale PSI-Geheimnisse;* München 1978

Taylor, J. G.: *Superminds – A scientist looks at the paranormal;* New York 1975

Watson, L.: *Geheimes Wissen;* Frankfurt 1976

Wolf, F. A.: *Körper, Geist und neue Physik;* Bern/München/Wien 1989

–: *Parallel Universes;* London 1990

VIII   Wege durchs Nichts

Bohm, D.: *Wholeness and the implicate order;* London 1980

Bonin, W. F.: *Lexikon der Parapsychologie;* Bern/München 1976

Clark, A.: *Psychokinese;* Freiburg 1973

Dürr, H.-P.: *Physik und Transzendenz;* Bern/München/Wien 1986

Fate 11/1960

Green, C., McCreery, Ch.: *Apparitions;* Oxford 1975

Hofstadter, D. R.: *Gödel, Escher, Bach;* Stuttgart 1988

La Razón, Buenos Aires; 3., 4. und 6. Juni 1968

Macklin, J.: *Other Dimensions;* New York 1972

Mainishi, Tokio, 4. 3. 1964

Meckelburg, E.: *Geheimwaffe Psi – Psychotronik;* Bern/München 1984

Moser, F.: *Das große Buch des Okkultismus;* Olten/Freiburg 1974

O'Donnell, E.: *Strange Disappearances;* New York 1972

Playfair, G. L.: *Phantastische Psi-Phänomene;* Freiburg 1976
Price, H., Kohn, H.: *An Indian Poltergeist; Journal of the ASPR* 24, 1930
Roll. W. G.: *Der Poltergeist;* Freiburg 1976
Shapin, B., Coly, L.: *Concepts and Theories of Parapsychology;* New York, 6. Dezember 1980
Taylor, J.: *Die Schwarzen Sonnen;* Bern/München 1974
–: *Superminds;* New York 1975
Uccusic, P.: *PSI-Resümee;* Genf 1975
Walker, E. H.: *Consciousness and Quantum Theory;* Physics Today 24, 39, 1971
Watson, L.: *Geheimes Wissen;* Frankfurt 1976
Weyl, H.: *Raum, Zeit, Materie;* Darmstadt 1953
Wolf, F. A.: *Parallel Universes;* London 1988

IX   Bewußtsein als Skalpell

Dossey, L.: *Die Medizin von Raum und Zeit;* Basel 1984
Dudek, H. G. J.: *Pathopsychische Strukturen religiöser und ideologischer Ergriffenheit;* 1. Tl., Hildesheim 1980
Geisler, H.: *Esotera* 7/1973 (Übers.)
Harvey, R. S.: *Three Healings to a Gallon of Tea;* Fate 11/78
Jung, C. G.: *Zur Psychologie und Pathologie;* Leipzig 1902
King, G.: *You too can heal;* Los Angeles 1976
Meek, G. W.: *Heiler und der Heilprozeß;* München 1980
Naegeli-Osjord, H.: *Esotera* 8/1973
–: *Die Logurgie in den Philippinen;* Remagen 1977
Playfair, G.: *Phantastische PSI-Phänomene;* Freiburg 1976
Popp, F.-A., et al.: *Electromagnetic Bio-Information;* München/Wien/Baltimore 1979
Resch, A. (Hrsg.): *Gesundheit, Schulmedizin, andere Heilmethoden;* Innsbruck 1988
Restak, R. M.: *Geist, Gehirn und Psyche;* Frankfurt 1979
Roberts, U.: *Hints for Healers;* London 1949
Schaffranke, R.: *Ein Werkzeug jenseitiger Ärzte; Esotera* 9/10, 1973
Smyth, F., Stemman, R.: *Leben – was kommt danach?;* zit. L. Watson: *Der Irrtum um Romeo,* Mannheim 1978
Stelter, A.: *PSI-Heilung;* Bern/München/Wien 1973
Toben, B.: *Raumzeit und erweitertes Bewußtsein;* Essen 1980
Zinser, B., Fisch, J.: *Paranormale Chirurgie;* Luxemburg 1980

X Welt voller Wunder

Bender, H.: *Verborgene Wirklichkeit;* Olten 1973
Bitter, W.: *Magie und Wunder;* Stuttgart 1959
Bonin, W. F.: *Lexikon der Parapsychologie;* Bern/München 1976
Die Welt, Ausgabe vom 18. 9. 1975
Jung, C. G.: *Zur Psychologie und Pathologie sogenannter occulter Phäno-mene;* Leipzig 1902
Macklin, J.: *Collisions with Reality;* New York 1969
–: *The Strange and Uncanny;* New York 1967
Raknes, O.: *Wilhelm Reich und die Orgonomie;* Frankfurt 1973
Resch, A. (Hrsg.): *Geheime Mächte – Der Innenraum des Menschen;* Innsbruck 1984
Schamoni, W.: *Auferweckungen vom Tode;* Bigge/Ruhr 1968

XI Die Psychowelt der Tiere

Barbanell, S.: *When your animal dies;* London 1955
Cerminara, G.: *Many Lifes, many Loves;* New York 1963
Das Tier, Heft 2/1973
Dorst, J.: *The Migration of Birds;* Copley News Service Features, 2. 6. 1968
Frazier, K.: *Science confronts the Paranormal;* New York 1986
Gaddis, V. und M.: *The Strange World of Animals and Pets;* New York 1970
Graham, F. P.: *Fate* 7/1978
Griffin, D. R.: *Wie Tiere denken – Ein Vorstoß ins Bewußtsein der Tiere;* München/Wien/Zürich 1985
Heintschel-Heinegg: *Der innere Kompaß bei Tieren und Menschen;* Eso-tera 5/1973
Jung, C. G.: *Die Dynamik des Unbewußten;* Freiburg/Olten 1976
Karweina, G.: *Die sechste Sinn der Tiere;* Hamburg 1982
Keel, J.: *Strange Creatures from Time & Space;* London 1979
Lilly, J.: *Man and Dolphins;* Garden City 1961
Morris, L. R.: *Animals and ESP;* Psychic, Oktober 1973
Packard, V.: *Animal I. Q.;* New York 1950
Roark, E.: *Just a Mutt;* New York 1947
Rucks, L.: *Oklahoma and Times,* Kolumne *Hound Hill,* 24. 4. 1978
Schwertner, P.: *Psi in der Tierwelt;* Hannover 1984
UFO Report, Frühjahr 1966
UPI Report on Soviet Studies, 24. März 1969
Warnke: *Umschau in Wissenschaft und Technik;* Heft 15/1975
Watson, L.: *Geheimes Wissen;* Frankfurt 1973

Register

317